LA FRANCE

Légende:

□ Le français langue maternelle majoritaire

■ Le français langue maternelle d'une minorité importante

Langues officielles

□ Le français est la seule langue officielle

▨ Le français est une des langues officielles du pays ou de l'état

▨ Le français est la langue de la culture ou des affaires pour une partie importante de la population

LE ROYAUME-UNI

LA MER DU NORD

LES PAYS-BAS (m. pl.)

LA BELGIQUE
la Wallonie

LE LUXEMBOURG

LA MANCHE

Dunkerque
Calais
Boulogne
Lille
NORD-PAS-DE-CALAIS

Dieppe
Amiens
PICARDIE
Charleville-Mézières

Cherbourg
HAUTE-NORMANDIE
Le Havre
Rouen

Caen
la Seine
l'ÎLE-DE-FRANCE
Verdun Metz
Reims

St. Malo
BASSE-NORMANDIE
Versailles ☆ Paris
CHAMPAGNE-ARDENNE
Nancy
ALSACE
Strasbourg

Brest
le Mont-St. Michel
Chartres
Fontainebleau
Troyes
LORRAINE
LES VOSGES

BRETAGNE
Rennes
Le Mans
CENTRE
Orléans
Colmar

L'ALLEMAGNE (f.)

Angers
Tours
Blois
la Loire
BOURGOGNE
la Saône
FRANCHE-COMTÉ

Nantes
la Loire
Dijon
Besançon

PAYS DE LA LOIRE
LIMOUSIN
Bourges

LA SUISSE

Poitiers
AUVERGNE
LE JURA

La Rochelle
LA FRANCE
RHÔNE-ALPES

L'OCÉAN ATLANTIQUE (m.)
POITOU-CHARENTES
Limoges
Clermont-Ferrand
Lyon
le Val d'Aoste

Grenoble
L'ITALIE (f.)

Bordeaux
Rocamadour
AQUITAINE
LE MASSIF CENTRAL
le Rhône
LES ALPES

la Garonne
Moissac
Albi
PROVENCE-ALPES-CÔTE D'AZUR
Nice
Cannes

MIDI-PYRÉNÉES
Nîmes
Avignon
Arles
Aix-en-Provence
Marseille
MONACO (f.)

Biarritz
LE PAYS BASQUE
Toulouse
Montpellier
LANGUEDOC-ROUSSILLON

Lourdes
Carcassonne

LES PYRÉNÉES (f. pl.)
Perpignan
LA MER MÉDITERRANÉE
la CORSE

L'ANDORRE (f.)

L'ESPAGNE (f.)

0   50   100 MILLES

0   50   100   150 KILOMÈTRES

LE MONDE

À L'ÉQUATEUR

0   1,000   2,000 MILLES

0   1,000   2,000   3,000 KILOMÈTRES

LE GROENLAND

L'OCÉAN ARCTIQUE (m.)

LA FÉDÉRATION RUSSE

l'Alaska (m.) (LES ÉTATS-UNIS)

les Territoires du Nord-Ouest (m. pl.)

le Nunavut

le Yukon

LE CANADA

le Québec

Terre-Neuve (f.)

la Colombie Britannique

l'Alberta (m.)

le Manitoba

l'Ontario (m.)

la Saskatchewan

le Maine

Saint-Pierre-et-Miquelon (LA FRANCE)

L'AMÉRIQUE DU NORD (f.)

le New Hampshire

le Vermont

le Nouveau-Brunswick

la Nouvelle-Écosse

LES ÉTATS-UNIS (m. pl.)

le Massachusetts

le Rhode Island

le Connecticut

la Louisiane

Les Îles Hawaii (m. pl.) (LES ÉTATS-UNIS)

LE MEXIQUE

LE BELIZE

LES CARAÏBES (m. pl.)

L'OCÉAN ATLANTIQUE (m.)

L'AMÉRIQUE CENTRALE (f.)

LE GUATEMALA

LE SALVADOR

LE HONDURAS

LE NICARAGUA

LE PANAMA

LE COSTA RICA

LE VENEZUELA

LA COLOMBIE

la GUYANE FRANÇAISE (LA FRANCE)

LA GUYANA

LE SURINAM

VANUATU (m.)

Wallis-et-Futuna (LA FRANCE)

TUVALU   KIRIBATI

LES SAMOA (f.pl.)

LA POLYNÉSIE FRANÇAISE

(LA RÉPUBLIQUE DE) L'ÉQUATEUR (m.)

LE PÉROU

L'AMÉRIQUE DU SUD (f.)

LA BOLIVIE

LE BRÉSIL

FIDJI (m.)

TONGA (m.)

la Nouvelle-Calédonie (LA FRANCE)

LE PARAGUAY

L'ARGENTINE (f.)

LE CHILI

L'URUGUAY (m.)

L'OCÉAN PACIFIQUE (m.)

LA NOUVELLE-ZÉLANDE

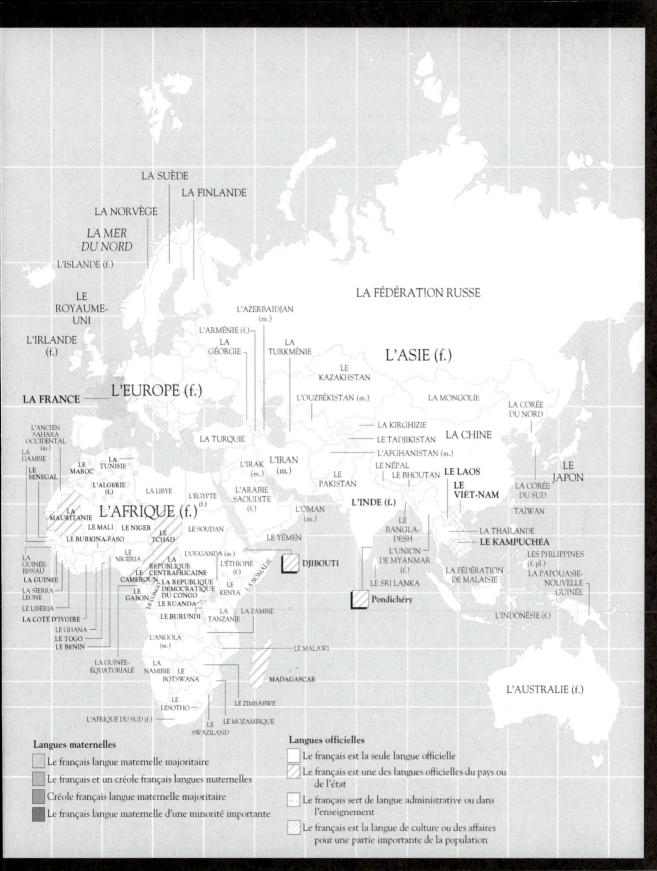

LA SUÈDE

LA FINLANDE

LA NORVÈGE

LA MER
DU NORD

L'ISLANDE (f.)

LE
ROYAUME-
UNI

L'IRLANDE
(f.)

LA FÉDÉRATION RUSSE

L'AZERBAIDJAN
(m.)

L'ARMÉNIE (f.)

LA
GÉORGIE

LA
TURKMÉNIE

L'ASIE (f.)

LE
KAZAKHSTAN

L'EUROPE (f.)

L'OUZBÉKISTAN (m.)

LA MONGOLIE

LA FRANCE

LA CORÉE
DU NORD

LA KIRGHIZIE

LA CHINE

L'ANCIEN
SAHARA
OCCIDENTAL
(m.)

LE TADJIKISTAN

LA TURQUIE

L'AFGHANISTAN (m.)

LE JAPON

LA
GAMBIE

LE
MAROC

LA
TUNISIE

L'IRAK
(m.)

L'IRAN
(m.)

LE NÉPAL

LE BHOUTAN

LE LAOS

LA CORÉE
DU SUD

LE SÉNÉGAL

L'ALGÉRIE
(f.)

LA LIBYE

L'ÉGYPTE
(f.)

L'ARABIE
SAOUDITE
(f.)

LE
PAKISTAN

LE
VIÊT-NAM

LA
MAURITANIE

L'AFRIQUE (f.)

L'INDE (f.)

TAÏWAN

LE MALI

LE NIGER

LE
TCHAD

LE SOUDAN

L'OMAN
(m.)

LE
BANGLA-
DESH

LA THAÏLANDE

LE BURKINA-FASO

LE YÉMEN

L'UNION
DE MYANMAR
(f.)

LE KAMPUCHÉA

LA
GUINÉE-
BISSAU

LE NIGERIA

L'OUGANDA (m.)

LA
RÉPUBLIQUE
CENTRAFRICAINE

L'ÉTHIOPIE
(f.)

DJIBOUTI

LES PHILIPPINES
(f. pl.)

LA GUINÉE

LE
CAMEROUN

LA RÉPUBLIQUE
DÉMOCRATIQUE
DU CONGO

LE
KENYA

LA FÉDÉRATION
DE MALAISIE

LA PAPOUASIE-
NOUVELLE
GUINÉE

LA SIERRA
LEONE

LE
GABON

LE RUANDA

LE SRI LANKA

LE LIBERIA

LE BURUNDI

LA
TANZANIE

LA ZAMBIE

Pondichéry

LA CÔTE D'IVOIRE

L'INDONÉSIE (f.)

LE GHANA

LE TOGO

L'ANGOLA
(m.)

LE MALAWI

LE BENIN

LA GUINÉE-
ÉQUATORIALE

LA
NAMIBIE

LE
BOTSWANA

MADAGASCAR

L'AUSTRALIE (f.)

LE
LESOTHO

LE ZIMBABWE

L'AFRIQUE DU SUD (f.)

LE
SWAZILAND

LE MOZAMBIQUE

LA SOMALIE

LE CONGO

Langues maternelles

Le français langue maternelle majoritaire

Le français et un créole français langues maternelles

Créole français langue maternelle majoritaire

Le français langue maternelle d'une minorité importante

Langues officielles

Le français est la seule langue officielle

Le français est une des langues officielles du pays ou
de l'état

Le français sert de langue administrative ou dans
l'enseignement

Le français est la langue de culture ou des affaires
pour une partie importante de la population

L'EUROPE

Langues maternelles
- Le français langue maternelle majoritaire
- Le français langue maternelle d'une minorité importante

Langues officielles
- Le français est la seule langue officielle
- Le français est une des langues officielles du pays
- Le français est la langue de culture ou des affaires pour une partie importante de la population

LA FINLANDE

LA FÉDÉRATION RUSSE

LA NORVÈGE

LA SUÈDE

LA MER BALTIQUE

L'ESTONIE (f.)

LA LETTONIE

LA FÉDÉRATION RUSSE

LA LITUANIE

LE DANEMARK

LA MER DU NORD

LES PAYS-BAS (m. pl.)

LA BIÉLORUSSIE

LE ROYAUME-UNI

L'ALLEMAGNE (f.)

LA POLOGNE

L'UKRAINE (f.)

LA MOLDAVIE

Bruxelles **LA BELGIQUE**
la Wallonie

LA RÉPUBLIQUE TCHÈQUE

LA SLOVAQUIE

Paris **LE LUXEMBOURG**

L'AUTRICHE (f.)

LA HONGRIE

LA ROUMANIE

L'OCÉAN ATLANTIQUE (m.)

LA FRANCE

Bern **LA SUISSE**
Genève

LA SLOVÉNIE

LA CROATIE

LA BOSNIE-HERZÉGOVINE

LA SERBIE

LA BULGARIE

le Val d'Aoste

L'ITALIE (f.)

LE MONTÉNÉGRO

L'ALBANIE (f.)

LA MACÉDOINE

LA TURQUIE

Monté Carlo

MONACO (f.)

la CORSE

LA GRÈCE

L'ANDORRE (f.)

L'ESPAGNE (f.)

la SARDAIGNE

CHYPRE (f.)

LA MER MÉDITERRANÉE

0	50	100 MILLES
0	50	100	150 KILOMÈTRES

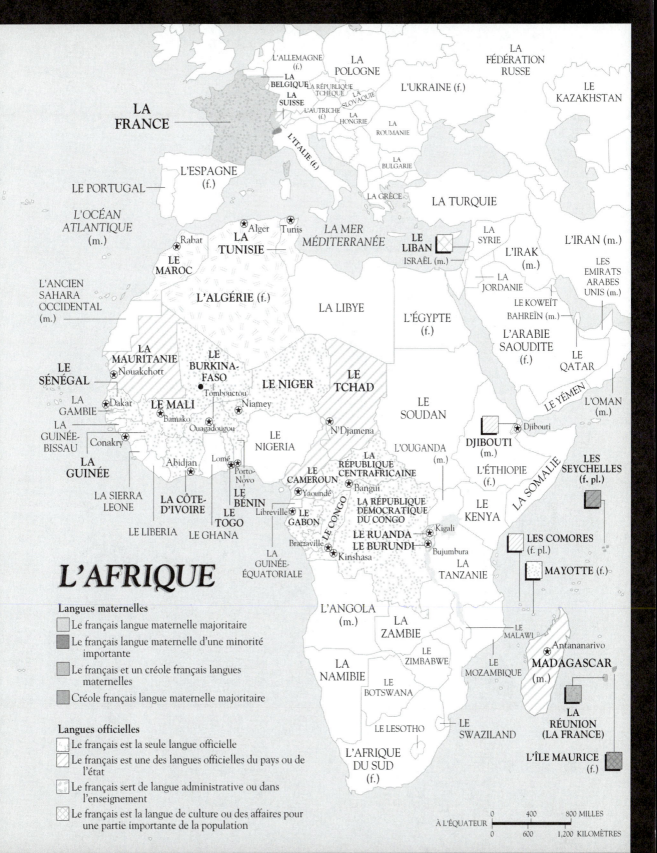

L'AFRIQUE

Langues maternelles

- ▫ Le français langue maternelle majoritaire
- ■ Le français langue maternelle d'une minorité importante
- ▫ Le français et un créole français langues maternelles
- ▨ Créole français langue maternelle majoritaire

Langues officielles

- ▫ Le français est la seule langue officielle
- ▨ Le français est une des langues officielles du pays ou de l'état
- ▨ Le français sert de langue administrative ou dans l'enseignement
- ▨ Le français est la langue de culture ou des affaires pour une partie importante de la population

LA FRANCE

L'ALLEMAGNE (f.)
LA POLOGNE
LA FÉDÉRATION RUSSE
LA BELGIQUE
LA RÉPUBLIQUE TCHÈQUE
L'UKRAINE (f.)
LE KAZAKHSTAN
LA SUISSE
LA SLOVAQUIE
L'AUTRICHE (f.)
LA HONGRIE
LA ROUMANIE
L'ITALIE (f.)
LA BULGARIE
L'ESPAGNE (f.)
LA GRÈCE
LA TURQUIE
LE PORTUGAL
L'OCÉAN ATLANTIQUE (m.)
LA SYRIE
LE LIBAN
L'IRAK (m.)
L'IRAN (m.)
LA MER MÉDITERRANÉE
ISRAËL (m.)
LA JORDANIE
LES EMIRATS ARABES UNIS (m.)
Rabat
Alger
Tunis
LA TUNISIE
LE KOWEÏT
BAHREÏN (m.)
LE MAROC
L'ARABIE SAOUDITE (f.)
LE QATAR
L'ANCIEN SAHARA OCCIDENTAL (m.)
L'ALGÉRIE (f.)
LA LIBYE
L'ÉGYPTE (f.)
LA MAURITANIE
LE BURKINA-FASO
LE NIGER
LE TCHAD
LE YÉMEN
L'OMAN (m.)
LE SÉNÉGAL
Nouakchott
Tombouctou
LE SOUDAN
Djibouti
LA GAMBIE
Dakar
LE MALI
Niamey
DJIBOUTI (m.)
LA GUINÉE-BISSAU
Bamako
Ouagadougou
N'Djamena
L'OUGANDA (m.)
L'ÉTHIOPIE (f.)
LES SEYCHELLES (f. pl.)
Conakry
LE NIGERIA
LA RÉPUBLIQUE CENTRAFRICAINE
LA GUINÉE
Abidjan
Lomé
LE CAMEROUN
LE KENYA
LA SIERRA LEONE
LA CÔTE-D'IVOIRE
Porto-Novo
Yaoundé
Bangui
LA SOMALIE
LES COMORES (f. pl.)
LE BÉNIN
LE TOGO
LE GABON
Libreville
LE CONGO
LA RÉPUBLIQUE DÉMOCRATIQUE DU CONGO
Kigali
MAYOTTE (f.)
LE LIBERIA
LE GHANA
LA GUINÉE-ÉQUATORIALE
Brazzaville
LE RUANDA
LE BURUNDI
Bujumbura
Kinshasa
LA TANZANIE
Antananarivo
L'ANGOLA (m.)
LA ZAMBIE
LE MALAWI
MADAGASCAR (m.)
LE ZIMBABWE
LE MOZAMBIQUE
LA NAMIBIE
LE BOTSWANA
LA RÉUNION (LA FRANCE)
LE LESOTHO
L'ÎLE MAURICE (f.)
L'AFRIQUE DU SUD (f.)
LE SWAZILAND

À L'ÉQUATEUR
0   400   800 MILLES
0   600   1,200 KILOMÈTRES

L'AMÉRIQUE DU NORD

LE GROENLAND

L'OCÉAN ARCTIQUE (m.)

l'Alaska (m.) (LES ÉTATS-UNIS)

les Territoires du Nord-Ouest (m. pl.)

le Nunavut

le Yukon

LE CANADA

Saint-Pierre-et-Miquelon (LA FRANCE)

le Québec

Terre-Neuve (f.)

L'AMÉRIQUE DU NORD (f.)

Langues maternelles

Le français langue maternelle majoritaire

Le français et un créole français langues maternelles

Créole français langue maternelle majoritaire

Le français langue maternelle d'une minorité importante

Langues officielles

Le français est la seule langue officielle

Le français est une des langues officielles du pays ou de l'état

Le français sert de langue administrative ou dans l'enseignement

la Colombie Britannique

l'Alberta (m.)

la Saskatchewan

le Manitoba

l'Ontario (m.)

le Maine

Québec

Montréal

Ottawa

le New Hampshire

le Vermont

LES ÉTATS-UNIS (m. pl.)

l'Île du Prince-Edouard (f.)

la Nouvelle-Écosse

le Nouveau-Brunswick

le Massachusetts

le Rhode Island

le Connecticut

la Louisiane

L'OCÉAN ATLANTIQUE (m.)

Les Îles Hawaii (m. pl.) (LES ÉTATS-UNIS)

LE MEXIQUE

GOLFE DU MEXIQUE

LE BELIZE

L'AMÉRIQUE CENTRALE (f.)

CUBA (m.)

LA JAMAÏQUE

LE GUATEMALA

LE SALVADOR

LE HONDURAS

LE NICARAGUA

LE COSTA RICA

LE PANAMA

LES CARAÏBES (m. pl.)

HAÏTI (m.)

LA GUYANE FRANÇAISE (LA FRANCE)

LE VENEZUELA

LA COLOMBIE

Cayenne

LA GUYANA

LE SURINAM

L'OCÉAN PACIFIQUE (m.)

(LA RÉPUBLIQUE DE) L'ÉQUATEUR (m.)

L'AMÉRIQUE DU SUD (f.)

LE PÉROU

LE BRÉSIL

LA BOLIVIE

LES CARAÏBES

CUBA (m.)

LA RÉPUBLIQUE DOMINICAINE

PUERTO RICO (m.)

la Guadeloupe (LA FRANCE)

Pointe-à-Pitre

Fort-de-France

Port-au-Prince

HAÏTI (m.)

DOMINIQUE (f.)

la Martinique (LA FRANCE)

SAINTE LUCIE (f.)

LA MER DES CARAÏBES

0   150   300 MILLES

0   200   400 KILOMÈTRES

À 45° LATITUDE

0   400   800 MILLES

0   600   1,200 KILOMÈTRES

Générations

Composition et conversation en français

Générations

Composition et conversation en français

Lydie E. Meunier

University of Tulsa

Beatrice M. Guenther

College of William and Mary

Marcia G. Parker

University of Wisconsin

THOMSON
™
HEINLE

Australia Canada Mexico Singapore Spain United Kingdom United States

THOMSON

TM

HEINLE

Générations: Composition et conversation en français
Meunier, Guenther, Parker

Vice President/Publisher: *Phyllis Dobbins*
Market Strategist: *Ken Kasee*
Art Director: *Garry Harman*
Production Manager: *Cindy Young*

For permission to use material from this text or product contact us:
Tel   1-800-730-2214
Fax   1-800-730-2215
Web   www.thomsonrights.com

ISBN: 0-03-024627-X

Library of Congress Catalog Card Number: 99-069415

Table de Matières

6   L'environnement (L'argumentation descriptive et analytique)   174

7   L'amitié, l'amour (L'art du récit allégorique)   210

Preface to Instructors and Students

Audience and General Goals

Générations is a manual to be used in French classes where speaking and writing are taught at the intermediate and advanced levels according to the ACTFL proficiency guidelines (American Council on the Teaching of Foreign Languages [http://www.actfl.org]). The title alludes to the diachronic evolution of societies throughout generations while focusing on the evolution of the individual within today's postmodern world. The title also refers to the generation of spoken and written words to express the universal experience of family and life stages. It relates as well to the "generations" of successive drafts that all good writers use to develop their ideas. Speech and writing are the children of our minds and together give birth to the ideas that become our mental families.

Opportunities for conversation in the first half of each chapter, *Exploration et conversation*, provide an extensive repertoire of functions of spoken language, such as presenting opinions, inquiring about others' opinions, defending opinions, agreeing and disagreeing. The development of speaking skills enables students to participate in animated French-style desultory conversations, often considered a national sport in France. Guided discussions and open-ended conversations help students explore the themes of each chapter as well as collect information and ideas from each other.

The second half of each chapter, *Réalisation et écriture*, gives students the opportunity to synthesize opinions and ideas collected during oral exchanges. At this stage, students should feel comfortable with the vocabulary acquired during the first part of the chapter, so they can focus on organizing ideas in writing. Students are directed to develop their compositions through successive draft stages (writing as a process, rather than writing as a product), while writing to accomplish a clear goal (functional writing: writing for "a communicative purpose"). Language functions (purpose of language use) performed in writing include various genres such as description, narration, analysis, argumentation, storytelling, composing reports, and professional documents. By writing in each of these registers, students will master several styles of composition and will learn to modulate their voice for the intended reader.

Each chapter provides a substantial body of authentic readings for both the conversation and the composition sections. Authentic readings drawn from the Francophone world contribute to both cultural awareness and expanded vocabulary. More material is intentionally provided than can be covered during a single program. This was done to encourage instructors to select oral and written activities that best meet the needs, interests, and abilities of their students and the structure of their local program.

Content, Scope, and Sequence

The title *Générations* reflects the thematic trajectory of the book: exploring in French universal experiences and concerns of different generations from the point of view of today's students. Class discussions and writing assignments develop cognitive strategies for communicating feelings and opinions about issues such as creativity, childhood, health, education, globalization, environment, friendship, love, work, aging, and natural life cycles. Activities are designed to promote identification of ideas in primary sources, discussions with classmates about ideas, and writing activities emphasizing personal insights evolving from this process.

Chapitre 1 : La généalogie (L'art de générer un text) gives students the first opportunity to generate a text through guided activities. This chapter asks students to consider families as they have evolved through generations. Activities give students the opportunity to define themselves in the context of their families' historical ethnicity and their personal experience. Other topics in this chapter include relations of one generation to the next; building a genealogical tree; describing an interesting relative or ancestor; imagining future family lineage possibilities; comparing family life in French-speaking countries with one's own. From their discussions and writings, students draw conclusions for the future.

Chapitre 2 : L'enfance (La description objective et la narration) directs students to reflect on their own childhood and on the role played by their parents by generating descriptive documents along with narration. While sharing memories about their respective childhood development, students are led to consider sociocultural differences and key experiences likely to shape different types of personalities. After discussions of differences in parenting philosophy, childhood experiences, and personality formation, students are asked to envision and define their own role as future parents. They imagine the type of guidance they expect to provide to their own children while describing anticipated outcomes of their proposed parental behavior.

Chapitre 3 : La santé (L'art de la dissertation) addresses health issues in relation to the age-old dream of immortality shared by many generations. More specifically, activities are designed for discussions on healthy routines, diets, preventive and traditional medicines, the impact of modern lifestyles on mental health, the fear of aging, and on the review of norms and standards of life inherited from past generations. Students will learn to weigh pros and cons (thesis and antithesis) before reaching a synthesis, following the Cartesian approach to writing analytical treatises.

Chapitre 4 : L'éducation (L'art d'argumenter, étape 1) as a fundamental contribution to future generations is thought by some to be in crisis. How can academic programs revitalize the hearts and spirits of today's youth in order to eradicate conflicts and violence both in schools and in society? What are the roles of education and educators in shaping the future citizens of the world? Central to the development of a critical view on education are activities generating reflections on diversity among student populations in order to construct an educational system genuinely based on equal opportunities for all. Students will address educational issues while learning how to generate well-documented written arguments.

Chapitre 5 : L'immigration (L'art d'argumenter, étape 2) invites students to explore life as expatriates, and to discuss the reasons why people choose to leave their native countries to settle as immigrants elsewhere. While doing so, students will learn how to produce well-argued texts. Activities are designed to encourage reflection on how histories and cultures intersect; on how multicultural norms and modes of behavior may clash, risking anger and rejection. Solutions for better communication between ethnic groups are explored, discussed, and developed to achieve an inclusive approach to national and global identities.

Chapitre 6 : L'environnement (*L'art de l'argumentation descriptive et analytique*) confronts students with contemporary issues related to traditional use of natural resources, whether seen from a political, ecological, or economic aspect. Activities encourage students to analyze historic behaviors of past generations with the prospect of ensuring a better life for their children and grandchildren. By generating well-documented analytical descriptions, students study the signals of negative change in order to develop written plans for corrective action.

Chapitre 7 : L'amitié, l'amour (*L'art du récit allégorique*) delves into some of the complexities surrounding human relationships. Activities are designed, so that students might examine various facets of love, multiple definitions of friendship, the meaning of marriage, and reasons for divorce; in short, numerous ways of relating with others. Discussions on love and friendship, as they might be experienced in the future, generate meaningful and lively exchanges, as well as poetic allegories with which students can experiment.

Chapitre 8 : Echanges professionnels (*L'écriture de documents formels*) deals with transition from school to work with its new responsibilities, strategies, conventions, and coping mechanisms. Activities are designed for students to discuss the job market, prepare for job interviews, as well as compose application letters, résumés, and professional reports. Communicative tasks to be performed in the professional world provide excellent opportunities to generate texts in formal registers and styles.

Chapitre 9 : Le cycle de la vie (*Synthèse*) logically concludes this book about generations. Overall, activities aim at discussing just how fragile and, thus, precious life is by reflecting on aspects of the birth/death cycle and feelings that accompany it. Readings and associated activities have been selected to help students reflect on major transitions in life, for instance, the loss of loved ones or the awareness of one's own mortality as well as allegoric deaths which are sometimes necessary to allow for rebirth or new beginnings. This chapter asks students to bypass generalities often used to describe the cycles of life and to generate philosophical analyses that impact on various decisions throughout life.

Recurring Subsections in Générations

This text is designed around the following recurring subsections, incorporating thinking tools meant to prompt analysis and build linguistic skills. The subsections are structured in such a way that students are always speaking and writing with a purpose. *Générations* sets up a class environment that facilitates a collaborative writing community where instructors and students write for each other and with each other's help.

Introduction. The introduction previews themes and language functions that will be covered in the chapter.

Exploration et conversation. The first half of each chapter provides background readings (language input) and suggests strategies for language assimilation (language intake) as well as communicative activities related to the chapter theme such as class surveys, group discussions, etc. (language output). Directed conversations stimulated by assigned readings provide a conceptual foundation for writing in the second half of the chapter by giving students the opportunity to develop and test ideas in interactive oral discourse. Discussions designed to elicit critical and analytical reflections give writings that refined *"je ne sais quoi"* appealing to readers.

- *Engageons le dialogue* offers one or two warm-up activities (advance organizers) to review familiar vocabulary and to introduce basic expressions in context. This prepares students for the reading and discussions to follow. Activities in this section guide students in the use of key terminology as they begin to address the content of the readings and to organize ideas.

- *Conversations de réflexion avant la lecture* are orientation activities used prior to every reading in this manual to help students anticipate and predict the content of the reading material. Pre-reading activities are also chosen to establish the purpose for reading specific material: they prepare students to skim and scan a text. Pre-reading conversations include: brainstorming to generate ideas likely to be mentioned in the text; predicting on the basis of the title; discussing subtitles; and predicting the content of paragraphs; commenting visuals.

- *Lectures* are authentic texts defined as texts primarily intended for the French-speaking audience. These articles and excerpts, selected from newspapers, magazines, novels, etc., provide high-quality natural language input. Reading "real" manuscripts requires direct contact with genuine acts of communication, an experience known to foster a strong sense of accomplishment among foreign-language learners. Most texts selected for this manual are meant for an audience reading at intermediate and advanced proficiency levels. Each pre- and post-reading activity is designed to guide students to achieve specific reading objectives, e.g., reading for the gist, reading for details, reading for discourse analysis. Using the approaches put forth in this section, we find students can master material that may initially appear difficult.

- *Conversations en réaction à la lecture* consist of three types of post-reading activities (1) during discussion activities based on skimming and scanning, students organize and retrieve the main ideas of a text; (2) discussion activities based on intensive reading challenge students to read with more attention to details and to discuss the textual role played by grammar, vocabulary, and style; (3) integrative discussion activities link the text's content to the readers' background knowledge and require students to use the textual content in meaningful interactions. This stage is essential for comprehensive language acquisition to take place.

Réalisation et écriture. The second half of each chapter provides step-by-step guidance in taking a composition topic from brainstorming and jotting down notes to structuring an argument and preparing a clean, finished written document. Students are first prompted with possible ideas and subjects to be developed in writing and then guided through a systematic process including the following practice activities:

- *Objectif* establishes and describes the textual genre that students will develop during the second half of the chapter in order to improve their writing skills. The main communicative techniques related to each genre (describing, analyzing, reporting, etc.) are outlined in a convenient and simple format and can be re-used as often as needed for students who require a quick reminder of the basic techniques associated with each genre.

- *Ecriture spontanée*: (1) *En classe* shows how a paragraph written in class may be completed in five minutes. This exercise helps students quickly concretize initial personal statements on specific issues while generating both confidence and motivation to write more. (2) *Chez vous* is a homework activity that requires students to edit their spontaneous writing and clarify meaning by following a suggested set of guidelines. If necessary, this activity can also be performed in class, especially during the first few chapters, so that students appreciate and develop a routine of systematic editing.

- *Ecriture de réflexion avant la lecture* is a pre-writing activity with two main purposes: (1) as an orientation activity, it is used prior to reading a text to help students anticipate and predict the reading material that follows; (2) as a pre-writing activity, it is typically designed in relation to the main ideas of the text. By predicting the content of the reading, students realize (*Réalisation et écriture*) how to develop and support generalizations with information, subjective input, direction, and logic. Confirmation of the building process manifests itself while reading the text.

- *Lectures* are authentic readings selected for the appropriateness of both their content and their discourse structure. They provide examples of the textual genre presented in the chapter. Criteria for text selection are similar to those already explained in the *Exploration et conversation* section.

- *Ecriture de réflexion basée sur la lecture* exercises are post-reading activities designed to generate analyses of issues presented in the text. Activities of this type are also based on an "intensive reading" approach designed to study and imitate discursive structures. These activities lead to additional guidelines for discursive production and are designed to optimize the students' motivation to write.

- *A la recherche de votre propre style* provides additional guidelines for discursive production and editing. Students learn how to recognize linguistic difficulties that English-speaking students typically face and mistakes generated by overgeneralizations, negative language transfers from L1 to L2, and issues more specifically related to the complexities of the French language. Samples of actual compositions are included in the *Cahier*. These samples offer realistic models and give students the opportunity to respond with their writing and practice peer editing.

- *A la recherche du sujet motivant* gives students a last chance to isolate the topic that will optimize their motivation to write. At this point, students may choose to expand on the topic initially selected, or they may choose to switch to one of the themes suggested at the beginning of the *Réalisation et écriture* section, or select a theme of their own after approval by their instructor.

- *Première version du manuscrit final* offers guidelines for students to work on the first version of their final manuscript. Guidelines remind students how to approach the writing task. While performing their preliminary writing, students are required to come to class ready to explain to a classmate the type of audience they wish to address, the goal of the manuscript (to inform, to entertain, to describe, to analyze, to compare, etc.), and to imagine a final publication format (in a magazine, on the Web, as a personal letter, as a letter to the editor, etc.).

- *Editez votre propre manuscrit* is a follow-up to discussions based on the first draft. Here, students enter a more intensive writing approach that requires them to be more attentive to stylistic and language details and linguistic details. This activity can be performed at home (*A la maison*) or in class (*En classe*). Guidelines are offered in order to help students optimize their ability to monitor their language production.

- *Curiosités culturelles* are cultural interludes providing additional material to motivate further discussion and writing. Because each text chosen for this book reflects a cultural reality, students should already be aware of culturally specific differences. In addition to authors from France, writers from various French-speaking countries are represented throughout the textbook: Léopold Sédar Senghor (Senegal), Tahar Ben Jelloun (Morocco), Maryse Condé (Guadeloupe), Bassek Ba Kobhio (Cameroon), Anne-Marie Niane (Vietnam), and Régine Robin (Quebec), as well as an author from Russia, Andreï Makine, who chooses to write his novels in French, his adopted language.

Teachers are not expected to assign a full composition in every chapter. Depending on the curriculum and calendar system of your school, the amount of homework should be distributed at a regular yet comfortable pace.

Acknowledgements

I wish to express my appreciation to my French colleagues at the University of Tulsa, Zita Halka and Véronique Conway for leading experimental classes with parts of this manuscript and for their invaluable feedback. Many thanks also go to Reginald Hyatte for reviewing parts of the manuscript. I am very grateful for the generous input and youthful visions offered by my French students. I also wish to express my gratitude to all my colleagues in the Department of Languages of the University of Tulsa for their understanding and enthusiastic support during this project. Many thanks go to Nancy Siegel for her patience and encouragement, and to the entire production team of Holt, Rineholt, and Winston. Last but not least, I bless the day when I met George Greenia, Beatrice Guenther and Marcia Parker at the College of William and Mary. On a more personal touch, very special thanks go to my dear friend from Lyon, Evelyne Tourreille, for her support and her good sense of humor.

Lydie E. Meunier

My gratitude goes out to my many colleagues at William and Mary, especially those whose input helped to shape my experience of teaching upper-intermediate and advanced French composition courses. Among these, my special thanks to Martha Houle, Maryse Fauvel, Rob Welch, Susan Bree, Eliza Nichols, and Tamara Burk (to name but a few) as well as, of course, to my two patient and inspiring co-authors, Lydie Meunier and Marcia Parker. I especially thank Katherine Kulick for the many stimulating discussions and helpful advice she has extended to me over my ten years at the College of William and Mary. Last but not least, I thank George Greenia for inviting me to participate in this project and for providing us with the template for this text. I especially thank him for his generosity in providing suggestions and encouragement throughout the process of drafting *Générations*.

The painstaking editorial work of Renée Michel and Geneviève Tricottet was both intense and invaluable; I thank them both for their prompt, careful work.

In addition, the process of writing this book would not have been possible without the frank feedback—questions, critique, and enthusiasm—I received from the many years of students studying French at William and Mary.

This brief statement of gratitude would not be complete without my acknowledging the hard work and thoughtful input of the Holt, Rinehart, and Winston team, in particular, that of Nancy Siegel and Diane Ratto.

Finally, a heartfelt thank you to Nancy Michael and to my sister, Christina, for the many years filled with thought-provoking, enriching exchanges of ideas.

Beatrice Guenther

I would like to thank the following people for their very special help: Tom, Molly, Reed, Ellen, Zach Parker, Iris Glidden, Bonnie Buchanan, Janice Scanlon, Lydie Meunier, Beatrice Guenther, Joel, Evelyne, Sébastien, Nicolas, Gregory Paquereau, Odile and Charlotte Daubié, Françoise Trémoulet, Nancy Siegel, George Greenia, and my wonderful students and colleagues at the University of Wisconsin-Stevens Point.

Marcia Parker

We also extend our appreciation to colleagues at other institutions who reviewed the manuscript and whose constructive suggestions have helped shape the project : Dominick De Filippis, Wheeling Jesuit University, Sharon Fairchild, Texas Christian University, Marie T. Gardner, Plymouth State College, Tom Hines, Samford University, Elizabeth New, University of North Texas, and Jean Marie Walls, Union University.

Chapitre 1

LA GÉNÉALOGIE

L'art de générer un texte

INTRODUCTION

Quand vous pensez au mot « générations » à quoi pensez-vous ? A la famille, bien sûr, et à l'arbre généalogique qui établit l'affiliation entre parents, enfants, petits-enfants, et ainsi de suite. Dans ce premier chapitre, nous explorerons des approches discursives et textuelles qui nous aideront à *générer* un texte, tout en réfléchissant aux thèmes attachés à la famille. Ce sera à vous de décider si vous préférez écrire le portrait (description subjective) d'un ancêtre, d'un membre de votre famille contemporaine ou de votre famille telle que vous la voyez dans le futur, ou même écrire le portrait d'un parent idéal.

La famille est un sujet de discussion et d'analyse de plus en plus fréquent dans les médias. L'image de la famille à travers les siècles prend différentes formes non seulement en fonction du contexte historique, mais aussi en fonction des attaches géographiques ou ethniques. Ce que vous imaginez comme « la famille » des générations passées ou « la famille » de la génération présente dépendra de votre expérience personnelle, des histoires racontées par vos parents et de l'histoire que vous avez dû étudier à l'école. Du fait que vous vous spécialisez en français, vous pouvez aussi considérer l'évolution de la famille en France, en Afrique francophone, aux Antilles, au Québec, etc., afin de mieux comprendre les similarités et les différences culturelles qui contribuent à la définition du rôle familial. Ceci étant dit, ce chapitre vous invite à explorer les caractéristiques *transgénérationnelles* de la famille et le rôle des individus qui la forment.

Mais avant de commencer, posons-nous les questions suivantes : Qui suis-je ? Qui est ma famille ? L'histoire particulière de chaque famille est générée par les personnes et les expériences qui la forment, et qui créent de ce fait une généalogie riche et originale.

EXPLORATION ET CONVERSATION

Activité A. Engageons le dialogue : Nos racines — nos familles

Avant de choisir un thème pour un devoir écrit, il est important de penser et de parler de sujets qui peuvent nous inspirer dans notre travail de réflexion. Des conversations en petits groupes aussi bien qu'avec la classe entière vous offriront des directions et du vocabulaire utile.

On décrit souvent les Etats-Unis comme un creuset de cultures (*melting pot*), et si nous recherchons les origines de notre propre famille, nous découvrons très vite que nos ancêtres représentent une large panoplie de nationalités. En fait, notre identité dépend souvent des origines ethniques dans nos familles. Quelles sont les origines nationales ou ethniques de votre famille ? Y a-t-il d'autres membres de votre classe de français qui ont les mêmes origines ?

Lisez la liste suivante et cochez ($\sqrt{}$) tous les adjectifs qui se rapportent aux origines de votre famille. S'il y a d'autres nationalités représentées dans votre famille qui ne se trouvent pas sur la liste, ajoutez-les.

africain	chilien	guadeloupéen	libanais	québécois
algérien	chinois	guyanais	scandinave	russe
allemand	coréen	haïtien	malien	sénégalais
amérindien	cubain	hongrois	mauritanien	suédois
apache	danois	indonésien	mexicain	suisse
anglais	dominicain	iranien	marocain	syrien
arménien	égyptien	irlandais	néerlandais	tchèque
autrichien	écossais	iroquois	norvégien	thaïlandais
basque	espagnol	israélien	polonais	tunisien
belge	finlandais	italien	portoricain	turc
cambodgien	français	ivoirien	portugais	vietnamien
canadien	grec	japonais		

En groupes de trois ou quatre :

1. Comparez vos nationalités d'origine. Combien de nationalités différentes votre groupe a-t-il cochées ?

2. Regardez les cartes au début du texte pour vous orienter. Sur combien de continents votre groupe a-t-il identifié des ancêtres ?

3. Un représentant du groupe écrit au tableau chaque nationalité représentée dans le groupe.

Tous ensemble :

1. Regardez les listes au tableau et comptez toutes les nationalités représentées dans la classe.

2. Votre classe représente-t-elle la même diversité ethnique que celle de l'état où se trouve votre école ? Représente-t-elle la même diversité ethnique que celle des Etats-Unis en général ? Quels sont les groupes ethniques qui ne sont pas dans votre classe mais qui se trouvent sur le campus / dans la ville / dans l'état ?

3. Y en a-t-il qui viennent d'un pays ou d'une région où l'on parle français ?

Activité B. Conversation de réflexion avant la lecture : Débat

Est-il important de se rappeler de ses origines ethniques ? Quels pourraient être les arguments en faveur du souvenir des origines ethniques ? Quels pourraient être les arguments contre ?

En groupes de quatre, soyez spontanés et créez deux listes qui pourraient être utiles pour un tel débat. Trouvez au moins quatre raisons pour chaque point de vue.

**Pour le souvenir des
origines ethniques**

1. _____

2. _____

3. _____

4. _____

**Contre le souvenir des
origines ethniques**

1. _____

2. _____

3. _____

4. _____

1. Chaque groupe se divise pour former deux groupes de deux : deux personnes représenteront le *pour* et les deux autres représenteront le *contre*. Tous les *pours* se rassembleront d'un côté de la salle et tous les *contres* de l'autre côté.

2. Prenez quatre minutes pour comparer les idées sur vos listes : mettez celles qui se ressemblent ensemble afin de créer une liste finale.

3. Choisissez l'idée la plus importante et écrivez *n° 1* à côté. Continuez de cette manière à classer toutes les idées en écrivant *n° 2, n° 3,* etc.

Tous ensemble :

1. Un volontaire du groupe *pour* lit ou présente l'idée la plus importante (n° 1) de sa liste. Puis un volontaire du groupe *contre* lit/présente la première idée de sa liste, et ainsi de suite, jusqu'à ce que toutes les idées soient présentées.

2. A la fin de la présentation des arguments, effectuez deux votes : (a) le côté qui a présenté les arguments les plus convaincants ; (b) votre préférence personnelle (Devrait-on renforcer l'importance des héritages culturels ou devrait-on la minimiser en considérant plutôt l'idée d'un « citoyen du monde » ?).

Activité C. Conversation de réflexion avant la lecture : Entre parent et enfant

Vous êtes un parent et votre jeune fille ou fils ne comprend pas pourquoi un de ses camarades de classe lui a conseillé de ne pas jouer avec un autre enfant à cause de la couleur de sa peau. Vous voulez bien répondre à cette situation, donc vous demandez d'abord à un autre adulte de vous aider. Avec un partenaire, créez une réponse à votre enfant en essayant d'expliquer

1. pourquoi l'ami lui a dit de ne pas jouer avec cet enfant
2. ce que votre fils/fille devrait faire.

N'oubliez pas que cette personne est jeune et qu'elle a besoin d'une explication simple et claire.

Après avoir préparé votre explication, joignez un autre groupe de partenaires : un groupe offre son explication pendant que l'autre groupe écoute en jouant le rôle d'enfants. Si l'explication n'est pas assez complète, les enfants poseront des questions jusqu'à ce qu'ils comprennent. Puis, renversez les rôles.

Activité D. Avant de lire : Des idées à chercher

Vous allez lire un extrait où le racisme est expliqué par un père à sa fille. Pendant que vous lisez, prenez des notes quand vous trouvez des idées qui correspondent aux catégories suivantes :

- idées et réactions similaires à celles que vous avez déjà discutées en groupe;
- la définition du colonialisme;
- les références à l'histoire;
- qui peut aider les enfants à l'école;
- de qui un enfant apprend le racisme;
- une différence entre les enfants et les adultes.

Les gènes et les traits biologiques se transmettent de génération en génération, sans oublier que la nationalité et la culture se perpétuent de la même façon. D'autre part, idées, préjugés et attitudes s'ajoutent à cet héritage génétique et culturel. Toute nouvelle génération n'a pas d'autre choix que d'accepter l'héritage génétique, mais elle est en droit de décider si elle va accepter la nationalité et les idées des générations précédentes. A travers leurs gestes et leurs mots, les parents communiquent à leurs enfants des messages clairs. Comme vous venez de le faire, l'auteur marocain Tahar Ben Jelloun a écrit un livre où il explique le racisme à sa fille, d'où le titre, *Le racisme expliqué à ma fille*. Lisez l'extrait suivant et rappelez-vous que vous devez prendre des notes pour les catégories listées dans cette activité.

LECTURE A

▽

Le racisme expliqué à ma fille

Tahar Ben Jelloun

— C'est ça, le colonialisme. On envahit le pays, on dépossède les habitants, on met en prison ceux qui refusent cette invasion, on emmène les hommes valides travailler dans le pays colonisateur.

— C'est pour ça qu'il y a beaucoup d'Algériens en France ?

5 — Avant l'indépendance, l'Algérie était un département français. Le passeport algérien n'existait pas. Les Algériens étaient considérés comme des sujets de la France. Les Chrétiens étaient français. Les Juifs le sont devenus à partir de 1870. Quant aux Musulmans, ils étaient appelés « indigènes ». Ce terme, qui signifie « originaire d'un pays occupé par le colonisateur », est une des ex-

10 pressions du racisme de l'époque. Ainsi, « indigène » désignait les habitants classés en bas de l'échelle sociale. Indigène = inférieur. Quand l'armée française ou les industries avaient besoin d'hommes, on allait les chercher en Algérie. On ne demandait pas leur avis aux Algériens. Ils n'avaient pas le droit d'avoir un passeport. On leur délivrait un permis pour se déplacer. On leur don-

15 nait des ordres. S'ils refusaient de les suivre, ils étaient arrêtés et punis. Ce furent les premiers immigrés.

— Les immigrés étaient français avant ?

— Ce ne fut qu'à partir de 1958 que ceux qu'on faisait venir d'Algérie furent considérés comme des Français, mais pas ceux qu'on faisait venir du

20 Maroc ou de Tunisie. D'autres venaient d'eux-mêmes, comme les Portugais, les Espagnols, les Italiens, les Polonais...

— La France, c'est comme l'Amérique !

— Pas tout à fait. Tous les Américains, excepté les Indiens, qui sont les premiers habitants du continent, sont d'anciens immigrés. Les Indiens ont été

25 massacrés par les Espagnols puis par les Américains blancs. Lorsque Christophe Colomb découvrit le Nouveau Monde, il rencontra des Indiens. Il fut tout étonné de constater qu'ils étaient des êtres humains, comme les Européens. Parce que, à l'époque, au XVe siècle, on se demandait si les Indiens avaient une âme. On les imaginait plus proches des animaux que des humains !

30   L'Amérique est composée de plusieurs ethnies, de plusieurs groupes de population venus du monde entier, alors que la France n'est devenue une terre d'immigration que vers la fin du XIXe siècle.

     — Mais, avant l'arrivée des immigrés, est-ce qu'il y avait du racisme en France ?

35   — Le racisme existe partout où vivent les hommes. Il n'y a pas un seul pays qui puisse prétendre qu'il n'y a pas de racisme chez lui. Le racisme fait partie de l'histoire des hommes. C'est comme une maladie. Il vaut mieux le savoir et apprendre à le rejeter, à le refuser. Il faut se contrôler et se dire « si j'ai peur de l'étranger, lui aussi aura peur de moi ». On est toujours l'étranger

40 de quelqu'un. Apprendre à vivre ensemble, c'est cela lutter contre le racisme.

     — Moi, je ne veux pas apprendre à vivre avec Céline, qui est méchante, voleuse et menteuse...

     — Tu exagères, c'est trop pour une seule gamine de ton âge !

     — Elle a été méchante avec Abdou. Elle ne veut pas s'asseoir à côté de

45 lui en classe, et elle dit des choses désagréables sur les Noirs.

     — Les parents de Céline ont oublié de faire son éducation. Peut-être qu'eux-mêmes ne sont pas bien éduqués. Mais il ne faut pas se conduire avec elle comme elle se conduit avec Abdou. Il faut lui parler, lui expliquer pourquoi elle a tort.

50   — Seule, je n'y arriverai pas.

     — Demande à ta maîtresse de discuter de ce problème en classe. Tu sais, ma fille, c'est surtout auprès d'un enfant qu'on peut intervenir pour corriger son comportement. Auprès des grandes personnes, c'est plus difficile.

     — Pourquoi, Papa ?

55   — Parce qu'un enfant ne naît pas avec le racisme dans la tête. Le plus souvent, un enfant répète ce que disent ses parents, proches ou lointains. Tout naturellement, un enfant joue avec d'autres enfants. Il ne se pose pas la question de savoir si tel enfant de couleur différente est inférieur ou supérieur à lui. Pour lui, c'est avant tout un camarade de jeu. Ils peuvent s'entendre ou se

60 disputer. C'est normal. Cela n'a rien à voir avec la couleur de peau. En revanche, si ses parents le mettent en garde contre les enfants de couleur, alors peut-être qu'il se comportera autrement.

     — Mais, Papa, tu n'as pas cessé de dire que le racisme c'est commun, répandu, que cela fait partie des défauts de l'homme !

65   — Oui, mais on doit inculquer à un enfant des idées saines, pour qu'il ne se laisse pas aller à ses instincts. On peut aussi lui inculquer des idées fausses et malsaines. Cela dépend beaucoup de l'éducation et de la mentalité des parents. Un enfant devrait corriger ses parents quand ils émettent des jugements racistes. Il ne faut pas hésiter à intervenir ni se laisser intimider

70 parce que ce sont des grandes personnes.

— Ça veut dire quoi ? On peut sauver un enfant du racisme, pas un adulte...

— Plus facilement, oui. Il y a une loi qui gouverne les êtres à partir du moment où ils ont grandi : ne pas changer ! Un philosophe l'a dit, il y a très longtemps : « Tout être tend à persévérer dans son être. » Son nom est Spinoza. Plus vulgairement, on dira : « On ne change pas les rayures d'un zèbre. » Autrement dit, quand on est fait, on est fait. En revanche, un enfant est encore disponible, encore ouvert pour apprendre et se former. Un adulte qui croit à « l'inégalité des races » est difficile à convaincre. Les enfants, au contraire, peuvent changer. L'école est faite pour cela, pour leur apprendre que les hommes naissent et demeurent égaux en droit et différents, pour leur enseigner que la diversité humaine est une richesse, pas un handicap.

© Editions du Seuil, 1998

Activité E. Conversations en réaction à la lecture : Des questions à discuter avec un(e) partenaire

Après avoir lu l'extrait de Ben Jelloun et après avoir pris vos notes de lecture, répondez aux questions suivantes (en faisant attention de ne pas citer littéralement du texte).

1. D'après Ben Jelloun, quelle est la définition du colonialisme ? Pouvez-vous ajouter d'autres caractéristiques du colonialisme, d'autres raisons pour se décider à « coloniser » une région ?

_____

_____

_____

2. Que dit Ben Jelloun sur le mot *indigène* ? Quelle est la définition de ce mot dans un dictionnaire ? Qu'en concluez-vous ?

_____

_____

_____

3. D'après ce texte, quand a-t-on considéré les Algériens qui sont venus en France comme des Français ?

_____

_____

4. D'où venaient d'autres immigrés ?

_____

_____

5. La France et les Etats-Unis sont deux terres d'immigration, mais dans quelles mesures sont-elles différentes ?

_____

_____

6. D'après ce texte, le racisme existe-t-il surtout en France ? Expliquez votre réponse.

_____

_____

7. Comment peut-on lutter contre le racisme ?

_____

_____

8. Nommez des caractéristiques négatives de Céline.

_____

_____

9. Pourquoi est-ce que la fille de Ben Jelloun n'aime pas Céline ?

_____

_____

10. Comment est-ce que Ben Jelloun analyse l'attitude de Céline ?

_____

_____

11. Pourquoi est-ce que Ben Jelloun conseille à sa fille de parler avec Céline ?

_____

_____

12. Qui d'autre pourrait aider Céline ?

_____

_____

13. Comment est-ce qu'une jeune personne devient raciste ?

_____

_____

14. Pourquoi est-il plus difficile de changer l'attitude raciste d'une grande personne ?

_____

_____

Activité F. Conversation basée sur la lecture

En groupes de trois ou quatre, pensez à ce que vous venez de lire et présentez vos réactions et réflexions.

1. Quelles idées discutées dans les **Activités B** et **C** avez-vous retrouvées dans le texte de Ben Jelloun ?

2. Ben Jelloun répond-il clairement à sa fille ? Elaborez votre réponse.

3. Dans cet extrait avez-vous l'impression que l'auteur est optimiste ou pessimiste à l'égard du racisme et de l'avenir ?

4. Dans votre vie, n'avez-vous jamais fait preuve de racisme vous-même ? Pourriez-vous expliquer comment ?

5. Connaissez-vous quelqu'un de raciste ? Quelle conduite vous a convaincu(e) qu'il / qu'elle était raciste ?

6. Connaissez-vous quelqu'un qui a lutté contre le racisme ? Qu'est-ce que cette personne a fait ?

7. En lisant cet extrait, qu'est-ce que l'on peut dire du rapport entre ce père et sa fille ?

8. Parlez du ton, du vocabulaire (le choix des mots), du style de l'auteur.

Activité G. Conversation de réflexion avant la lecture : Votre opinion

Les nouveaux parents se demandent quelquefois s'ils auront des difficultés à communiquer avec leurs propres enfants quand ils auront l'âge de raisonner. En effet, l'expérience avec nos propres parents nous fait réfléchir : un rapport positif entre parents et enfants incite les enfants à admirer et donc à imiter leurs parents. Dans le cas de rapports négatifs où la communication est réduite au minimum, les enfants ont tendance à se rebeller mais à répéter le modèle projeté par leurs parents. Mais où trouver un nouveau modèle ?

Imaginez que vous allez bientôt être parent pour la première fois et que vous vous posez les questions suivantes. Notez vos réactions aux questions (les phrases complètes ne sont pas importantes). Après avoir écrit vos réponses, mettez-vous en petits groupes et comparez vos idées. Où se trouvent les similarités ? les différences ?

1. Préférez-vous un fils ou une fille ?

2. Est-ce que devenir un parent responsable veut dire ne plus agir comme un enfant ? Doit-on définitivement rejoindre le monde des grandes personnes ?

3. Pensez-vous qu'avoir un enfant vous séparera de votre passé ou est-ce que cela vous rapprochera de votre propre enfance ?

4. Avez-vous une grande famille (beaucoup de cousins) ou une petite famille ? (En France et aux Etats-Unis il y a beaucoup de familles recomposées comportant une belle-mère ou un beau-père, des demi-frères et sœurs. Donc, la famille étendue comprend aussi ces membres-ci.)

5. Y a-t-il une majorité de femmes ou d'hommes dans votre famille ?

6. A votre avis, quand les deux parents vivent ensemble, c'est plutôt le rôle de la mère ou du père de s'occuper des enfants quand les enfants sont très jeunes ?

7. Expliquez le sens du titre : « Etre parents, ça s'apprend sur le tas ». Si vous ne savez pas l'expression « sur le tas », devinez le sens avant de le chercher dans un dictionnaire.

8. Mettez-vous en petits groupes et échangez vos prédictions sur ce que vous allez lire.

Activité H. Réflexion pendant la lecture : Comprenez-vous ce nouveau père ?

Lisez les affirmations ci-dessous puis lisez le texte pour vérifier si elles sont vraies ou fausses (encerclez la bonne réponse).

1. Vrai ou Faux ?   Devenir parent a complètement séparé Sylvain (l'homme interviewé pour l'article) de son enfance.

2. Vrai ou Faux ?   Les souvenirs d'enfance de Sylvain deviennent de plus en plus vagues du fait de ses nouvelles responsabilités de père.

3. Vrai ou Faux ?   Sylvain a eu une belle enfance.

4. Vrai ou Faux ?   Sylvain est très masculin et, de ce fait, refuse de s'occuper de ses enfants.

5. Vrai ou Faux ?   Sylvain a peur des femmes.

6. Vrai ou Faux ?   Sylvain adore son père car il communique ouvertement avec lui.

7. Vrai ou Faux ?   Sylvain est sûr de devenir un excellent père.

LECTURE B

Etre parent, ça s'apprend sur le tas

Sylvain Augier, l'homme interviewé pour l'article

Paroles de père : *« Faut pas rêver ! » nous dit Sylvain Augier chaque vendredi soir sur France 3. Sylvain, lui, a des rêves plein la tête et le cœur dans les étoiles depuis la naissance de Manon, 3 ans, et Hadrien, 3 mois.*

Malgré mes 41 ans, je suis resté enfant **jusqu'au bout** des ongles, jusqu'au
5   bout de mon âme, jusqu'au bout de mes rêves... Si on oublie ses émerveillements de **gosse,** on est perdu ! La naissance de Manon et d'Hadrien n'a fait que renforcer cette part d'enfance en moi. Donner la vie me rapproche plus de l'enfance que cela ne m'en éloigne ! Même si je sais que la notion de bonheur est fugitive, mes gosses me permettent de vivre une renaissance perma-
10 nente, et me replongent aussi dans mon passé. Avoir des enfants, cela provoque un phénomène étrange... C'est comme des bulles qui remontent à la surface de l'eau et qui vous ramènent des souvenirs **à la pelle,** des souvenirs de votre propre enfance...

Depuis qu'ils sont nés, je me souviens d'une façon plus précise de cette
15 grande maison où je vivais avec mes parents et mes deux sœurs dans le sud-
ouest de la France. Elle était pleine de bruits, de remue-ménage, de rires,
puisque j'avais quarante-cinq cousins **germains** (rien que ça !) qui venaient
pour les vacances. Mes grands-parents maternels ont eu seize enfants, dont
quatorze filles, et cinquante-cinq petits-enfants ! Il me reste une grand-mère
20 qui a 101 ans et ressemble à une jeune fille ! J'ai vécu entouré de femmes, ma
mère, bien sûr, mes sœurs, mes tantes, mes cousines. J'ai toujours vu le
monde **régi** par des femmes.

Les femmes, c'est ma référence ! Je crois d'ailleurs que j'ai en moi un
côté très féminin qui s'est renforcé avec la naissance de mes enfants. J'adore
25 **pouponner,** les changer, les toucher... J'ai une vision peut-être un peu trop
paradisiaque de mon enfance, cela fait un peu trop « Petit Prince » ! Mais
cette maison pleine de femmes, c'était le bonheur...

La **faille,** peut-être, c'était mon père... Il était directeur d'une grosse société. Il travaillait tout le temps, on ne le voyait jamais... Il me semblait pres-
30 que inaccessible. D'ailleurs, **j'ai beau** chercher, j'ai peu de souvenirs précis
le concernant... Si, un jour, il m'a emmené au cinéma et cela a été formidable, mais des moments comme ça, je les compte sur les doigts d'une main !
A l'adolescence, j'ai eu de gros conflits avec mon père. Le dialogue a toujours été très difficile.

35 D'ailleurs, je pense que je ne suis pas devenu journaliste par hasard. En
dehors de ma grande curiosité, je crois que je me suis servi de mon métier
comme d'une thérapie. En vingt ans, j'ai dû faire plus de six cents interviews
entre la radio et la télévision. Je pense que j'ai cherché le père idéal à travers
les hommes que j'interrogeais. Il me semble, après coup, que je posais des
40 questions « naïves », des questions qu'un fils peut poser à son père, et que je
ne pouvais peut-être pas poser au mien...

Compte tenu de cette absence de communication avec mon père, je suis
curieux de voir comment va être ma relation avec mon fils. Avec un garçon,
je ne connais pas le mode d'emploi ! Vous savez, je me sens encore novice
45 dans le métier de père... Etre parent, ça s'apprend **sur le tas !** Tout ce que je
sais, c'est qu'il faut donner du temps à ses enfants, sinon on les voit grandir
à travers des photos et c'est bien dommage !

—*Enfant Magazine,* mars 1997

Activité I. Conversation basée sur la lecture :
Quelques détails

Cherchez les réponses à ces questions pendant votre deuxième lecture.

1. Quel âge a l'auteur de l'article ?

2. Combien d'enfants a-t-il et comment s'appellent-ils ?

3. Où en France a-t-il passé sa jeunesse?

4. Combien de filles ses grands-parents ont-ils eues ?

5. Avec quel parent a-t-il eu des difficultés ?

6. Quelle carrière a-t-il choisie ?

7. D'après l'auteur, que faut-il donner aux enfants ?

Activité J. Après la lecture :
Le sens d'après le contexte

Pour chaque expression figurant dans la colonne de gauche, cherchez dans la colonne de droite une signification équivalente puis écrivez la lettre correspondante. Les mots de vocabulaire qui se trouvent dans la colonne de gauche figurent dans le texte ci-dessus en **caractères gras**.

1. _____ sur le tas

a. en dépit de

2. _____ malgré

b. diriger, gouverner, administrer

3. _____ jusqu'au bout

c. en grande quantité, en abondance

4. _____ gosse

d. par l'expérience ; en pratiquant

5. _____ à la pelle

e. ayant au moins une grand-mère ou un grand-père commun

6. _____ germain

f. dorloter maternellement; entourer de soins, de tendresse

7. _____ régir

g. complètement ; entièrement

8. _____ pouponner

h. (familier) enfant, jeune garçon ou fille

9. _____ la faille

i. s'efforcer en vain de, essayer sans réussir

10. _____ avoir beau

j. point faible, défaut

Activité K. Conversation basée sur la lecture :
Devenir parent

Si vous avez étudié la sociologie et l'histoire des familles, vous pourriez utiliser les théories étudiées dans ces cours lors de vos discussions basées sur cet article. Surtout, n'hésitez pas à baser vos réactions sur votre propre expérience, sur l'expérience de vos amis, sur les romans que vous avez lus ou sur des pièces ou des films que vous avez vus.

En groupes de quatre ou cinq, choisissez une des questions suivantes et échangez vos idées, vos expériences, tout en faisant référence à cet article ou en prenant comme point de départ ce que dit Sylvain Augier dans cet article.

1. Comment est-ce que l'enfance de Sylvain risque d'influencer son rôle de père et d'époux ?
2. Après réflexion sur votre propre enfance, comment vous voyez-vous dans votre rôle de père ou de mère ?
3. Si vous étiez sociopsychologue, quelle serait votre théorie concernant l'influence de l'enfance sur le comportement adulte ?
4. Sylvain vient d'avoir son deuxième enfant à l'âge de 41 ans. Qu'en pensez-vous ?
5. Y a-t-il un âge idéal pour avoir des enfants ? Sur quels arguments basez-vous vos réponses ?
6. Savez-vous à quel âge vos parents et vos grands-parents se sont mariés et à quel âge ils ont eu leur premier enfant ? Ont-ils expliqué pourquoi ?
7. Est-ce que la nouvelle génération se marie au même âge que les générations précédentes ? Avec quel raisonnement justifiez-vous vos commentaires ?
8. Est-ce que la nouvelle génération décide d'avoir des enfants tout de suite après le mariage ?
9. Les générations passées avaient tendance à avoir plus d'enfants que la génération d'aujourd'hui. A quoi pouvons-nous attribuer cette différence ?
10. Quelle évolution voyez-vous dans les rôles joués par le père et par la mère ?

Présentation orale

Dans les générations passées aux Etats-Unis (et dans d'autres sociétés aujourd'hui) il y avait (il y a) un lien étroit entre les enfants et leurs grands-parents ou même leurs arrière-grands-parents. Toute la famille habitait soit dans la même maison soit tout près. Cette situation de proximité offrait maintes occasions aux membres de la famille de se parler chaque jour.

Vous avez cinq minutes pour parler avec un(e) partenaire des rapports entre générations aujourd'hui. Préparez un petit reportage à présenter en classe de ce que vous avez appris de votre partenaire. Vous pouvez parler en termes généraux (d'autres familles que vous connaissez) ou en faisant référence à vos propres expériences. Voici quelques possibilités, mais vous pouvez aussi formuler vos propres questions.

1. Comment connaissez-vous vos parents (ou si vous parlez en termes généraux, peut-on connaître ses parents) ?
2. Quelle est la distance géographique qui sépare les parents adultes (les tantes, les oncles, etc.) ? A-t-on un rapport plus étroit avec les parents qui n'habitent pas très loin ? Comment peut-on avoir un rapport intime avec des parents qui habitent loin de sa famille ?

3. Si vous voulez parler d'un sujet personnel sérieux avec quelqu'un qui est plus âgé, parlez-vous avec un membre de la famille (un oncle, par exemple) ou avec quelqu'un à l'extérieur du cercle familial ?

INTERLUDE — Le DICTIONNAIRE

A ce point dans les chapitres deux à neuf, vous ferez la transition naturelle entre le développement et la discussion d'idées adaptées ensuite a'divers style d'écriture. Avant de faire cette transition dans le premier chapitre, il vaut la peine de réviser brièvement quelques principes de l'usage d'un dictionnaire.

D'abord, si vous comptez approfondir votre français, vous devriez considérer l'achat d'un dictionnaire intégral bilingue français/anglais où les traductions sont données en contexte. De même, l'achat d'un bon dictionnaire français est à considérer. (Votre professeur saura vous donner ses références préférées.)

- Essayez, autant que possible, de réutiliser le vocabulaire et les expressions extraits de vos lectures. Lorsque vous avez besoin d'un mot lors de vos échanges oraux en classe, demandez à votre professeur : « Comment dit-on _____ en français ? »
- Lors de vos activités écrites, vous serez tenté(e), à un moment ou à un autre, d'utiliser le dictionnaire. Sachez d'abord que chaque mot comprend les informations suivantes.

1. Mot de votre recherche lexicale
2. Informations sur le mot :
    a. Prononciation (retranscription phonétique)
    b. Catégorie syntaxique (nom, verbe, adjectif, etc.)
    c. Genre (masculin ou féminin pour les mots de langue française)
    d. Indices de construction syntaxique (par exemple, si un mot doit être suivi d'une préposition)
3. Si le mot est monosémique, vous n'aurez qu'une seule traduction, au quel cas, la tâche sera facile.
4. Si le mot est polysémique, plusieurs traductions seront offertes, et votre décision finale devra se baser sur la reconnaissance du contexte approprié.
5. Une liste d'expressions communes et idiomatiques peut également être fournie.

Par exemple, si vous ne savez pas comment dire *bottom* en français, vous allez découvrir l'extrait suivant dans le dictionnaire :

bottom ['batəm] 1. **n** [*box*] (*outside*) bas *m*, (*inside*) fond *m* ; [*glass, well*] fond ; [*dress, heap, page*] bas ; [*tree, hill*] pied *m* ; [*sea, lake, river*] fond ; [*garden*] fond, bas ; [*chair*] siège *m*, fond ; [*ship*] carène *f* ; (*buttocks*) derrière *m*, postérieur *m* ; (*fig : origin, foundation*) base *f*, origine *f,* fondement *m* ; **at the ~ of page 10** au bas de la page 10 ; **the name at the ~ of the list** le nom en bas de la liste ; (*fig*) **he's at the ~ of the list** il est en queue de liste ; (*fig*) **to be at the ~ of the heap** *or* **pile** être en bas de l'échelle ; **to be at the ~ of the class** être le dernier de la classe ; **from the ~ of my heart** du fond de mon cœur ; **to get to the ~ of things** aller au fond des choses, découvrir le fin fond de l'histoire.

A. Pour la pratique, traduisez les phrases suivantes.

1. It's not clear. I need to get to the bottom of things.

   _____

2. Their house is at the bottom of the hill.

   _____

3. The reference is at the bottom of the form.

   _____

4. His grade report shows that he is at the bottom of the class.

   _____

5. I thank you from the bottom of my heart.

   _____

6. There is lots of sand at the bottom of the lake.

   _____

B. Attention ! Certains mots sont appelés des faux amis précisément parce qu'ils ont une apparence trompeuse. Voici une liste de mots anglais avec des significations ambiguës. D'abord, sans consulter de dictionnaire, donnez la définition (en anglais) des mots anglais de la liste ci-dessous, puis trouvez sa traduction.

MODELE :	**en anglais**	**en français**
1. actually	*really*	*en fait, à vrai dire, véritablement*
2. to attend	_____	_____
3. to cry	_____	_____

4. lecture   _____   _____

5. sale   _____   _____

C. Dans un dictionnaire cherchez le sens des mots français ci-dessous et écrivez soit la traduction en anglais soit la définition en français. S'il y a plusieurs possibilités, notez-en deux ou trois. Soyez certain(e) de lire toutes les possibilités offertes dans le dictionnaire.

	en anglais	**en français**
MODELE :		
1. actuellement	*at the moment, at present*	*aujourd'hui, à présent*
2. attendre		
3. crier		
4. lecture		
5. sale		

Tout en discutant l'importance d'un usage utile du dictionnaire, on doit aussi se rappeler l'importance de lire un texte sans passer trop de temps avec le dictionnaire. Dans la conversation vous utilisez la circonlocution pour expliquer le sens d'un mot que vous ne connaissez pas ou que vous avez oublié. Dans la lecture vous essayez de deviner le sens des mots en utilisant le contexte. Avec l'expérience vous saurez reconnaître le mot-clé qu'il faut chercher dans le dictionnaire. C'est surtout en écrivant que l'usage efficace du dictionnaire devient très important.

LES ETAPES DE L'ECRITURE

Une rédaction solide se compose de plusieurs étapes. Chaque chapitre de ce livre vous présentera une variété d'approches qui vous aidera à élaborer et à clarifier vos rédactions. La liste ci-dessous n'est pas définitive mais elle représente quelques-unes des étapes les plus importantes suivies par les écrivains qui doivent savoir présenter et développer leurs idées efficacement.

D'abord, il faut passer par une phase de « pré-écriture » pendant laquelle on rassemble les éléments de base nécessaires au travail de rédaction. Cette phase comprend les étapes suivantes, d'autant plus importantes quand il s'agit de l'écriture dans une langue étrangère.

- **Discuter les idées :** L'exploration orale permet d'échanger des idées avec les autres ; elle permet aussi de s'inspirer des opinions de nos camarades de classe.
- **Lire un texte instructif :** Lisez afin de rassembler des faits, des idées supplémentaires ainsi que des arguments que vous trouvez intéressants.
- **Enrichir votre vocabulaire :** Des *lectures intensives* (en profondeur) vous permettront de rassembler du vocabulaire et des expressions appropriées.
- **Ecriture spontanée :** Lancez-vous dans le travail en écrivant les premières idées qui vous passent par la tête quand vous pensez à votre sujet de thèse.
- **Avalanche d'idées :** Mettez sur papier autant d'idées liées que possible.
- **Diagrammes d'idées :** Organisez vos idées visuellement, par un graphique, avec des flèches, à l'aide d'un diagramme, etc. Cet exercice vous aidera à séparer les *idées-thèmes* (idées générales) qui constitueront chacun de vos paragraphes des *idées-support* qui vous aideront à fonder votre raisonnement.
- **Tester vos idées en tête à tête :** Présentez les objectifs de votre texte à un(e) camarade de classe dont les réactions vous aideront à raffiner vos arguments.

Après les activités de « pré-écriture » qui consistent à préparer le matériel brut à utiliser dans le travail de rédaction, on passe à un travail d'organisation.

- **Etablir un plan pour le développement de l'écriture :** Retournez vers vos diagrammes d'idées et prenez une décision finale sur les idées-thèmes (idées principales). Chacune d'elles sera traitée dans un *paragraphe* et élaborée à l'aide des idées-supports déjà notées dans vos diagrammes. Pensez également à l'organisation de vos idées-thèmes (de vos paragraphes) afin de refléter la progression d'idées que vous souhaitez :
  — paragraphe n° 1 = Thème 1 (à supporter avec idées A, B, C et D)
  — paragraphe n° 2 = Thème 2 (à supporter avec idées E, F, G)
  — paragraphe n° 3 = Thème 3 (à supporter avec idées H, I, J, K et L)
  — etc.

- **Travail de composition :** Il est maintenant temps de formuler vos listes en phrases et en paragraphes.

  1. *Début de paragraphe : Formulez la première phrase de chaque paragraphe.* Cette phrase est extrêmement importante car elle pose le thème du paragraphe.

  2. *Contenu du paragraphe :* Dans chaque paragraphe, formulez les phrases qui ont pour fonction de supporter le thème présenté en début de paragraphe.

  3. *Logique des phrases :* Une fois toutes les phrases du paragraphe composées, travaillez sur *la logique et l'enchaînement des phrases entre elles* en utilisant des mots comme : **de plus, mais, d'autre part, cependant,** etc.

  4. *Logique des paragraphes :* Une fois le travail des paragraphes terminé, travaillez sur la logique et l'enchaînement des paragraphes entre eux.

     a. Ecrivez une petite phrase de conclusion et/ou de transition dans le paragraphe qui précède afin d'annoncer le paragraphe qui suit.

     b. Si besoin, utilisez une expression de transition pour la première phrase qui établit le thème du paragraphe (expressions comme : **il va sans dire que, en effet, quoi qu'il en soit, logiquement parlant, autant qu'on puisse en juger, ainsi,** etc.).

  5. *Introduction :* Maintenant que vous savez exactement comment votre texte est organisé, écrivez un paragraphe d'introduction en tout début de texte. L'introduction a pour but de présenter votre travail d'écriture à vos lecteurs afin que ceux-ci aient déjà une idée générale des idées que vous allez développer.

  6. *Conclusion :* Vous devez rédiger un dernier paragraphe afin d'offrir une synthèse des idées précédemment développées, et afin de poser de nouvelles questions qui mèneront les lecteurs à continuer leur réflexion.

- **Travail de relecture :**

  1. Donnez votre première version à un premier lecteur qui commentera sur la clarté et l'organisation de vos idées.

  2. Donnez votre travail à un deuxième lecteur qui ajoutera aux commentaires du premier lecteur.

  3. Passez maintenant à une première révision de votre manuscrit en prenant en considération les commentaires de vos camarades, et en portant attention à l'exactitude linguistique (orthographe, conjugaisons, structures syntaxiques, etc.).

  4. Laissez reposer votre version révisée (pendant au moins une demi-journée) puis relisez votre texte en vous mettant dans la position du lecteur et comme si vous n'étiez pas l'auteur de ce texte, afin de tester si vous vous comprenez.

  5. Retouchez et polissez le texte dans sa forme définitive.

Voici donc, les étapes que nous allons travailler dans les divers chapitres de ce livre afin de faciliter la réalisation des rédactions à l'aide de nos lecteurs (nos camarades de classe). La séquence de ces étapes n'est pas stricte ; on peut en sauter quelques-unes lors du développement de certains types de rédaction, ou en répéter d'autres pour initier une direction alternative, si l'on n'est toujours pas satisfait du résultat.

L'élément le plus fondamental est que vous parliez et écriviez toujours *à quelqu'un* pour *le / la renseigner* sur votre travail de réflexion : connaître son audience et lui communiquer quelque chose d'essentiel sont les facteurs les plus importants pour bien écrire.

REALISATION ET ECRITURE

Dans cette partie du chapitre vous êtes invité(e)s à faire vos premiers pas dans le choix d'un thème. Avant de faire un choix définitif, vous passerez par une variété d'activités qui vous préparera au devoir final. De cette manière vous aurez le temps de choisir le thème qui vous intéresse le plus, le temps de penser à vos idées et de développer un vocabulaire nécessaire.

Objectif

- Ecriture d'une description subjective

Objectifs de la description subjective

- Ajouter de la profondeur et du caractère à une description physique ;
- Développer une personnalité dans la description d'un objet ou d'une personne ;
- Enrichir et approfondir son style ;
- Exprimer les sentiments provoqués par un objet, ou les émotions connotées par le portrait d'un personnage.

Méthodes

- **Etablir** un ordre logique de la description afin de développer clairement la personnalité du personnage, de l'objet, de l'animal ;
- **Choisir** des outils de description (adjectifs, verbes, figures de style, etc.) qui créent l'effet voulu ;
- **Suivre** les étapes nécessaires à la construction d'un paragraphe / d'un essai organisé (introduction, développement d'idées, conclusion).

Thèmes possibles pour votre rédaction

- Faire la description subjective de plusieurs de vos ancêtres afin d'établir le caractère de votre famille.
- Décrire le vieil homme le plus intéressant ou la vieille dame la plus intéressante de votre connaissance.
- Elaborer plusieurs paragraphes qui décrivent les traits personnels d'un parent / ancêtre idéal.
- Elaborer plusieurs paragraphes qui décrivent les traits personnels d'un enfant / descendant idéal.
- Elaborer une personnalité fictive pour quelqu'un de célèbre dont vous connaissez les exploits / l'histoire mais pas le caractère. (Vous devrez tenir compte de cette histoire dans votre création.)

Exercice 1. Ecriture spontanée

A. Relisez les thèmes proposés et choisissez celui qui vous intéresse le plus (pour le moment). Vous pourrez changer votre choix de thème plus tard si vous le voulez. Après avoir choisi un thème, identifiez vos lecteurs ; ce choix va influencer votre style d'écriture.

B. Sans vous soucier ni de l'orthographe, ni de la grammaire, ni de la structure du paragraphe, écrivez spontanément en français pendant cinq minutes sur le thème qui vous attire le plus. Ne vous arrêtez pas d'écrire ! Si vous pensez à une expression ou à un mot dont la traduction française vous échappe, notez-le en anglais entre parenthèses. Votre professeur vous le dira quand les cinq minutes se seront écoulées.

C. *Echangez ce que vous venez d'écrire avec un(e) camarade de classe.* Lisez ce que votre partenaire a écrit et soulignez les mots-clés de son texte. Avec ces mots, en 25 mots ou moins, écrivez une thèse possible pour « l'écriture spontanée » de votre partenaire. Avant de lui rendre ce qu'il/elle a écrit et la thèse que vous avez proposée, écrivez deux titres possibles.

D. Retournez les écritures spontanées à leurs auteurs respectifs et lisez les suggestions de votre partenaire. Avant de mettre cet exercice de côté jusqu'au moment où vous commencerez votre rédaction, ajoutez deux directions possibles que vous pourriez suivre au cas où vous choisiriez définitivement ce thème pour le devoir final de ce chapitre. Gardez cette feuille dans un dossier.

Exercice 2. Conversation de réflexion avant la lecture : Les générations

La première lecture de ce chapitre présente un rapport entre le parent et l'enfant en train de discuter d'un sujet sérieux. La deuxième lecture montre au lecteur / à la lectrice les réflexions d'un père face à l'avenir (son nouveau-né, un fils, et des questions sur leur rapport à développer) et face au passé (les rapports négatifs entre son père et lui, donc trois générations).

Tout le monde a des opinions sur les rapports entre les générations, surtout à l'intérieur d'une famille. On peut penser à ses propres expériences, aux rapports entre ses amis et leurs parents, ou à ce que l'on lit dans les livres. En effet, le thème de la famille, donc celui des générations, joue souvent un rôle majeur en littérature.

Faites une liste de cinq livres que vous avez lus dans votre vie. Si vous avez oublié le titre, écrivez quelques mots qui décrivent l'histoire ou l'intrigue. A côté de chaque titre ou description, notez si les rapports des membres d'une famille jouent un rôle et si oui, si c'est un rôle majeur ou mineur.

MODÈLE : Le Petit Chaperon Rouge → Oui : la mère (mineur), la grand-mère (majeur)

1. _____ _____

2. _____ _____

3. _____ _____

4. _____ _____

5. _____ _____

Exercice 3. Quelques détails

Déterminez à quel portrait (celui de Brigitte Giraud, Nancy Huston ou Andreï Makine) les affirmations ci-dessous correspondent (en écrivant **Brigitte, Nancy, Andreï,** ou leurs initiales respectives : **B, N** ou **A**). Lisez d'abord les affirmations ci-dessous, puis lisez le texte pour y chercher les réponses.

1. _____ Cet écrivain est né en France.

2. _____ Cet écrivain dépeint la condition de réfugiés politiques à Paris.

3. _____ Cet écrivain a passé son enfance dans une famille instable.

4. _____ Dans ses livres, le climat influence le caractère de ses personnages.

5. _____ Cet écrivain est originaire de la Russie.

6. _____ C'est un roman qui décrit les silences terribles de la vie familiale où le dialogue fait place au mutisme.

7. _____ Le style de cet écrivain est influencé par la mobilité de sa vie.

8. _____ Le roman où l'un des personnages a fait de la prison a été écrit par cet écrivain.

LECTURE C

▽

Les femmes : Ecrivaines et héroïnes littéraires

Brigitte Giraud

Un homme parle. Il est en prison. Il est sur le point d'être libéré après douze années d'incarcération, et l'angoisse l'étreint. Il essaye d'imaginer ce qu'il n'ose appeler liberté, et en même temps il se souvient. Futur proche, 5 passé, présent s'entrecroisent, mais malgré cette multiplicité, le temps reste immobile. Il s'est figé il y a douze ans exactement, dans cette chambre des parents où il a tué son père. Douze ans qui n'ont pas suffi à le délivrer de tout ce qui pèse sur lui. Tout ce qu'il a vécu dans son enfance renvoie à son présent carcéral : temps, silences, absences ne pouvaient que le mener là où il 10 est. Le père veule et paresseux au point de préférer le mutisme au dialogue, la mère emmurée dans sa résignation, et tous ces silences terribles parce qu'on a honte, parce qu'on ne sait pas communiquer. Dans ce monde hermétiquement clos, on glisse, on esquive, on s'échappe sans même déplacer d'air. Et l'on hait sans bruit.

15 Enfermement, soumission, lâcheté, c'est le visage que prend la fatalité. Il n'a pas rompu, il n'a pas fui, il n'a pas lutté lorsqu'il pouvait le faire, lorsqu'une femme pouvait le sauver. Douze ans plus tard, c'est la même impuissance. Passé et présent se rejoignent, la boucle se referme. Son destin le renvoie là d'où il vient, à cette chambre des parents lieu de sa naissance et de sa perte, lieu symbo-20 lique où le drame s'est accompli. Et c'est là que nous sera révélé son ultime échec, dévoilé à la toute dernière ligne avec un art consommé.

Paru en 1997, *La Chambre des parents* (Fayard) est un premier livre qui d'emblée trouve le ton juste pour dire le malheur d'être.

Avec des mots simples, terribles, Brigitte Giraud imagine des destins ef-
25 *frayants, des bouts de vie brisées. Et conduit, en douceur et avec force, le lecteur au tréfonds de l'âme humaine.*

Nancy Huston

On aime qu'elle soit de livre en livre différente, insolite, unique. Née au Canada dans l'Alberta, Nancy Huston a vécu l'errance, du Canada aux Etats-

30 Unis, puis à l'Allemagne et à la France où elle s'est installée il y a un peu
plus de vingt ans. L'errance, c'est-à-dire l'instabilité familiale — départ de la
mère, remariage du père — les changements de langue et de culture. De
même, l'écrivain se montre d'une mobilité extrême, difficile à cerner.

Dès ses débuts (*Les Variations Goldberg,* Le Seuil, 1981 et Babel, 1994 ;
35 *Histoire d'Omaya,* Le Seuil, 1985 et Babel, 1998) elle révèle une aisance souve-
raine dans l'art de créer tout un monde autour d'une non-histoire, celle d'Omaya
surtout, qui n'est pas contée mais vécue de l'intérieur avec une intensité poi-
gnante, la personnalité de l'héroïne qui craque de toutes parts, des morceaux
d'elle-même qui se délitent ou explosent sous la pression formidable de la né-
40 vrose qui la détruit. On vit avec elle ses visions terribles et ses angoisses, c'est
puissant et très beau, mais on ne sort pas indemne d'un tel livre.

L'œuvre de Nancy Huston fourmille de magnifiques portraits de femmes, comme celui de Lin, la danseuse (*La Virevolte,* Actes Sud/Leméac, 1994
et Babel, 1996) tellement douée pour les grands bonheurs et les petits plaisirs
45 de la vie, douée pour l'amour, pour le couple, pour la maternité, douée aussi
pour le malheur et la destruction de l'autre, poussée en avant par son inébran-
lable profession de foi qui la condamne à un éternel écartèlement. Il y a aussi
Miranda, « cette manière unique dont elle habitait l'ici et le maintenant », et
toutes ces pionnières de l'Ouest qui serrent les mâchoires pour survivre (*Can-*
50 *tique des plaines,* Actes Sud/Leméac, 1993 et Babel, 1995). Les couples se
forment, solides pendant un temps, puis déchirés par les passions, le poids du
quotidien, un puritanisme étouffant ou les horreurs de l'Histoire. Et la femme
reste seule et désaccordée, comme l'écrivain Nadia (*Instrument des ténèbres,*
Actes Sud/Leméac, 1996), ou Saffie, marquée à jamais par les atrocités nazies
55 (*l'Empreinte de l'ange,* Actes Sud, 1998). Mais toujours l'allégresse équilibre
la douleur, « éclats d'amour, de beauté et de rire sur fond d'ombres angois-
santes... scintillement bref des instruments au milieu des ténèbres ».

Andreï Makine

Charlotte, Olga. Deux magnifiques héroïnes littéraires. Lorsque Andreï Ma-
60 kine quitte la Russie pour la France, il a trente ans. C'est le personnage de
Charlotte qui l'imposera au grand public, alors qu'il a déjà écrit trois livres[1]
en quatre ans. Son histoire, contée dans *Le Testament français* (Mercure de
France) rapporta en 1995, fait exceptionnel, trois prix[2] à son auteur. Charlotte

---

[1]*La Fille d'un héros de l'Union Soviétique* (Robert Laffont, 1990 et Folio, 1996) : *Confession
d'un porte-drapeau déchu* (Belfond 1992) : *Au temps du fleuve Amour* (Editions du Félin,
1994 et Folio, 1996)
[2]Prix Goncourt, Médicis et Goncourt des lycéens.

est cette grand-mère française aux beaux yeux gris, solitaire dans une bour-
65   gade lointaine de l'immense Russie, qui apprend le français à ses petits-enfants,
leur lit Jules Verne et Daudet, évoque Paris resplendissant au printemps.
Charlotte est la femme magique qui a le don de l'ailleurs, et sait apprendre
aux autres le mot qui rend belle. On plonge dans son enfance à lui, dans sa
jeunesse à elle. Déjà, un temps dédoublé.

70   En 1998 nous arrive une nouvelle héroïne, émouvante et superbe. Olga
est née d'une réalité tragique. Elle a dix-sept ans lorsqu'éclate la révolution
bolchévique. Avant elle avait connu l'insouciance, la vie facile. Et puis il y a
eu après. C'est ainsi qu'elle est devenue ce qu'elle est. La voici en France,
nous sommes en 1947. Elle est seule avec un enfant gravement malade. De
75   ses souvenirs, des radotages des vieux émigrés russes qui l'entourent, nous
parviennent des échos terribles de ce qui s'est passé là-bas, de ce qui lui est
arrivé. Ce qui est étonnant dans ce roman magnifique, c'est le temps dans lequel Olga vit, et commet le crime inavouable. Un temps multiple, élastique,
mouvant. L'actualité est là, précise, irréfutable : les grèves, le froid, la vie du
80   village, mais elle est comme perçue au travers d'un rideau ouaté. Et puis il y
a le temps d'Olga, les retours sur son passé, et surtout cette lenteur somp-
tueuse qui s'attarde, pour ne plus penser, sur les mille qualités du givre, de
« l'éclairage bleu, mauve, violet où tout devient à la fois irréel et naturel ».
Elle vit au rythme des cristaux de neige molle, de l'eau qui clapote, « de la
85   lumière qui donne une vague indication du temps », transforme les choses et
les rend acceptables, peut-être dicibles. Puis il y aura un mort, l'enfant disparu, un ailleurs choisi, définitif.

          Andreï Makine a écrit *Le Crime d'Olga Arbélina* (Mercure de France)
dans une langue superbe, dont on n'ose même plus dire qu'elle n'est pas la
90   sienne. Prenons le temps — son temps à lui — de savourer ce livre étrange et
ensorcelant.

—Texte de France Rouillé publié à l'occasion
des Boréales de Normandie 1998, Caen

Exercice 4. Qui sont ces personnages ?
Analyse descriptive

Voici une liste de personnages présentés par trois auteurs différents (Brigitte Giraud, Nancy Huston et Andreï Makine). D'abord, déterminez qui a créé le personnage cité ci-dessous. Ensuite, relevez dans le texte
les quelques adjectifs et expressions que vous appréciez pour la description de ces personnages. (Ne notez
pas de phrases complètes.)

Auteur	Personnage	Descriptions
	Charlotte	
	Lin	
	La mère	
	Olga	
	L'homme sortant de prison	
	Omaya	

Exercice 5. Réflexions basées sur la lecture : Les relations familiales

A. Les personnages des romans présentés dans les trois critiques littéraires que vous venez de lire sont également décrits en fonction de leurs rapports avec d'autres membres de la famille. Résumez les rapports de chaque personnage mentionné.

Personnages	Description de leur rapport avec d'autres membres de la famille
Charlotte	
Olga	
Omaya	

Personnages	Description de leur rapport avec d'autres membres de la famille
Lin	
L'homme sortant de prison	
La mère	

B. Pour chaque personnage, *imaginez ce qu'ils vont devenir* en fonction de leur portrait et de leur style communicatif. (Etudiez les *causes* psychologiques qui peuvent engendrer des événements aux *effets* positifs et/ou négatifs.)

1. Charlotte _____

_____

2. Olga _____

_____

3. Omaya _____

_____

4. Lin _____

_____

5. L'homme sortant de prison _____

_____

6. La mère _____

_____

Exercice 6. Ecriture :
Acte révélateur

Ecrivez le nom de l'auteur ou du personnage qui a été influencé par les événements nommés.

Auteur/personnage	Causes qui peuvent avoir influencé un personnage ou un auteur dans sa création fictive de personnages
	Cet auteur avait reçu une éducation française alors qu'il vivait son enfance dans un pays non-francophone.
	Ses parents avaient divorcé et l'avaient poussée à rechercher la stabilité dans les voyages.
	Ses parents communiquaient par un silence passif-agressif lourd de ressentiments.
	Cette mère, pourtant douée d'amour, avait su détruire le foyer familial en l'abandonnant.
	Cette grand-mère française lisait des histoires de Jules Verne et d'Alphonse Daudet aux enfants de la maison.
	Changement de mère, changement de langue, changement de culture, elle se perdait dans la recherche de soi et de l'autre.
	La vie facile et insouciante avait été interrompue par le drame d'une révolution sanglante.

Exercice 7. Votre personnage

Reprenez le personnage de votre écriture spontanée ou adoptez un autre personnage fictif. Ecrivez le nom de la personne choisie <u>au milieu</u> d'une feuille. <u>Au-dessus</u> du nom, écrivez tous les mots qui décrivent ses traits physiques, le côté concret (par exemple, nez pointu), et au-dessous du nom écrivez tous les mots qui sont liés à sa personnalité, à son caractère, à ses attitudes (le côté abstrait). Pensez à autant de vocabulaire que possible.

Prenez d'abord la liste de vocabulaire en bas du nom : développer des catégories en groupant les idées liées. Regardez le vocabulaire concret en haut de la feuille et tracez une ligne entre chaque description physique et une des catégories que vous avez développée en bas en faisant un lien logique. Pour chaque trait physique, pensez à une émotion ou à un caractère que l'on pourrait facilement imaginer lié à ce trait.

Expliquez vos liens à un(e) camarade de classe pour voir s'il/elle les comprend et pour qu'il/elle puisse ajouter d'autres idées.

Puis élaborez ce début en suivant le guide de la colonne de gauche. (Les phrases complètes ne sont pas nécessaires.)

Guide de travail	Notes et réflexions personnelles
Nommez et décrivez votre personnage.	
Quel rapport est-ce que ce personnage a avec d'autres membres de la famille ?	
Quels événements les ont influencés ?	
Quelles sont les relations de causes à effets entre le profil descriptif du personnage et certains événements de sa vie ?	

Exercice 8. Le premier brouillon

Ecrivez une première version composée de trois paragraphes où vous faites connaître votre personnage au public que vous visez (votre introduction). Tout en pensant au public choisi, développez des images basées sur la description subjective. Si vous utilisez une description physique, créez un lien entre ce trait et la personnalité du personnage. Développez cette description en plus de détails dans le deuxième paragraphe, peut-être en soulignant un trait en particulier. Vous mettrez votre conclusion dans le troisième paragraphe. Votre écriture spontanée avec les suggestions d'un(e) camarade de classe (**Exercice 1**) et votre travail (**Exercice 7**) vous offrent des idées de base et du vocabulaire.

Si vous avez du temps, laissez ces paragraphes de côté pour un jour ou deux. Avant de les apporter en classe pour le travail avec un partenaire, lisez-les deux fois : d'abord pour le sens, l'organisation, les transitions entre les idées, une variété de vocabulaire ; puis, pour l'orthographe, l'accord du verbe avec le sujet, le temps du verbe, l'accord de l'adjectif avec le nom.

Exercice 9. S'entraider

En classe, lisez votre première version à un(e) partenaire deux fois. La première fois, lisez sans vous arrêter. Après cette lecture, votre partenaire commentera sur les images les plus frappantes. Pendant la deuxième lecture, votre partenaire vous arrêtera s'il/elle ne comprend pas quelque chose. Ensuite, renversez les rôles.

Enfin, échangez vos premières versions et pendant que vous lisez la version de votre partenaire, notez dans les marges les descriptions qui vous aident à imaginer le personnage et les descriptions que vous trouvez originales, puis soulignez les expressions qui ne sont pas claires.

Exercice 10. La version finale

Lisez les commentaires de votre partenaire, clarifiez les expressions soulignées, et vérifiez les points de la liste ci-dessous (cochez d'un X si vous l'avez fait).

1. _____ Le titre et la première phrase invitent le lecteur à continuer.

2. _____ Chaque phrase est logiquement reliée à la phrase précédente et chaque paragraphe est logiquement relié à celui qui le précède (les transitions sont bien developpées).

3. _____ J'ai créé une conclusion vivante.

4. _____ Pour éviter le verbe **être** j'ai utilisé des verbes plus précis.

5. _____ J'ai substitué des mots concrets pour remplacer le mot générique **chose.**

6. _____ J'ai trouvé un adjectif plus spécifique pour remplacer l'adjectif **intéressant.**

7. _____ Si j'ai choisi les adjectifs **bon** ou **mauvais,** je les ai expliqués (pourquoi).

8. _____ J'ai vérifié l'accord des verbes avec les sujets.

9. _____ Je suis certain(e) que chaque adjectif s'accorde avec le nom (masculin/féminin, singulier/pluriel).

10. _____ Le public pour qui j'ai écrit cette rédaction est _____.

CURIOSITES CULTURELLES

Les Bourbons

Voici quelques branches de l'arbre généalogique des Bourbons, famille royale de France :

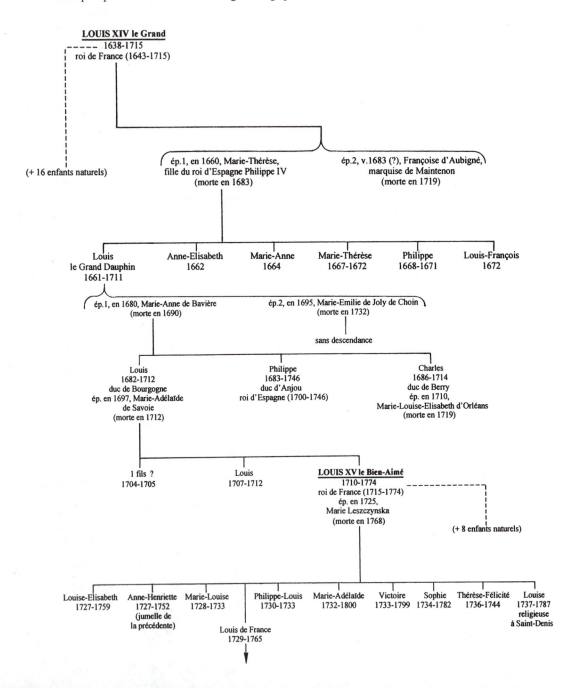

Il est parfois intéressant d'étudier la généalogie de personnes célèbres tout en imaginant la vie de ceux et de celles qui figurent sur l'arbre généalogique à une époque donnée. Il en est de même quand on étudie la généalogie d'une famille royale dont nous connaissons certains personnages à partir de livres et de films historiques. Par exemple, tout le monde a entendu parler de Louis XIV, le Roi Soleil, membre de la famille Bourbon.

Regardez l'arbre généalogique de cette famille, et imaginez la vie quotidienne des Bourbons pendant les siècles qui ont précédé la Révolution. Remarquez l'âge des gens quand ils se marient, l'âge des gens quand ils meurent, le nombre d'enfants légitimes, etc. et imaginez les vies successives de chacune des générations représentées sur cet arbre généalogique. Si les films historiques vous intéressent, demandez à votre professeur d'en voir un (par exemple : La Reine Margot; le Masque de fer; etc.)

Les Bourbons, une branche de la dynastie des Capétiens, accèdent au trône de France au XIème siècle avec Saint Louis. Ensuite il faut attendre le XVIème siècle avec Henri IV pour que les Bourbons reviennent au pouvoir. En tout, ce sont sept rois Bourbons qui vont régner sur la France de 1589 à 1792 et de 1814 à 1830.

Ce sont Louis XIII et Louis XIV qui imposent un régime absolutiste, renversé plus tard par la Révolution Française de 1789 au cours de laquelle le roi Louis XVI est détrôné puis exécuté.

Néanmoins, lors de la restauration en 1814, après l'intermède de la Révolution et de Napoléon, les frères de Louis XVI rétablissent les Bourbons au pouvoir : Louis XVIII et Charles X, héritiers de la couronne, se succèdent.

La Révolution de 1830 suivie de l'abdication de Charles X, amènent la Maison des Orléans au trône (autre branche de l'arbre généalogique présenté ici). La branche française des Bourbons s'éteint peu après, en 1833, avec la mort du duc de Bordeaux, Comte de Chambord, petit-fils du dernier roi Bourbon, Charles X. Mais la dynastie bourbonne continue sa lignée généalogique dans d'autres pays, comme en Espagne par exemple.

Chapitre 2

L'ENFANCE
La description objective et la narration

INTRODUCTION

Dans ce chapitre, vous aurez l'occasion d'explorer l'enfance sous différents angles. Une des premières questions que nous abordons vise à savoir si lors des dix premières années de notre vie, nos expériences sont similaires ou déjà vouées à la diversité. En effet, tout en comprenant l'importance de la nature délicate des dix premières années de notre vie, nous devons reconnaître que nous venons tous de milieux familiaux différents où l'égalité reste un concept vague. La diversité de la dynamique familiale, du contexte socio-économique, et de la région où nous sommes nés influence forcément chaque étape qui nous mène vers l'adolescence. En un mot, l'enfance « idéale » n'existe pas, ce qui est peut-être préférable. Une fois adultes, nous apprenons à apprécier cette diversité de départ qui a formé notre caractère unique. Les textes présentés dans ce chapitre vous permettront de réfléchir sur votre propre enfance, sur l'enfance des autres, sur la perspective des parents qui ne comprennent pas leurs enfants, ainsi que sur les facteurs déterminants qui ont su influencer la personne que vous êtes aujourd'hui.

Quand on pense aux générations qui se suivent sans se ressembler, on ne peut pas s'empêcher de penser aux différentes étapes de la vie. L'enfance prend, bien sûr, sa place au début d'une telle discussion. Ces discussions nous mènent tout naturellement à l'art de la narration descriptive. En effet, lors de narrations décrivant des épisodes ayant eu lieu dans notre enfance, nous décrivons souvent les objets ou les endroits qui ont marqué nos jeunes années.

En comparant vos souvenirs d'enfance avec ceux de quelques camarades de classe, vous aurez l'occasion de vous rappeler de quelques épisodes qui pourront servir de point de départ pour votre dissertation. Mais avant l'écriture, nos discussions nous permettront de recueillir le vocabulaire utile, et d'explorer les thèmes qui nous intéressent, le but final étant de sélectionner la thèse que vous déciderez de développer à l'écrit.

EXPLORATION ET CONVERSATION

Activité A. Engageons le dialogue : Les activités d'enfance

En groupes de trois ou quatre :

1. Préparez une liste de toutes les activités d'enfance dont vous vous souvenez.
2. Faites deux colonnes :
   a. la première pour les activités organisées ou surveillées par des adultes (les activités sportives, les visites aux musées, les pique-niques à la campagne, etc.) ;
   b. et la deuxième colonne pour les activités plus individuelles (les jeux de maison, les

promenades, la pêche, les constructions de sable et de neige, etc.).

Quelles activités avez-vous préférées ? Quelles étaient les activités où vous étiez toujours seul(e) ? Quelles étaient les activités où vous étiez toujours avec un(e) camarade ?

Activité B. Conversation de réflexion avant la lecture : Ce que suggèrent les photos

Toute image et toute photo est suggestive et éveille des souvenirs. Quelquefois, un dessin ou une peinture nous communique une émotion ou un concept plus directement que des mots.

1. A la maison, cherchez des photos (dans vos albums personnels ou dans des magazines) qui représentent des enfants dans des contextes différents. Pour chaque photo apportée en classe, expliquez ce qu'elle révèle sur l'enfance.

2. Alignez toutes vos photos, puis, en petits groupes, déterminez la photo qui semble la plus triste et celle qui semble la plus joyeuse en expliquant pourquoi. Ensuite, essayez d'organiser les photos, de la plus ordinaire à la plus exceptionnelle.

3. En groupes de trois ou quatre, choisissez une de vos photos et créez une petite histoire à partir des impressions reçues de cette photo (caractère des enfants qui sont sur la photo, leurs activités, leurs aventures, leurs amitiés, etc.).

Activité C. Conversation basée sur la lecture : Activités en plein air

Avec l'arrivée du printemps, beaucoup d'activités s'organisent en plein air. Pour chacune des activités citées ci-dessous, imaginez ce que les enfants peuvent faire.

1. le jardinage

_____

_____

2. les promenades découvertes en forêts

_____

_____

3. un festival d'oiseaux

_____

_____

4. la cueillette de fleurs

_____

_____

5. l'exploration des Parcs nationaux

_____

_____

En lisant l'article suivant, « Mettre le nez dehors : Agenda », pensez aux activités que vous venez d'imaginer et à ce que vous avez fait au printemps quand vous aviez cinq ou huit ans.

LECTURE A

Mettre le nez dehors : Agenda

Dès mars

Ateliers nature

    C'est le moment de découvrir les ateliers nature du Jardin d'Acclimatation (bois de Boulogne) où les enfants apprendront à planter, semer, arroser,
5   tailler, cueillir... ou rencontreront les animaux de la ferme. Mercredis et samedis, de 10h00 à 12h00, de 14h00 à 16h00 ou toute la journée. 50 F les 2 heures ou 150 F la journée (déjeuner compris).
    De 3 ans à 11 ans. Rens. inscriptions au : 01 40 67 77 02.

Dès le 21 mars

10 **Papillons en liberté**
    Réouverture de la Serre aux papillons où plus de 500 papillons exotiques vous attendent au cœur d'une jungle amazonienne. La Queue-Lez-Yvelines (78940). Tél. : 01 34 86 42 99 (du 2/04 au 14/11, tous les jours, 9h30 – 12h15, 14h30 – 18h00).

15   **22 mars**

La nuit de la chouette

A l'occasion de leur 30e anniversaire, les Parcs naturels régionaux organisent un peu partout en France une nuit de la chouette. Une belle aventure pour toute la famille. Rens. : 01 44 90 86 20 ou 36 15 Parcs naturels.

20   **30 – 31 mars**

La cueillette de Pâques

Trente mille œufs seront cachés dans les allées de la Cueillette de Gally, au beau milieu des champs. Pendant que vos enfants chercheront, vous pourrez cueillir des brassées de tulipes. Cueillette de Gally, route de Saint-Cyr-
25   l'école, 78870 Bailly / infos cueillette : 01 39 63 30 90.

5 avril ou 12 avril

Promenades découvertes

Sur le thème des arbres, deux visites guidées étonnantes en pleine forêt. Le 5 avril, « Les arbres de A à Z », dans le parc du Tremblay-en-France
30   (Seine-Saint-Denis) de 9h30 à 12h00. Le 12 avril, « L'arbre à cadabra », avec conteuse et... goûter au coin du feu ! Sorties en famille organisées par Nature et Découvertes. Nombre de places limité. Renseignements au : 01 39 56 01 47. Dans toute la France, des sorties sont organisées selon la faune et la flore de chaque région. Rens. dans les magasins Nature et Découvertes.

35   **12 – 20 avril**

Saluons les oiseaux

Au cœur de la baie de Somme, le Festival de l'oiseau ouvre ses portes avec animations pédagogiques pour les enfants et balades à pied, à cheval, en barque pour toute la famille. Tél. : 01 22 24 02 02 ou 3615 Wazo.

40   **3 – 4 mai**

Fête des plantes

Au château de la Ferté, c'est le jardinier du château en personne qui apprend aux enfants les rudiments du jardinage, dans un environnement riche en découvertes : visite du château des cuisines au grenier, des écuries, de la
45   ferme, de la maison des contes de fées isolée sur son île... La Ferté-Saint-

Aubin (45240), tél. : 02 38 76 52 72. 10h00–19h00 / Adultes, 40 F. Enfants (7/16 ans), 20 F. Démonstrations de jardinage pour les enfants: les après-midis de 14h30 à 16h30.

— *Enfant Magazine,* mars 1997

Activité D. Conversations en réaction à la lecture

En petits groupes :

Choisissez la conversation qui vous intéresse le plus. Après la conversation vous présenterez un résumé à la classe.

1. Cet Agenda présente des activités de printemps pour les enfants entre trois et onze ans. Imaginez trois ou quatre autres activités que l'on pourrait faire une autre saison avec des enfants de cet âge.

2. Si vous aviez huit ans, quelle activité de l'Agenda choisiriez-vous ? Pourquoi ?

3. Pensez aux activités que vous avez notées (**Activité A. Engageons le dialogue**). Y en a-t-il qui sont similaires à celles de cet Agenda ? Parlez avec votre petit groupe des similarités ou des différences entre vos activités d'enfance et celles proposées dans cet Agenda.

Jeu de rôles :

Avec un(e) partenaire, décidez qui va jouer le rôle du parent et le rôle de l'enfant. Choisissez l'activité de l'Agenda qui vous intéresse le plus. Si vous n'êtes pas d'accord, l'enfant essaie de convaincre le parent que son choix sera plus amusant que celui du parent. Décidez comment vous allez y arriver, ce que vous allez porter, si vous allez inviter un(e) ami(e), et ce que vous allez faire tout de suite après l'activité.

Activité E. Elargir la conversation

Si vous avez un(e) correspondant(e) sur Internet, échangez vos souvenirs d'enfance (ce que vous aimiez faire / n'aimiez pas faire à l'âge de cinq ans, dix ans, etc. ; ce que vous avez fait en famille, tout(e) seul(e), etc.). Si vous n'en avez pas, cherchez un(e) correspondant(e) en utilisant le Web. On peut faire la recherche sur plusieurs sites francophones, y compris Yahoo France (http://www.yahoo.fr), Lokace (http://ntiplus.iplus.fr/lokace/lokace.htm), Explorateur (http://www.explorateur.com). Sur un site localisé en utilisant Francelink (http://www.francelink.com/hotlinks/) et le mot « correspondant » il se trouve une adresse (http://momes.net/index.html) où il y a des jeunes entre 6 et 18 ans de pays différents (par exemple, la France, la Suisse, le Canada, l'Australie et la Guadeloupe, un département français aux Antilles) qui voudraient correspondre en français. Notez : Si les sites indiqués ont changé d'adresse, faites une recherche en utilisant des mots-clés. Vous trouverez alors des adresses correspondantes.

Si vous ne voulez pas directement participer dans les échanges électroniques, vous pouvez faire des recherches sur les intérêts des jeunes en utilisant le Web. Le site http://momes.net/index.html a des connexions sur la bande dessinée, le cinéma, les comptines, les correspondants (y compris une page « causette »), les écoles, les jeux. Choisissez un ou deux intérêts, prenez des notes et préparez une présentation orale (**Activité F. Présentations orales**).

Activité F. Présentations orales

En groupes de trois ou quatre, parlez de ce que vous avez appris sur Internet et de ce à quoi vous avez réfléchi dans les activités précédentes. Ecrivez une liste de thèmes possibles en utilisant ces réflexions, puis choisissez une de ces idées pour une présentation de deux ou trois minutes. Pensez à l'organisation : une introduction, une description ou une narration, une conclusion. Chacun dans le groupe pourra aider à présenter.

REALISATION ET ECRITURE

Objectif

• Ecriture d'une narration descriptive (Une narration descriptive souligne la description physique de l'arrière-plan dans lequel une histoire se déroule, l'histoire étant racontée et développée de manière vivante.)

Objectifs de la description et de la narration

• Utiliser des descriptions élaborées afin de fournir des renseignements qui puissent colorer l'arrière-plan d'une narration ;

• Décrire des objets singuliers ou des coutumes particulières de l'éducation des enfants (la manière dont on est élevé) ;

• Raconter des souvenirs d'enfance à l'aide de détails précis ;
• Raconter une histoire destinée aux enfants.

Méthodes

• **Choisir** une idée centrale / une thèse, une perspective, un ton (l'introduction) ;
• **Développer** une image claire, des sensations vives / les événements d'une histoire en utilisant un ordre logique, un vocabulaire précis et riche, et en visant un public particulier ;
• **Terminer la description** par votre impression générale du sujet décrit ou par une tournure qui mène l'imagination du lecteur dans une nouvelle direction ;
• **Terminer la narration** par le dénouement de l'histoire en choisissant une surprise, une morale, la solution à un problème, une réponse à une question, ou une autre conclusion qui va satisfaire le lecteur.

Thèmes possibles pour votre rédaction

• Ecrire une histoire brève de votre enfance en choisissant un des points de vue suivants : chronologie simple, votre développement émotionnel, des événements de grande portée.
• Personne ne s'amuse en passant du temps avec un enfant gâté. Ecrivez un conte ou une fable qui décrit l'histoire d'un tel enfant. Pourquoi était-il mal élevé? (Attention : à la fin d'une fable il y a toujours une morale.)
• Décrire la chambre d'un enfant — imaginaire ou vraie — montrant en même temps ce que celle-ci révèle de sa personnalité ou de sa vie.
• Vous êtes directeur/directrice d'un camp de vacances pour les enfants de divers âges. Ecrivez un guide des jeux que vous recommandez aux animateurs/animatrices. Etablissez les règles pour chaque jeu, les rôles des participants, les précautions que les animateurs doivent prendre, et la valeur éducative du jeu.
• Ecrire un essai qui décrit les problèmes de base des parents qui veulent élever leur enfant le mieux possible.
• Autre thème de votre choix à discuter avec votre professeur.

Exercice 1. Ecriture spontanée

A. Relisez les thèmes proposés et choisissez celui qui vous intéresse le plus (pour le moment). Vous pourrez changer votre choix de thème plus tard si vous le voulez. Peut-être que le facteur déterminant devrait être l'étendue de vos expériences personnelles. Sur quel sujet avez-vous le plus d'expérience, le plus de connaissance ? Rappelez-vous que vous voulez faire passer un message que vos lecteurs ne liront que s'ils sont intéressés. Identifiez aussi ces lecteurs ; ce choix va influencer votre style d'écriture.

B. Sans vous soucier ni de l'orthographe, ni de la grammaire, ni de la structure du paragraphe, écrivez spontanément en français pendant cinq minutes sur le thème qui vous attire le plus. Ne vous arrêtez pas d'écrire ! Si vous pensez à une expression ou à un mot dont la traduction française vous échappe, notez-le en anglais entre parenthèses. Vous aurez le temps plus tard de chercher le mot juste dans un dictionnaire. Votre professeur vous dira quand les cinq minutes se seront écoulées.

C. Echangez votre écriture avec un(e) camarade de classe. Vous n'allez rien corriger ; suivez les étapes suivantes.

1. Prenez *une minute* pour lire et comprendre ce que votre camarade a écrit.

2. Pendant *deux minutes* continuez le même essai en ajoutant des idées qui vous semblent pertinentes.

3. Pendant *deux minutes* écrivez des questions à l'auteur sur ce qui vous a intéressé(e) et sur ce qui était le plus frappant.

4. Rendez l'essai à l'auteur. Lisez ce que vous recevez et soulignez les phrases et les idées qui semblent utiles à incorporer plus tard dans votre texte.

5. Gardez cette feuille comme référence dans votre cahier.

Exercice 2. Travaillons ensemble : A la recherche du vocabulaire adéquat

A. Vous allez aider les autres étudiants à penser au vocabulaire lié à leur thème. Formez des cercles de cinq à six personnes. Dans votre cercle chacun(e) à son tour annoncera son sujet et les autres offriront chacun(e) un *verbe*, un *nom* et un *adjectif* ayant rapport à ce sujet. Il n'est pas nécessaire que les trois mots aient un rapport entre eux. L'étudiant(e) qui a proposé son sujet fera une liste de tout le vocabulaire offert ; il/elle pourra garder cette liste dans son cahier.

MODELE :   le thème : le camping
1ère personne : voyager, les moustiques, embêtant
2e personne : faire des randonnées, la lune, incroyable
3e personne : nager, la rivière, froid
4e personne : dormir, les étoiles, dur
5e personne : chanter, un ours, dangereux

B. Avec un partenaire, chacun(e) prendra exactement *une minute* pour expliquer ce qu'il/elle a l'intention d'écrire au sujet de son thème.

C. Puis, rejoignez un autre groupe pour former un cercle de quatre personnes où chacun devra expliquer brièvement aux nouveaux arrivés ce qu'il/elle a compris du sujet de son/sa partenaire (sans l'intervention du/de la partenaire). Les autres l'écoutent et puis lui posent des questions pour élucider ce qui n'a pas été compris ou pour satisfaire une curiosité portant sur des détails supplémentaires.

D. Toujours dans le groupe de quatre, posez deux questions sur des fiches que vous rendrez à chaque auteur : une question se concentrera sur le contenu de l'essai proposé et la deuxième ouvrira d'autres directions.

Exercice 3. Commencez la première version

Une manière efficace de concrétiser vos idées et de commencer à les organiser est de faire un schéma qui établit un rapport concret entre les idées apparentées. Ces schémas peuvent faciliter l'explication de vos idées aux autres. Une des techniques consiste à établir une série de cercles qui montrent des connexions logiques.

Ce schéma, comme point de départ, peut être progressivement étoffé avec des idées, expressions et mots supplémentaires au fur et à mesure que vous réfléchissez à votre thème. Il n'est pas nécessaire d'écrire des phrases complètes.

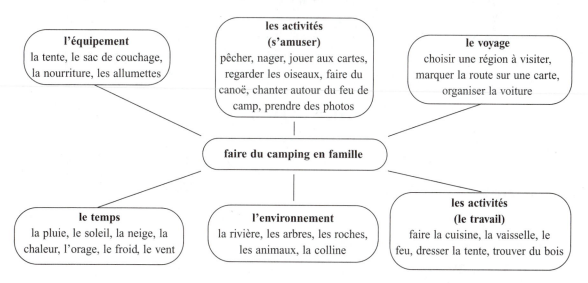

Exercice 4. Collaborez : Ajoutez vos idées

Dessinez votre propre schéma en utilisant des cercles qui représentent les idées asso-ciées à votre thème. Mettez ce schéma sur une grande feuille de papier et affichez-le au tableau en classe. Puis tout le monde peut circuler dans la salle de classe en lisant les autres schémas. Votre professeur vous donnera des fiches autocollantes où vous pourrez écrire des commentaires, des suggestions et des questions qui aideront à développer le sujet des autres. Attachez vos commentaires, questions et suggestions sur les schémas de vos camarades de classe.

Exercice 5. Commençons la première version

C'est le moment de relire votre écriture spontanée. Examinez les idées et choisissez celles qui seront utiles à développer.

A. Quelle idée ressort de cette écriture — une idée que vous pourrez développer d'une manière approfondie ? Marquez-la avec un surligneur ou soulignez-la avec un stylo d'une couleur différente.

B. Au milieu d'une feuille blanche, écrivez cette idée comme le sujet général (pas la thèse à défendre).

C. Tracez des lignes menant vers d'autres idées reliées à ce thème. Pensez à autant d'idées associées que possible (au moins dix), même si le rapport est seulement partiel.

D. En utilisant une couleur différente, indiquez les idées les plus étroitement liées à votre thème central. Ce seront les idées qui pourront former le noyau de chaque paragraphe quand vous commencerez à écrire la première version.

E. Donnez votre feuille à un(e) camarade de classe qui va lire votre sujet et les idées associées. Il/Elle choisira les cinq idées les plus importantes et démontrera leur importance d'après ses propres critères en les numérotant de 1 à 5 (N°1 = la plus importante). Etes-vous d'accord avec la séquence ? Est-ce que votre partenaire a d'autres idées, d'autres commentaires à ajouter ? Parlez un peu de vos perspectives différentes.

Exercice 6. Ecriture de réflexion avant la lecture : Travaillez la forme

A. Chaque idée principale devient le centre d'un paragraphe — et le paragraphe est l'unité la plus importante de votre organisation. Chacun peut être indépendant, mais en même temps il est lié à celui qui le précède et à celui qui le suit. Relisez votre première version et vérifiez qu'il n'y ait qu'une seule idée centrale dans chaque paragraphe et qu'il y ait une transition entre chaque paragraphe.

A l'intérieur du paragraphe, chaque phrase doit aussi être liée logiquement à celle qui la précède et à celle qui la suit. Quelques phrases simples peuvent être réunies afin de former des phrases complexes, une manière d'ajouter de la variété au style. En regardant encore votre schéma (**Exercices 3 et 4**) et les lignes entre les idées associées (**Exercice 5**) où vous avez noté vos idées sans créer de phrases complètes, écrivez une phrase simple pour chaque idée.

B. Lisez la liste des phrases simples ci-dessous, puis comparez-les aux phrases indiquées en caractères gras dans l'article qui s'intitule « Les Métamorphoses adolescentes ». Combien de phrases simples de la liste suivante se trouvent dans la première phrase écrite **en caractères gras** ? dans la deuxième ? etc. Soulignez la ponctuation et les conjonctions utilisées dans les phrases en remarquant comment ces outils aident à créer une syntaxe plus complexe.

1. Il ne faut pas confondre l'adolescent avec le jeune adulte de plus de dix-huit ans.

2. Le jeune adulte de plus de dix-huit ans a déjà découvert la vie.

3. L'adolescent a entre treize et dix-sept ans.

4. Il ressemble à un apprenti.

5. La toxicomanie, l'anorexie, la boulimie, les tentatives de suicide ou les grossesses des très jeunes filles sont autant de clignotants.

6. Ces signes signifient quelque chose.

7. Le travail de l'adolescence se passe mal.

8. La famille a ses bouleversements.

9. La famille garde toujours la première place.

10. Un sondage a été effectué par SCP-Communication pour le journal Le Monde.

11. Le cercle familial constitue une sorte de rempart face au monde extérieur.

12. Le monde extérieur effraie l'adolescent.

13. Le monde extérieur paraît sauvage à l'adolescent.

14. L'amitié est le deuxième pôle d'attraction.

15. Les très bons amis, les copains ou la bande chez les garçons figurent dans l'amitié.

16. La famille et l'amitié forment une sorte de cocon chaleureux.

17. Le cocon symbolise des valeurs stables et protectrices.

18. L'amour est perçu comme inconnu.

19. L'amour est perçu comme déstabilisateur.

C. Maintenant, avec un(e) partenaire, imaginez que vous devez composer un article pour un magazine destiné aux jeunes. Ecrivez un paragraphe qui explique ce que c'est que l'adolescence d'après les adultes (experts) cités dans les phrases que vous venez de lire. Ensuite, composez un paragraphe qui décrit l'adolescence du point de vue de la jeunesse elle-même. Dans les deux paragraphes, assurez-vous d'utiliser une complexité syntaxique en imitant les phrases que vous venez d'étudier.

Echangez les deux paragraphes que vous venez d'écrire avec ceux d'une autre équipe afin de comparer vos idées. Puis lisez le reste de l'article afin de comparer vos propres perspectives avec celles des experts cités.

LECTURE B

▽

L'univers des émotions : Les métamorphoses adolescentes

Vivre une aventure d'adulte avec une âme d'enfant fait partie des rêves inavoués. Du Blé en herbe au Diable au corps, la littérature est pleine de ces belles histoires au léger parfum de scandale. La vie sentimentale des adolescents et son corollaire, l'apprentissage de la sexualité, ont toujours été l'objet privilégié de la sol-
5   licitude des adultes. Vertiges devant sa propre jeunesse trop vite enfuie, crainte de grossesses précoces, vigilance devant l'extension des maladies sexuellement transmissibles (MST) et du sida… auxquels se trouvent étroitement imbriqués sollications économiques, appels démagogiques et, sans nul doute, voyeurisme.

L'adolescence est mal définie dans le temps. Le docteur David Elia, gyné-
10 cologue à l'hôpital Rothschild, affirme : « On se trompe généralement en parlant indistinctement des jeunes. **Il ne faut pas confondre l'adolescent, entre treize et dix-sept ans, qui ressemble à un apprenti, avec le jeune adulte de plus de dix-huit ans qui a déjà découvert la vie.** Les personnes s'adressant aux jeunes en matière de prévention et de sexualité devraient apprendre à faire la différence
15 car ils n'ont pas du tout les mêmes attentes. » Tony Anatrella, psychanalyste, professeur de psychologie clinique, note de son côté : « L'allongement de l'adolescence est un phénomène qui ouvre des perspectives nouvelles de recherche sur

la psychologie humaine. » Annie Birraux, psychiatre-psychanalyste et directrice de l'unité de recherche de Paris-VII sur l'adolescence, constate simplement :
20 « L'adolescence est un concept de changement, il n'y a pas d'âge limite. »

Le deuil de l'enfance

Le processus de la puberté et de l'adolescence est une longue méta-morphose vécue parfois comme une souffrance, un voyage sans retour où le jeune se heurte à bien des écueils : la transformation de son corps, l'irruption
25 de la maturité sexuelle, l'instabilité émotionnelle, les incertitudes sur son identité et un irrésistible besoin de briser les modèles offerts jusque-là par le milieu familial. Pour accomplir ce voyage et dépasser l'enfant qui est en lui, deuil nécessaire et éprouvant, l'adolescent devrait pouvoir vivre le présent sans conflit majeur avec son environnement et penser également à l'avenir
30 sans désespoir. **La toxicomanie, l'anorexie, la boulimie, les tentatives de suicide ou les grossesses des très jeunes filles sont autant de clignotants qui signifient que ce travail de l'adolescence se passe mal.** Et qu'il néces-site l'aide des parents ou des adultes de son entourage, car l'adolescent recherche une certaine stabilité.
35 **Ainsi la famille, malgré ses bouleversements, garde toujours la pre-mière place. Selon un sondage effectué par SCP-Communication pour le journal Le Monde, le cercle familial constitue une sorte de rempart face au monde extérieur qui effraie l'adolescent et lui paraît sauvage.** Idéalisée, la famille représente un lieu sans problème où la mère fait souvent figure d'inter-
40 locuteur privilégié. « Je discute avec ma mère sans barrières. Des discussions chaudes sur tout », déclare un élève en première année de BEP électronique.
Si la famille et l'amitié (deuxième pôle d'attraction où figurent les très bons amis, les copains ou la bande chez les garçons) forment une sorte de cocon chaleureux, qui symbolisent des valeurs stables et protec-
45 **trices, l'amour, en revanche, est perçu comme inconnu et déstabilisateur.**
L'amour, ils y pensent souvent et en parlent beaucoup. « C'est vraiment quelque chose de très important. Mais je n'ai pas eu vraiment de… Je ne peux pas en parler. Je pense aux problèmes sexuels comme tous les gens de mon âge. Pour l'instant je ne me sens pas trop concernée. Ça peut nous mettre dans des
50 états terribles ou dans une euphorie totale », confie cette lycéenne de Ière. Pour beaucoup de lycéens, l'amour est une notion encore floue. Ils ne savent pas le définir en tant que tel : « C'est quelque chose comme l'amitié plus le sexe. »
Le docteur Alain Braconnier, psychiatre-psychanalyste, spécialiste de l'adolescence, confirme cette analyse. « Les jeunes viennent me consulter
55 d'abord pour des problèmes familiaux : divorce, séparation ou mésentente

avec les parents. Les mauvais résultats scolaires viennent en second. On trouve ensuite les déprimes causées par les problèmes relationnels et les déceptions sentimentales. L'adolescence est un âge fragile et les jeunes ont besoin d'aimer et d'être aimés, surtout par leurs parents. Il est très important de combler ce besoin d'amour et de protection. »

— Armelle Cressard, *Le Monde de l'Éducation,* Mai 1992, N°193

Exercice 7. Ecriture de réflexion basée sur la lecture

Lisez encore une fois l'article en entier et décidez si les phrases suivantes correspondent aux idées de l'article en écrivant Oui (si la phrase correspond) ou Non (si la phrase ne correspond pas au contenu de l'article). Si la réponse est Non, écrivez l'idée qui correspond à l'article dans l'espace réservé à cet effet après chaque affirmation.

1. _____ La littérature s'intéresse depuis longtemps à la vie des adolescents.

   _____

2. _____ D'après Docteur Elia, l'adolescence se situe entre 13 et 21 ans.

   _____

3. _____ Le psychanalyste Anatrella a constaté que la période de l'adolescence devient de plus en plus longue, ce qui est un phénomène assez nouveau.

   _____

4. _____ Birraux, la psychiatre-psychanalyste, voit l'adolescence comme un phénomène flou.

   _____

5. _____ L'adolescence est un long voyage plein d'aventures joyeuses qui offrent de bons souvenirs pour toute la vie.

   _____

6. _____ Afin de passer cette période difficile, il est important que l'enfant n'ait pas d'antagonisme majeur là où il passe la plupart de son temps, et qu'il envisage un avenir positif.

   _____

7. _____ C'est la famille ou les amis proches qui doivent apporter l'équilibre dont les adolescents ont besoin.

   _____

8. _____ Dans le monde des adolescents, l'amour n'offre pas la même stabilité que la famille.

_____

9. _____ Les adolescents trouvent l'amour difficile à expliquer car ils le perçoivent comme quelque chose de changeant.

_____

10. _____ Docteur Braconnier constate que les premiers problèmes dont souffrent les adolescents sont leurs notes à l'école.

_____

Exercice 8. Un conte pour les jeunes : Pensez au titre et aux images

En lisant le titre *La porte de nulle part,* quelles images voyez-vous (Lecture C) ? A quelle sorte d'histoire vous attendez-vous ? Si vous deviez écrire une histoire avec ce titre, est-ce que vous choisiriez des animaux ou des êtres humains comme personnages ?

Ci-dessous vous trouverez des titres, et chacun d'entre eux correspond à une image de l'histoire que vous allez lire, *La porte de nulle part.* Regardez les images sur les pages suivantes et pour chaque image, choisissez le titre qui semble le mieux décrire l'image en écrivant le numéro de l'image correspondante.

1. _____ Phil pense à l'idée d'une porte extraordinaire.

2. _____ Phil arrive à un vieux moulin.

3. _____ Il regarde en bas dans la vallée.

4. _____ Phil vient en aide au moulin.

5. _____ Il est temps de manger.

6. _____ La vieille dame redescend à la terre.

7. _____ Phil se réjouit de ses cadeaux éternels.

8. _____ Le moulin lui offre de l'eau en reconnaissance.

9. _____ Phil disparaît dans l'ombre.

10. _____ Il arrive à la porte après trois jours de marche.

11. _____ Phil dégage les racines du chêne.

12. _____ Une vieille dame attire l'attention de Phil.

13. _____ Il arrive dans un bois.

14. _____ Phil s'approche d'un chêne.

15. _____ Phil ouvre la porte sur le vide.

Pendant que vous lisez ce conte, remarquez des similarités entre celui-ci et d'autres contes que vous connaissez.

LECTURE C

La porte de nulle part

Dans un drôle de pays,
— j'ai oublié son nom —
on racontait une drôle d'histoire ;
on disait
5   qu'au sommet de la montagne,
il y avait une grande porte toute seule,
c'était la porte de Nulle Part.

Phil écoutait cette histoire
et il n'y croyait pas.
10   Une porte de nulle part,
c'est impossible,
une porte s'ouvre toujours sur quelque chose !

Alors, un jour,
Phil décide d'aller voir cette porte.
15   Il met un morceau de pain et un saucisson
dans une grande serviette,
il fait un nœud
et il attache la serviette à un bâton
qu'il porte sur son épaule.
20   Puis, il rejoint le petit sentier
plein de cailloux

A.

qui monte dans la montagne
et il grimpe, il grimpe...

Il marche pendant trois jours.
25 Et il voit la porte :
c'est une grande et grosse porte de bois,
puissante et majestueuse.

Phil tire l'énorme verrou
et la porte s'ouvre toute seule.
30 Phil est très étonné :
il n'y a que le vide derrière la porte !

La montagne tombe à pic
et tout en bas,
on aperçoit un tout petit moulin
35 sur une petite rivière.
Phil a très envie de descendre dans la vallée
pour voir le moulin,
mais comment faire ?

Un grand aigle royal vient l'aider.
40 Il prend Phil par son chandail
et il s'envole en le tenant bien solidement.
D'abord, Phil a très peur.
Mais l'aigle descend vers la vallée
et il dépose Phil doucement près du moulin.

45 L'aigle dit : — voilà, Moulin,
j'ai trouvé quelqu'un
qui a eu le courage d'ouvrir la porte.
Le moulin dit : — merci, Aigle
et toi, Phil,
50 veux-tu faire quelque chose pour moi ?
Voilà des années que ma roue ne tourne plus,
mes engrenages sont rouillés...
Phil dit : — bien sûr, Moulin,
je vais essayer de t'aider.

B.

C.

D.

55 Il entre par la porte basse
et il regarde les engrenages :
— Oh ! là là, ils sont tout rouillés.

Avec un morceau de fer
qui traîne par terre,
60 il gratte toute la rouille.
Puis, il remet de l'huile
et les rouages recommencent à tourner
dans un grand bruit.

Le moulin dit :

E.

65 — Merci, Phil, tu es bien gentil.
Je me sens revivre.
Pour ta récompense,
prends un peu d'eau de la rivière.
L'aigle tend un petit flacon à Phil.
70 C'est un drôle de cadeau,
mais Phil ne veut pas vexer le moulin,
il remplit son flacon, il dit au revoir
et il s'en va.

F.

Phil marche longtemps
75 dans un pays tout plat, mais très beau.

Bientôt, il se trouve devant une montagne
qui se dresse comme un mur sur son chemin.
Phil se dit : — c'est curieux,
je ne l'avais pas vue cette montagne !

80 Aussitôt, il entend une voix au-dessus de lui :
— Ooooh, en bas !
Il lève la tête et il est très étonné.
Une vieille femme est à cheval
sur un balai planté dans la montagne.

85 La vieille femme crie :

G.

— Va chercher l'échelle sous le gros érable
et viens me délivrer.
Phil fait ce qu'elle lui demande.
Il appuie la grande échelle sur la montagne.

90 La vieille femme pose le pied
    sur le plus haut barreau de l'échelle,
    elle tire de toutes ses forces sur le balai
    et elle réussit à l'arracher de son trou.
    Alors, elle descend doucement.
95 Elle a l'air très fatiguée.

    Elle s'assoit sur une pierre et elle explique :
    — Je suis trop distraite et trop pressée.
    J'enfourche mon balai, je m'envole
    et bing ! dans le Mont des Merveilles.
100 Mon balai est coincé dans une fissure
    depuis trois jours.
    Tu es un bon petit, Phil, merci.
    Tiens, je t'offre ce morceau de viande.
    Elle sort un petit bout de bœuf grillé

H.

105 de sa poche
    et elle le tend à Phil.
    Phil se dit :
    — C'est bien le pays des cadeaux bizarres !
    Mais il remercie la vieille femme
110 et il continue son chemin.

    Il marche longtemps et il se sent fatigué.

    Il décide de se reposer
    à l'ombre d'un grand chêne.
    Mais dès qu'il pose le pied
115 dans l'ombre du grand chêne,
    horreur ! son pied s'enfonce.

I.

    Phil recule vite
    et il entend la grosse voix du chêne :
    — N'aie pas peur, je voudrais que tu m'aides.
120 Phil demande : — mais comment ?
    Le grand chêne dit :
    — Laisse-toi glisser dans mon ombre
    et démolis le mur souterrain
    qui étouffe mes racines.
125 Je ne peux plus grandir, je meurs.

J.

Phil saute à pieds joints
dans l'ombre du chêne
et il disparaît sous la terre.

Il arrive dans une immense caverne
130   tout entourée d'un mur épais.
Phil enlève les pierres
qui gênent les racines et l'arbre soupire :
— Merci, je t'offre la bûche de bois mort
qui est au milieu de la caverne.

K.

135   Continue ton chemin,
le souterrain te mènera à la grosse souche.
Phil salue le grand chêne
et il se remet à marcher.
Il avance sous la terre
140   et pourtant il fait clair.

Phil se dit :
— Quel drôle de pays !
Bientôt il arrive au bout du souterrain,
il sort vers la lumière du jour
145   par une grosse souche creuse
et il se retrouve dans un bois.

L.

La souche dit à Phil :
— Toi qui passes, enlève de mon écorce
les petites bêtes qui me grattent.
150   Phil nettoie la souche soigneusement.
La souche lui offre une pomme pour le remercier,
car c'est une souche de pommier.

Et Phil repart avec sa pomme,
sa bûche, sa viande et son flacon.
155   Mais... il reconnaît ce bois,
il est tout près de chez lui !

Il entre dans sa maison
et il pose ses drôles de cadeaux
sur la table.

M.

160 Comme il a très faim,
il mord dans sa pomme,
il mange, il mange...
Mais il a beau croquer de grosses bouchées
la pomme reste toujours entière.
165 Alors, il essaie avec la viande ;
mais quand il en enlève un morceau,
le morceau repousse aussitôt.
Et l'eau alors ? Il en boit une bonne gorgée
et bien sûr... le flacon est toujours plein.
170 Et le bois ?

N.

Phil se chauffe tout l'hiver
avec son unique bûche
et même tous les hivers suivants.

Phil ne manque jamais de viande
175 ni d'eau, ni de fruit, ni de feu.
Et longtemps après,
quand Phil est devenu bien vieux,
près de la cheminée,
il rit tout seul en pensant :
180 — Quels merveilleux cadeaux !

— Evelyne Brisou-Pellen
— Illustrations : Pierre Denieuil
© Bayard Presse

O.

Exercice 9. Discussion structurée basée sur la lecture

Complétez les phrases suivantes en exprimant vos idées personnelles.

1. La porte de Nulle Part symbolise...

2. Le voyage de Phil représente...

3. Savoir ouvrir les portes exprime...

4. L'aigle royal représente...

5. Le problème du moulin symbolise...

6. Le problème de la vieille dame symbolise...

7. L'eau représente...

8. La bûche représente...

9. L'aide généreuse de Phil est un acte significatif qui...

10. La morale de l'histoire enseigne aux enfants que...

Exercice 10. Réactions à la lecture

Décidez si vous êtes d'accord avec les réactions exprimées ci-dessous. Justifiez chacune de vos réponses que vous soyez d'accord ou non.

1. C'est une histoire pour que les enfants apprennent à respecter la nature.

   _____

   _____

2. Etre serviable, même vis-à-vis de ceux pour qui on pourrait avoir des préjugés négatifs, est extrêmement important.

   _____

   _____

3. Entreprendre d'explorer l'inconnu est difficile mais c'est une expérience enrichissante.

   _____

   _____

4. Savoir ouvrir les portes c'est s'assurer un avenir merveilleux.

   _____

   _____

5. Les engrenages rouillés du moulin représentent la psychologie humaine figée dans les habitudes familières.

_____

_____

6. L'histoire nous enseigne que faire un cadeau, même simple, est un geste merveilleux.

_____

_____

Ajoutez deux autres réactions personnelles :

7. _____

_____

8. _____

_____

Exercice 11. Ecriture en réaction à la lecture : Vous êtes auteur

Les fables et d'autres vieilles histoires écrites pour les jeunes offrent souvent une morale à apprendre. Après avoir lu *La porte de nulle part,* décidez la morale du conte. En parlant de l'histoire en petits groupes, déterminez si cette histoire est similaire à d'autres histoires lues pendant votre jeunesse. Est-ce que les enfants de quatre à huit ans que vous connaissez l'aimeraient ? Trouvez des caractéristiques communes avec les contes de fées. Commentez l'importance des illustrations. Y a-t-il un développement de caractère dans l'histoire ? Que savons-nous du héros ?

En petits groupes, écrivez une courte histoire pour les enfants de quatre à huit ans. Utilisez un vocabulaire simple et des dessins pour que les enfants puissent la comprendre. Décidez si vous voulez présenter une morale aux enfants ou si vous voulez faire rire, faire comprendre un problème du monde, etc. Votre conte/histoire ne doit pas dépasser la longueur de *La porte de nulle part*. N'oubliez pas de créer un titre.

Exercice 12. Votre narration

En utilisant les activités de ce chapitre et les suggestions de vos camarades de classe, écrivez la version finale de votre rédaction. Imaginez que vous écrivez votre description / narration pour un magazine : un article pour les parents ou pour les enfants. Pensez surtout aux objectifs de la description et de la narration. Si vous avez préparé votre première version assez tôt, mettez-la de côté pendant deux jours avant de la relire. Puis échangez votre version finale une dernière fois avec un(e) camarade de classe pour des dernières suggestions — de style, de contenu, de grammaire.

Avant de rendre cette version, lisez la liste des questions suivantes afin de vérifier que vous avez considéré ces aspects :

1. La narration est-elle facile à suivre ? Vous avez pensé au public qui lira ce texte ?

2. Y a-t-il assez de détails dans les descriptions ? Vous avez choisi un vocabulaire précis et riche ?

3. Chaque idée / phrase est pertinente au sujet central ?

4. Vos idées sont-elles toujours logiquement reliées par un mot de transition (d'une phrase à une autre, et d'un paragraphe à un autre) ?

5. La conclusion est-elle une synthèse générale du sujet ? Se termine-t-elle sur l'idée la plus importante ? Vérifiez qu'elle ne soit pas simplement une répétition de l'introduction.

6. Le titre est-il clair et attire-t-il l'attention du lecteur ?

7. Avez-vous accordé les adjectifs avec les noms ? les verbes avec les sujets ?

8. Les temps des verbes sont-ils logiques ?

9. Avez-vous suivi les méthodes de travail données (page 41) ?

CURIOSITES CULTURELLES

Quand vous étiez plus jeune, qu'est-ce que vous avez écrit ? Pourquoi ? Quand ? A qui ? Une mère française offre ici une liste de circonstances dans lesquelles ses enfants ont écrit quand ils étaient jeunes.

- A la maison :
  — des lettres aux Papy Mamy (les grands-parents) pour les remercier de cadeaux ;
  — des cartes postales de vacances à des amis d'école, aux parents, aux parrains / marraines ;
  — des cartes d'anniversaire ;

— des invitations aux copains pour fêter leur anniversaire ;

— un journal intime ;

— la liste des courses à faire ;

— la liste des cadeaux qu'ils aimeraient recevoir à Noël ;

— des lettres au Père Noël (la Poste française répond systématiquement à toutes les lettres au Père Noël) ;

— des messages de téléphone pour quelqu'un d'autre de la famille ;

— des messages à un autre membre de la famille si les uns et les autres sont absents, au travail, etc. (sur un tableau d'affichage à la maison par exemple) ;

— des réponses à des jeux télévisés ou organisés par des magazines, ou à des fan clubs de chanteurs ;

• A l'école :

— dictées, rédactions, devoirs divers.

Chapitre 3

LA SANTE

L'art de la dissertation

INTRODUCTION

La santé est une question universelle souvent soulevée dans les conversations quotidiennes — de nos jours particulièrement — avec notre souci constant de la bonne forme et de notre peur latente de vieillir. Pourquoi avons-nous peur de vieillir ? C'est parce que la mort n'a pas été apprivoisée par la science restant ainsi le point vulnérable des êtres humains. L'immortalité est-elle un rêve inaccessible ? Le « oui » est toujours de rigueur quand il s'agit de répondre à cette question. En attendant, les pas timides vers l'immortalité se traduisent en une croissance de l'espérance de vie. Des progrès importants dans le domaine de l'hygiène, de la nutrition, de la médecine, des sports et de la génétique ont aidé l'être humain à défier sa mortalité et à la reculer vers de plus grands âges. Bref, vivre longtemps a été une obsession humaine à la fois universelle et historique.

C'est en explorant ces questions que ce chapitre va nous guider dans l'art de l'analyse, de la réflexion et du raisonnement logique. Pour cela, il nous faudra cerner les mots-clés (pivots de la pensée), les champs lexicaux (domaines thématiques) et les liens logiques (rapports des idées entre elles) qui sont à la base de l'art oratoire et littéraire: la dissertation. A l'origine, disserter (du latin *serere* = **nouer**) signifiait apporter une réponse critique — orale ou écrite — par la production de raisonnements enchaînés les uns aux autres. Les objectifs de l'expression, qu'elle soit orale ou écrite, sont donc de faire passer un message avec une logique aussi universelle que possible sachant que chaque interlocuteur, ceux qui forment votre audience, a un style cognitif très personnel et très souvent différent du vôtre. Par conséquent, tout détail que vous décidez (consciemment ou inconsciemment) d'omettre peut empêcher la compréhension de votre message.

Notez bien : Ce chapitre a pour but didactique d'enseigner l'expression orale et écrite française tout en adressant des questions de santé. Les informations présentées ici ont pour but de vous aider à faire des choix linguistiques et non pas de vous fournir des réponses médicales.

EXPLORATION ET CONVERSATION

Activité A. Engageons le dialogue : Sur la santé en général

Vous trouverez ci-dessous une liste de conseils suivis d'une liste de raisonnements que l'on peut utiliser pour justifier un conseil.

- A côté de chaque conseil, écrivez la lettre du raisonnement qui le complète.
- Etudiez le vocabulaire donné pour chaque raisonnement en soulignant les mots et expressions nécessaires à la catégorie discutée (si besoin est, élaborez votre liste sur une fiche personnelle). Cette étude lexicale vous aidera à élaborer une discussion libre avec un(e) camarade

de classe. Le but de cette activité est de vous donner les outils linguistiques nécessaires pour que vous puissiez parler en paragraphes, signe que votre compétence linguistique atteint un niveau avancé.

- Après cet exercice de reconnaissance linguistique et après avoir élaboré une liste de vocabulaire personnalisée, passez à une discussion libre sur la santé (voir **Activité B**).

Conseils :

1. _____ Il faut adopter un régime alimentaire sain et équilibré.

2. _____ Il est important de pratiquer des exercices physiques réguliers.

3. _____ Il est essentiel de s'arrêter de fumer.

4. _____ On doit maintenir des activités cérébrales régulières pour rester mentalement alerte.

5. _____ Il est indispensable d'aller régulièrement chez le médecin pour se faire faire des tests médicaux.

6. _____ D'abord, va voir ton médecin pour qu'il te donne des antidépresseurs, et ensuite je te conseille d'aller voir un psychiatre.

7. _____ Sois moins exigeant avec toi-même et adopte un rythme de vie plus modéré, tu auras moins de migraines.

8. _____ Achète-toi une meilleure chaise pour ton bureau. Etre assis à l'ordinateur pendant des heures va forcément créer des douleurs lombaires.

9. _____ Garde du temps pour te détendre avant d'aller au lit, et surtout ne transforme pas ton lit en bureau.

10. _____ Si tu n'as pas pris de vacances depuis longtemps, prendre des vacances est le seul moyen de faire le plein d'énergie et de surmonter la fatigue.

Raisonnements à l'appui :

a. Il est nécessaire de pratiquer une médecine de prévention non seulement par une alimentation équilibrée mais aussi en surveillant les facteurs qui causent certaines maladies qui sont difficilement détectables dans leurs phases initiales. Certaines maladies sont meurtrières si elles sont diagnostiquées trop tard. Par exemple, il est important de surveiller son taux de cholestérol et sa tension artérielle pour prévenir tout accident cardio-vasculaire (infarctus ou anévrisme cérébral). Vous devez donc rester en contact régulier avec votre médecin.

b. Tu sais quoi ? Après l'âge de 40 ans, on perd 100 000 neurones par jour. Mais il ne faut pas trop s'en faire car même si on perd 100 000 neurones par jour, il en reste des milliards, et c'est suffisant pour le bon fonctionnement du cerveau. N'empêche qu'il faut quand même faire attention, et garder notre cerveau actif par des activités cérébrales régulières et simples telles que mémoriser la liste de tes courses, mémoriser les numéros de téléphone de tes amis, etc. L'usage de certaines vitamines est également conseillé pour la stimulation des neurones.

c. La dépression est une maladie mentale authentique qui fait énormément souffrir et qu'il ne faut pas prendre à la légère. La dépression, ce n'est pas une simple déprime. C'est un déséquilibre chimique qui affecte le fonctionnement du cerveau et qui peut très facilement se soigner par antidépresseurs. Il ne faut surtout pas te sentir coupable. La dépression n'est pas une maladie qui altère l'intelligence. En effet, l'histoire démontre que les génies sont souvent dépressifs, car ils ont une perception réaliste et claire des choses. Michel-Ange, Luther et Schopenhauer étaient des dépressifs célèbres qui avaient trouvé un exutoire dans leurs activités artistiques et philosophiques.

d. Du reste, qui ne souffre pas de ça aujourd'hui ? Faire de l'exercice physique est certainement la dernière chose à laquelle tu penses quand tu as des douleurs lombaires, mais les spécialistes s'accordent à dire que l'exercice est le meilleur remède pour soulager les maux de dos. La natation est très souvent conseillée pour se débarrasser des douleurs chroniques dans le dos. D'autre part, le T'ai Chi est une excellente pratique chinoise de mouvements lents et fluides qui aide à dénouer les muscles contractés par le stress et les mauvaises positions de la journée.

e. Une alimentation saine permet de prévenir les maladies. Le meilleur régime c'est de manger un peu de tout en petites quantités. D'autre part, il faut éviter les graisses animales et la viande. Il faut éviter les produits raffinés et manger des céréales complètes : Les céréales complètes aident au bon fonctionnement des muscles et du système nerveux. Dans les oranges, tu as de la vitamine C qui lutte contre les infections. Les légumes facilitent le transit intestinal et contiennent de la vitamine B 12, nécessaire pour la fabrication des globules rouges. Enfin, le lait est une source de calcium nécessaire pour la solidité des os et des dents. Il va sans dire que l'eau est un élément vital pour la circulation du sang et pour l'hydratation des cellules.

f. Une personne qui fume est menacée de cancers de toutes sortes (poumons, gorge, larynx, œsophage, vessie, etc.), de bronchite chronique, d'insuffisances respiratoires et d'accidents cardio-vasculaires. Il ne faut pas oublier que les fumeurs se reconnaissent par leurs doigts jaunis, des dents gâtées, des rides prématurées. Tu veux devenir comme eux ? De plus, le tabagisme passif imposé par ta fumée sur les gens que tu aimes risque de leur créer de sérieux problèmes. Tu veux vraiment les rendre malades ? Pour t'arrêter de fumer, tu pourrais utiliser des chewing gums ou des patches à la nicotine.

g. Lorsque tu vas au lit, c'est pour dormir. Si tu y fais tes devoirs, ton corps va associer ton lit au travail chaque fois que tu vas au lit. Si tu essaies de dormir, ton corps sera désorienté et il va se demander : Sommes-nous ici pour dormir ou pour étudier ? Par conséquent, si tu souffres d'insomnie, il est essentiel que tu réglementes tes activités et ton emploi du temps et que tu reconditionnes tes habitudes. Aménage-toi une chambre à coucher confortable afin d'associer ta chambre à la détente. Bien sûr les somnifères peuvent également t'offrir une solution ; mais avec les somnifères, tu te réveilles fatigué(e) le matin.

h. La pratique régulière du sport est parfaite pour se libérer du stress. D'autre part, ça permet de garder la ligne : en effet, le sport aide à brûler les calories en trop et à maintenir la tonicité musculaire. De plus, le sport aide à maintenir la masse osseuse qui devient plus fragile avec l'âge, et à conserver la flexibilité des articulations. Le sport est également une excellente activité pour rencontrer des amis. Tu pourrais devenir membre d'un club et faire de la bicyclette, de la musculation, de l'aérobic, de la natation, du tennis. Sinon, tu pourrais faire une petite promenade ou un petit jogging tous les jours dans ton quartier.

i. Beaucoup de jeunes sont stressés car ils doivent faire face à un futur incertain, gagner leur vie dans un monde très compétitif, et faire vivre une famille. Tout ceci, c'est beaucoup de responsabilités. Bien sûr, il y a aussi des gens qui prennent la vie trop au sérieux et qui développent des maux de tête constants. Si tu as tendance à prendre la vie trop au sérieux, cultive ton sens de l'humour : Ça t'aidera à garder du recul. Mais en règle générale, pour se débarrasser des maux de tête l'aspirine est le remède universel, le massage facial en est un autre, sans oublier qu'il faut boire beaucoup d'eau pour dilater les vaisseaux sanguins.

j. Si tu ne peux pas prendre de vacances, organise ta vie de façon efficace afin de ne pas gaspiller ton énergie. Fixe-toi des échéances à court terme et à long terme afin de continuer à avancer dans la vie. Fais une chose à la fois. Fais-toi des listes de choses à faire. Les listes nous aident à mieux contrôler la situation, et tu auras beaucoup plus d'énergie. Au milieu de tout ça, fais attention à tes émotions ! Les émotions intenses sont épuisantes mentalement et physiquement. Le secret, c'est de rediriger les émotions négatives et de les recanaliser dans un travail productif ou dans des activités sportives. D'autre part, une mauvaise alimentation peut également causer de la fatigue. Enfin et surtout, ne te prive pas de sommeil !

Activité B. Assimilation et production linguistique

- **Recherche lexicale :** Seul(e) ou avec un(e) camarade de classe, étudiez les problèmes ci-dessous et prenez des notes de vocabulaire (mots-clés) en relisant les textes de l'**Activité A** afin de vous préparer à un échange oral spontané.

- **Vos conseils :** En groupe de deux (si vous étiez déjà dans un groupe, changez de partenaire), l'un(e) d'entre vous va sélectionner au hasard un des problèmes ci-dessous, et demander conseil. Soyez aussi clair(e) que possible dans votre prononciation pour que votre partenaire puisse vous comprendre. Si votre partenaire ne comprend pas, répétez plus lentement ou appelez votre professeur pour un diagnostique linguistique. Autant que possible, ceux en charge de donner des conseils feront en sorte de ne pas regarder leurs notes.

> MODELE : Je n'ai pas du tout d'énergie.
>
> *Mots et expressions que je vais utiliser :* vacances, se reposer, listes de choses à faire, organisation, sport, émotions, être en contrôle...
>
> *Mes conseils :* Si tu peux, prends des vacances. Tu as probablement besoin de te reposer. Si tu ne peux pas prendre de vacances, organise-toi bien ! Fais des listes de choses à faire afin d'éviter la distraction et le gaspillage d'énergie. Fais du sport régulièrement et assure-toi d'avoir une alimentation équilibrée.

1. Je n'ai pas le temps d'aller chez le médecin. En plus, je n'aime pas y aller. D'autre part, si tout va bien, pourquoi aller le voir ?

Mots et expressions que je vais utiliser :

_____

_____

Mes conseils : ...

2. Je perds la mémoire et je n'arrive pas à me concentrer. Je mange du poisson et des pommes tous les jours. Mais ça n'a pas l'air de servir à grand chose.

Mots et expressions que je vais utiliser :

_____

_____

Mes conseils : ...

3. J'ai perdu toute motivation, c'est la déprime complète. Je ne sais pas quoi faire.

Mots et expressions que je vais utiliser :

_____

_____

Mes conseils : ...

4. La nuit, je n'arrive pas à dormir. Quand je prends des somnifères, je me réveille très fatigué(e), alors la plupart du temps je n'en prends pas.

Mots et expressions que je vais utiliser :

_____

_____

Mes conseils : ...

5. Après toutes ces heures passées à l'ordinateur, j'ai horriblement mal au dos. Je m'étire régulièrement, mais rien n'y fait.

Mots et expressions que je vais utiliser :

_____

_____

Mes conseils : ...

6. Je n'arrive pas à m'organiser et j'ai l'impression de passer beaucoup de temps à faire beaucoup de choses sans jamais rien accomplir.

Mots et expressions que je vais utiliser :

_____

_____

Mes conseils : ...

7. Depuis que j'ai commencé ce semestre, j'ai des migraines tous les jours. Va savoir pourquoi !

Mots et expressions que je vais utiliser :

_____

_____

Mes conseils : ...

8. Ces derniers temps, j'ai pris beaucoup de poids. Il faut que je fasse quelque chose. Qu'est-ce que tu fais, toi, pour garder la ligne ?

Mots et expressions que je vais utiliser :

_____

_____

Mes conseils : ...

9. Je n'arrive pas à me débarrasser de ma bronchite. Je ne fume pas, mais ma camarade de chambre fume comme un pompier.

Mots et expressions que je vais utiliser :

_____

_____

Mes conseils : ...

Activité C. Discussion libre

Réutilisons ce que nous avons couvert dans les **Activités A** et **B** afin de mener une « discussion libre » sur certains problèmes de santé avec un(e) nouveau(-elle) partenaire.

l'alimentation	le sport	le tabagisme	la mémoire	la médecine
la dépression	les maux de tête	le mal au dos	l'insomnie	la fatigue

Activité D. Conversation de réflexion sur la santé des étudiants

La vie à l'université n'est pas toujours facile et beaucoup d'étudiants développent des désordres psychologiques et même psychosomatiques. Ci-dessous, vous trouverez une liste des problèmes les plus communs. Pour chacun des problèmes, préparez-vous à donner des conseils pratiques aux étudiants qui entrent en première année. Prenez quelques minutes pour écrire les conseils que vous avez l'intention de partager lors de conversations de groupe (pour vous aider, vous pouvez utiliser une des expressions suivantes).

Expressions utiles pour donner son avis

Personnellement, je pense que...	*Personally, I think that . . .*
Il me paraît évident que...	*To me, it seems obvious that . . .*
Il me semble que...	*It seems to me that . . .*
Selon moi,...	*According to me, . . .*
A mon (humble) avis, ...	*In my (humble) opinion, . . .*
Mon point de vue est le suivant : ...	*My point of view is as follows: . . .*
Je suis convaincu(e) que...	*I am convinced that . . .*
J'estime que...	*I figure that . . .*
Je trouve que...	*I find that . . .*
A ta place...	*If I were you . . .*
Je te conseille de...	*I advise you to . . .*
Il serait prudent de...	*It might be wise to . . .*
Tu ferais bien de...	*You would be well advised to . . .*
Quoi qu'il arrive, ne... pas...	*Whatever you do, don't . . .*
C'est dans ton intérêt de...	*It is in your best interest to . . .*
Essaie d'éviter de (+ infinitif)...	*Try to avoid __ing . . .*

1. En première année, les étudiants souffrent d'être séparés de leur famille.

   Réactions et conseils à donner à des étudiants de première année :

   _____

   _____

   _____

2. L'isolement des études rend l'amitié difficile.

   Réactions et conseils à donner à des étudiants de première année :

   _____

   _____

   _____

3. En période d'examen, les étudiants sont particulièrement stressés.

   Réactions et conseils à donner à des étudiants de première année :

   _____

   _____

   _____

4. Beaucoup d'étudiants sont angoissés par un avenir professionnel incertain.

   Réactions et conseils à donner à des étudiants de première année :

   _____

   _____

   _____

5. En première année, les étudiants doivent faire face à de nouvelles responsabilités finan-cières avec un budget très souvent réduit. Cette nouvelle réalité, s'ajoutant au stress des études, peut causer de sévères dépressions.

   Réactions et conseils à donner à des étudiants de première année :

   _____

   _____

   _____

6. La gestion de son emploi du temps, que ce soit pour les études ou pour la relaxation, n'est pas toujours facile à planifier.

   Réactions et conseils à donner à des étudiants de première année :

   _____

   _____

   _____

7. Beaucoup d'étudiants ne dorment pas assez parce qu'ils sont angoissés par la peur de l'échec.

   Réactions et conseils à donner à des étudiants de première année :

   _____

   _____

   _____

8. Les déficiences en vitamines sont fréquentes parmi les étudiants, car ils n'adoptent pas toujours une alimentation équilibrée, soit parce qu'ils ne prennent pas le temps de manger, soit parce qu'ils n'ont pas assez d'argent.

   Réactions et conseils à donner à des étudiants de première année :

_____

_____

_____

9. Pour faire face au stress, certains étudiants s'adonnent à l'alcoolisme ou à la toxico-manie.

   Réactions et conseils à donner à des étudiants de première année :

_____

_____

_____

Activité E. Et nous ? La santé dans notre université : Enquête et rapport

1. Vous décidez de conduire une enquête dans la classe, mais avant cela, vous devez d'abord élaborer un questionnaire sur lequel tout le monde en classe devra se mettre d'accord avant de l'utiliser pour l'enquête. Dans un premier temps, vous allez donc discuter les critères de votre enquête, puis formuler les questions à poser. Le seul rôle du professeur sera d'inscrire au tableau les questions que vous aurez décidées d'utiliser pour l'enquête.

2. Maintenant que vous avez un formulaire, passez à l'enquête en interviewant vos camarades de classe. Adressez toutes les questions de votre questionnaire et prenez des notes pendant les réponses. Après l'interview, analysez les réponses que vous avez obtenues pour le rapport que vous allez faire à la classe.

3. Faites un rapport oral de votre enquête devant la classe.

Activité F. Conversation de réflexion avant la lecture : Images que vous avez sur la jeunesse et la vieillesse

- Lisez chacune des questions ci-dessous.
- Réfléchissez sur chaque question en prenant note des mots et expressions clés que vous allez utiliser dans votre débat oral avec un(e) camarade de classe.
- Discutez chacune des questions en réutilisant le vocabulaire que vous aurez noté, en réagissant aux idées de vos camarades et en posant des questions. Débattez chaque question le plus naturellement possible.

1. Que veut dire pour vous « rester jeune » ?

   Mots et expressions clés que je vais utiliser dans mon débat : _____

   _____

   _____

   Débat : ...

2. Pourquoi est-il important de rester jeune ?

   Mots et expressions clés que je vais utiliser dans mon débat : _____

   _____

   _____

   Débat : ...

3. Quelles différences y a-t-il entre la jeunesse de corps et la jeunesse d'esprit ?

   Mots et expressions clés que je vais utiliser dans mon débat : _____

   _____

   _____

   Débat : ...

4. Est-ce que l'esprit peut avoir une influence sur le corps ? Expliquez.

   Mots et expressions clés que je vais utiliser dans mon débat : _____

   _____

   _____

   Débat : ...

5. Comment percevez-vous les personnes âgées ?

   Mots et expressions clés que je vais utiliser dans mon débat : _____

   _____

   _____

   Débat : ...

6. Quelles sortes de rapports av(i)ez-vous avec vos grands-parents ?

   Mots et expressions clés que je vais utiliser dans mon débat : _____

   _____

   _____

   Débat : ...

7. Pourquoi est-il important de rester jeune dans les civilisations occidentales ?

   Mots et expressions clés que je vais utiliser dans mon débat : _____

   _____

   _____

   Débat : ...

8. Quelle sorte de personne âgée pensez-vous devenir ? (activités lorsque vous serez à la retraite, apparence physique, portrait psychologique, etc.)

   Mots et expressions clés que je vais utiliser dans mon débat : _____

   _____

   _____

   Débat : ...

9. Quels rôles jouent les personnes âgées aujourd'hui dans la société ?

   Mots et expressions clés que je vais utiliser dans mon débat : _____

   _____

   _____

   Débat : ...

Activité G. Conversation de réflexion avant la lecture : Comment préparer sa vieillesse

Les douze cases suivantes correspondent à douze conseils (la dernière case étant votre propre conseil).

- Avec un(e) camarade de classe, sélectionnez **les cinq conseils** qui vous semblent les plus pertinents **pour se préparer à ses vieux jours** en écrivant le numéro correspondant sur le deuxième tableau.

- Seul(e), notez les mots-clés que vous avez l'intention d'utiliser pour justifier les conseils que vous allez donner à votre partenaire ou pour les illustrer avec des exemples.
- Enfin, échangez vos points de vue sur « comment préparer sa vieillesse ».

1 Pour éviter le vieillissement de la peau, il faut éviter le soleil.	2 Pour rester en forme, il faut pratiquer un exercice régulier.	3 Il faut adopter un régime alimentaire sain.
4 Il ne faut pas fumer.	5 L'alcool et les drogues doivent être absolument évités.	6 Il faut prendre des suppléments en vitamines.
7 Il faut épargner de l'argent pour ses vieux jours.	8 Il est essentiel de garder de bons rapports avec ses enfants.	9 Il faut rester intellectuellement actif.
10 Il faut être conscient de sa mortalité et savoir en parler.	11 Il faut outrepasser la beauté normée et apprendre à accepter les rides de la sagesse.	12 _____ _____

Numéro de l'idée	Mots-clés
	_____ _____
	_____ _____
	_____ _____
	_____ _____
	_____ _____

Activité H. Conversation avant et pendant la lecture : « Rester jeune : Une lubie de notre temps ? »

- En lisant l'article « Rester jeune : Une lubie de notre temps ? », recherchez si les affirmations suivantes reflètent les thèses présentées dans le texte. Si c'est le cas, encerclez **Oui ;** dans le cas contraire, encerclez **Non.**

- Avec un(e) partenaire, sélectionnez cinq affirmations que vous aimeriez discuter et commenter avec un(e) camarade de classe.

    1. Le désir de rester jeune reflète le désir de vieillir dans de bonnes   Oui   Non
conditions.

    Réaction : _____

_____

2. La tempérance et la sobriété sont les conseils principaux donnés au fil des siècles pour que les gens restent jeunes et en bonne santé.   Oui   Non

    Réaction : _____

    _____

3. L'espérance de vie a considérablement diminué au cours des cinquante dernières années.   Oui   Non

    Réaction : _____

    _____

4. Dans les pays occidentaux, le devoir de rester jeune, c'est-à-dire de rester en bonne santé, dynamique et de belle apparence est essentiel si on veut réussir dans la vie.   Oui   Non

    Réaction : _____

    _____

5. Dans les sociétés africaines, les religions animistes préconisent que l'âme et l'esprit continuent à grandir avec l'âge, et que la maturité et la sagesse humaine continuent à grandir après la mort.   Oui   Non

    Réaction : _____

    _____

6. Dans les sociétés africaines, plus on est vieux, plus on est proche du sacré.   Oui   Non

    Réaction : _____

    _____

7. Dans les pays occidentaux, la mort est un phénomène caché que l'on adresse très discrètement.   Oui   Non

    Réaction : _____

    _____

8. On ne peut pas empêcher ni le vieillissement ni le mal de vieillir.   Oui   Non

    Réaction : _____

    _____

9. La chirurgie esthétique est un business qui exploite la lubie de rester jeune.   Oui   Non

   Réaction : _____

   _____

10. Ceux qui sont financièrement aisés sont plus à même de s'offrir le luxe de la jeunesse que ceux qui sont financièrement défavorisés.   Oui   Non

    Réaction : _____

    _____

11. Beaucoup de retraités choisissent d'offrir gratuitement des services au sein de leur communauté, ce qui leur permet de maintenir une identité sociale.   Oui   Non

    Réaction : _____

    _____

12. Avec la montée du chômage, les activités professionnelles offertes gratuitement par les retraités sont de moins en moins permises par les autorités administratives.   Oui   Non

    Réaction : _____

    _____

13. Les personnes âgées sont les témoins de l'histoire.   Oui   Non

    Réaction : _____

    _____

14. La ségrégation entre les générations est un bienfait social.   Oui   Non

    Réaction : _____

    _____

15. Nos grands-parents ont, eux aussi, partagé le désir de rester jeune, et c'est grâce à ce désir profond de ce début de siècle que la recherche scientifique a réussi à augmenter l'espérance de vie de la jeune génération.   Oui   Non

    Réaction : _____

    _____

LECTURE A

▽

Rester jeune : Une lubie de notre temps ?

Paul de Brem et Pauline Léna

*Pour répondre à la question « **rester jeune, est-ce une lubie contempo-**
raine ? »,* Eurêka *a réuni la sociologue **Claudine Attias-Donfut,** directeur
de recherche à la Caisse nationale d'assurance vieillesse ; l'historien
Patrice Bourdelais, du Centre de recherches historiques, à l'Ecole des*
5 *hautes études en sciences sociales; **Michel Roger,** gérontologue, chef du
service de gérontologie de l'hôpital Sainte-Périne, à Paris et **Jacqueline**
Trincaz, anthropologue, maître de conférences en sciences de l'éducation à
l'Université Parix-XII.*

EURÊKA: Le désir de rester jeune vous semble-t-il typique du XXe
10 **siècle ? Ou bien a-t-il toujours existé à travers les âges ?**
   PATRICE BOURDELAIS : Il a toujours constitué l'un des objectifs de
l'homme. Sans doute d'abord parmi les élites plutôt que dans la population
dans son ensemble — et c'est en cela que notre époque marque une évolution
très nette par rapport aux périodes antérieures. Mais dès Hippocrate et Galien,
15 dès l'Antiquité, on cherche des moyens de conserver la santé et, au fond, de
vieillir dans de bonnes conditions.

Par quels moyens, par exemple ?
   PATRICE BOURDELAIS : Vous savez, les mêmes conseils sont récurrents
à travers les siècles. Pour l'essentiel, il s'agit d'adopter des comportements de
20 tempérance et de sobriété quant à l'activité physique, sexuelle, à l'alimentation, à la boisson, aux colères, aux humeurs. L'idée est toujours la même :
avant le Déluge, les hommes vivaient très longtemps puisqu'on prétend que
les patriarches ne seraient morts qu'à 1 025 ans. Les hommes de l'époque
médiévale, qui croient en ces chiffres, se demandent pourquoi eux-mêmes ne
25 vivent que quelques dizaines d'années en moyenne. Eh bien, répondent-ils, on
a oublié le secret de l'élixir de jouvence. Une partie importante des

recherches des alchimistes porte alors sur ce domaine. Une grande rupture s'est récemment produite avec cette logique. L'espérance de vie s'est envolée au cours des cinquante dernières années : nous, nous avons trouvé l'élixir de
30 jouvence.

D'autres civilisations ont-elles connu un désir de rester jeune identique au nôtre ?

CLAUDINE ATTIAS-DONFUT : Il me semble que l'existence de ce désir constitue un phénomène très typique de la civilisation occidentale. Symbol-
35 iquement, dans la société africaine, vieillir signifie accumuler un savoir et de l'expérience. Progressivement, tout au long de sa vie et au cours de rites de passage, l'individu acquiert les qualités nécessaires pour devenir une grande personne, c'est-à-dire une personne âgée, dans sa façon de parler, son comportement corporel, son rôle d'éducateur des plus jeunes... Chez nous, au
40 contraire, la fascination pour la jeunesse s'accompagne d'une dévalorisation de la vieillesse.

JACQUELINE TRINCAZ : Dans notre société, rester jeune est d'abord synonyme de santé, de dynamisme et de beauté. Mais pas n'importe quelle beauté, une beauté normée, celle des mannequins auxquels les jeunes aspirent
45 à ressembler. Certes, rester jeune est un fantasme qu'on retrouve au cours de nombreuses époques. Voyez les mythes grecs, par exemple, lorsque Zeus offre à Ganymède la jeunesse éternelle, le plus beau des cadeaux. Mais il existe aujourd'hui, en plus, un « devoir » de rester jeune sous peine de se marginaliser dans notre société de l'image et du paraître, devoir que la télévision
50 entretient.

MICHEL ROGER : Au cours de son histoire, l'Occident a tout de même connu des fluctuations dans sa façon de concevoir la jeunesse. Sous l'Ancien Régime, voici deux cents ans seulement, tout se passait comme si l'enfant n'existait pas. On le vouvoyait quand il appartenait aux classes supérieures et
55 on l'envoyait travailler dans les champs quand il était d'autres classes.

PATRICE BOURDELAIS : La société occidentale n'a effectivement pas toujours magnifié la jeunesse, seulement à certaines périodes très précises, pendant la Grèce antique, par exemple. La République romaine, elle, est une république de sages vieillards...

60 **Si elle a existé, pourquoi cette image du sage vieillard s'est-elle donc tant perdue en Occident ?**

CLAUDINE ATTIAS-DONFUT : Des études ont montré combien le monothéisme, principalement le christianisme — mais on en trouve déjà les bases dans le judaïsme, dans les paroles des prophètes — a supprimé la per-
65 tinence de l'âge : quel que soit son âge, même très avancé, il faut de toute façon renaître pour entrer dans le royaume des cieux. Dans d'autres religions,

au contraire, plus on avance en âge et plus on se rapproche des ancêtres, donc de ce qui est sacré.

70 **Jacqueline Trincaz :** Dans les sociétés africaines, en effet, l'individu grandit en permanence, et cette maturation se poursuit au-delà de la mort. Celle-ci n'est donc pas vécue par les vieux et leur entourage comme une expérience dramatique, elle est apprivoisée, notamment par des rites qui durent parfois plusieurs mois. Notre société, elle, connaît une forte angoisse de la mort. Et l'image du vieillard, que les médias refoulent, est associée à cette an-
75 goisse.

Michel Roger, vous qui côtoyez des personnes âgées toute la journée, comment ont-elles l'impression d'être vues par la société ?

Michel Roger : Celles qui vivent en institution, c'est-à-dire une minorité, mais exemplaire, ont le sentiment d'être exclues. Elles ont quitté leur
80 appartement pour se retrouver en hôpital où elles ont le sentiment d'être mises à part. La mort, pourtant, est acceptée chez ces gens très âgés, malades et dépendants — la moyenne d'âge des 200 personnes de mon service atteint 90 ans environ. Je pense que l'image des personnes âgées peut changer dans les années à venir, la démographie poussant un nombre toujours croissant de
85 personnes vers les âges élevés.

Jacqueline Trincaz : Effectivement, elles n'ont pas peur de la mort. Est-ce que l'on peut dire pour autant que la société a apprivoisé la mort ? Je ne crois pas. Très souvent, quand une personne meurt au sein d'une institution, on n'en parle pas, on escamote le corps, on l'évacue vite, on refait la
90 chambre. Une autre personne prend sa place...

Michel Roger : Vous avez raison. Quand on parle avec les personnes âgées, on s'aperçoit qu'elles préfèrent assister aux derniers instants de leur compagnon de chambre, l'aider, être avec lui. Elles constatent à cette occasion comment le personnel, la famille, accueillent cette disparition. Cela les rassure.
95 Aujourd'hui, plutôt que de tirer un paravent qui cache le mourant à tous, on le considère comme un vivant jusqu'au bout. Il y a vingt ans, seuls l'externe et l'infirmière allaient le voir et l'accompagnaient. C'était scandaleux.

Claudine Attias-Donfut : Ce qui est très important, c'est que cette peur de la mort, très présente vers 50, 60 ans, diminue aux grands âges. Le
100 fait de la côtoyer, en voyant mourir ses amis, les membres de sa famille, la rend moins extraordinaire, moins étrangère. La mort devient un élément de la vie.

> « Le **désir de jeunesse** est caractéristique de la **civilisation occidentale** »

JACQUELINE TRINCAZ : Peut-être la redécouverte des soins palliatifs, soins spécialisés dans l'accompagnement des personnes en fin de vie, constitue-t-elle le ferment de futurs changements dans notre société. La mort d'un
105 proche à domicile, aux dires de ceux qui l'ont vécue, les enrichit énormément. Ils en sortent, disent-ils, souvent transformés. Peut-être s'agit-il là de la redécouverte de l'être.

MICHEL ROGER : Les soins palliatifs ont toute leur noblesse et sont indispensables. Mais il ne faut pas oublier pour autant l'importance des soins
110 curatifs. On ne peut pas empêcher le vieillissement, mais on peut empêcher le mal de vieillir. Et puis, c'est là où on rejoint peut-être le thème initial de notre débat, acquérir un sonotone pour entendre les conversations comme avant, ce n'est pas de la lubie. Se faire faire quatre liftings, c'en est !

— *Eurêka,* BAYARD PRESSE, février 1997

Activité I. Conversation en réaction à la lecture : Synthèse de points de vue

Dans l'**Activité H** vous avez exprimé vos réactions vis-à-vis des idées principales présentées dans le texte. Vous avez également entendu les réactions de votre partenaire de discussion. Choisissez un nouveau partenaire de discussion et rapportez cinq de vos échanges précédents en tenant compte des différences d'opinion (entre vous, votre partenaire et le texte). Avant de commencer vos discussions, écrivez les thèmes dont vous voulez parler, inscrivez les mots-clés comme aide-mémoire, puis présenter votre analyse à votre nouveau partenaire.

MODELE :

Thème	Mots-clés
1993, année solidarité entre les générations	**Moi :** année dédiée, solidarité, rapprochement, générations, communication, importante, manque de temps,... **Premier(-ère) partenaire :** visites régulières, longues discussions avec la grand-mère, grand-père avec problèmes de mémoire, communication de cœur à cœur,... **Texte :** sagesse des personnes âgées, richesse de leurs expériences, communication enrichissante, témoignage historique,...

Communication orale :

Je ne savais pas que 1993 était l'année dédiée à la solidarité et au rapprochement entre les générations. Je pense que la communication entre les générations est extrêmement importante, mais je reconnais que le manque de temps me limite beaucoup dans mes contacts personnels. Quant à Lydie, ma première partenaire, elle me dit qu'elle voit ses grands-parents une fois par semaine et qu'elle a de longues discussions, surtout avec sa grand-mère. Son grand-père a quelques problèmes de mémoire, et son usage de la langue n'est pas toujours clair. Mais même s'il est difficile de communiquer avec les mots, elle fait de son mieux pour communiquer avec son cœur. En tout cas, Lydie aime écouter la sagesse de sa grand-mère, et comme dit l'article, cette sagesse que les personnes âgées nous transmettent est une richesse phénoménale pour les jeunes qui choisissent d'écouter leur témoignage historique.

Expressions utiles :

Je ne savais pas que...

Je pense que...

Quant à elle... (quant à lui...)

XXXX me dit que...

En tout cas,...

Je dirais que...

Ceci montre que, en règle générale,...

L'idée est toujours la même : ...

Il me semble que...

Les études ont montré que...

Et puis,...

Jusqu'à aujourd'hui je n'avais pas réalisé que...

Mais je reconnais que...

L'article nous explique que...

Mais même si...

Comme dit l'article,...

On touche là un problème de fond : ...

Au fond,...

On se demande pourquoi...

Pour XXXX, au contraire,...

Il faut, de toute façon, reconnaître que...

(*autre*)

Thèmes	Mots-clés

Activité J. Et nous ? Débats à bâtons rompus

En petits groupes, parlez à bâtons rompus de vos points de vue personnels concernant les questions de santé, du rôle des jeunes années qui préparent les gens à vieillir confortablement. Par exemple, parlez du style de vie d'un minimum de cinq personnes que vous connaissez, et formulez des prédictions logiques sur le futur et comment vous les voyez vieillir.

MODELE : Mon camarade de classe se saoule souvent le week-end, et en semaine il boit beaucoup trop de bière. Il va certainement développer des problèmes de foie, prendre du poids et perdre la mémoire. S'il continue à boire, il ne va pas vivre très vieux, et il se pourrait même qu'il finisse dans un hôpital lors d'une crise de délirium.

Activité K. Synthèse : La jeunesse éternelle, le plus beau des cadeaux

Dans un des mythes classiques grecs, Zeus offre à Ganymède la jeunesse éternelle décrite comme « le plus beau des cadeaux ». Si vous étiez Zeus, quelle définition et quelle forme de jeunesse choisiriez-vous pour votre cadeau de jeunesse éternelle et inaltérable ? Pourquoi est-ce que la jeunesse est considérée comme le plus beau des cadeaux ? Prenez trois minutes pour préparer vos idées et vos arguments. Puis, engagez-vous dans une discussion animée en groupe de trois ou quatre. Lors de vos échanges, rappelez-vous d'écouter attentivement vos camarades, de peser le bien fondé de leurs arguments, et de les inclure dans votre logique.

REALISATION ET ECRITURE

Objectif

• Ecriture d'une dissertation analytique

Objectifs de la dissertation analytique

• Formuler, interroger et analyser un problème ;
• Disserter (du latin *serere* = **nouer**), c'est-à-dire, apporter une réponse critique à un sujet par un raisonnement logique ;
• Définition d'une problématique.

Organisation de la dissertation analytique

• Trois parties: l'introduction, le développement et la conclusion.
• L'INTRODUCTION est présentée en trois étapes :

  1. l'entrée en matière : les deux ou trois premières phrases adoptent un angle d'approche pour capter les lecteurs et les mener vers la formulation d'une problématique ;
  2. la formulation de la problématique doit être clairement posée ;
  3. la logique de la dissertation est annoncée afin de mener les lecteurs vers le développement du devoir.

- En tout cas, sachez que les premières lignes de votre introduction sont déterminantes et qu'elles donnent à la fois le thème et le ton de votre devoir.

- LE DÉVELOPPEMENT devra suivre le plan annoncé dans l'introduction. Chaque raisonnement logique devra être supporté par un ou plusieurs exemples ou démonstrations pour rendre vos idées plus concrètes ; les transitions entre chaque partie principale de votre développement permettront de veiller à la cohérence de votre démonstration. La logique générale du texte est donnée par des mots de liaison. Les principaux rapports des idées entre elles sont : la conséquence, l'opposition, le but, la cause, l'accumulation, etc.

- LA CONCLUSION propose un bilan. Le rôle de la conclusion dans un devoir analytique est de clore la discussion, d'offrir une réponse synthétique, puis de proposer une nouvelle ouverture pour continuer la réflexion sur la problématique traitée dans le devoir.

Thèmes possibles pour votre dissertation

- Pourquoi vouloir rester jeune ?

- Pourquoi est-il important d'adopter des habitudes saines dès ses plus jeunes années ?

- Où en est la recherche sur le sida ?

- Pourquoi tant de dépression de nos jours ?

- Pourquoi la drogue ?

- Autre thème de votre choix à discuter avec votre professeur.

Exercice 1. Premiers pas : Présentation (introduction) d'une problématique

Nous venons de voir que l'introduction d'une dissertation analytique devrait typiquement être composée de trois parties: (1) l'entrée en matière, (2) la formulation de la problématique, (3) l'annonce du plan. Le modèle ci-dessous illustre cette organisation et vous servira de base pour présenter différentes problématiques.

MODELE :

(1) Ce siècle a été marqué par l'apparition d'une maladie mystérieuse qui a engendré la mort de millions de personnes sur notre planète. Paradoxalement, malgré les progrès notables de la science, cette maladie reste extrêmement mortelle. (2) Il est donc juste de se demander pourquoi la recherche sur le sida n'offre pas de réponse déterminante. Faut-il y voir une conspiration ? Y a-t-il une politique cachée enfouie dans les dossiers secrets ? Ou est-ce simplement le reflet de notre faiblesse humaine ? (3) Face à de telles questions nous allons examiner ce que les laboratoires de recherche ont à offrir. La lenteur de leurs progrès nous amène en effet à soulever les questions suivantes : Que font les chercheurs ? Pourquoi est-il si difficile de trouver un vaccin ? Y a-t-il d'autres axes de recherche ? Les traitements sont-ils au moins meilleurs qu'avant ? Y a-t-il une lueur d'espoir et d'optimisme ?

A vous ! *Ecrivez une introduction sur une problématique de votre choix. Cette problématique devra être reliée au domaine de la santé. Intégrez la numérotation (1), (2), (3) utilisée dans le modèle afin de vous assurer que vous intégrez bien les trois parties nécessaires à la formulation de l'introduction pour la dissertation analytique. Une liste d'expressions utiles est mise à votre disposition pour vous assister dans votre travail de transition et de cohésion.*

Expressions utiles :

Il est vrai que...

Il est bien connu que...

Quand on analyse...

En règle générale...

Face à...

Ainsi...

Il faut donc se demander pourquoi...

L'idée de...

Notre vie a été marquée par...

Nous examinerons d'abord... puis... enfin...

A première vue...

De nos jours...

Supposons que...

Compte tenu de ceci...

Introduction à la problématique (de votre choix)

_____

_____

_____

_____

_____

_____

_____

_____

_____

_____

_____

_____

_____

Exercice 2. Ecriture spontanée

Relisez la problématique que vous venez de poser dans votre travail d'introduction. Sans vous soucier ni de l'orthographe, ni de la grammaire, ni de la structure du paragraphe, écrivez spontanément pendant cinq minutes sur la même problématique. Ne vous arrêtez pas d'écrire ! Votre professeur vous dira quand les cinq minutes se seront écoulées.

En Classe :

A. Une fois les cinq minutes écoulées, lisez ce que vous avez écrit. Soulignez les expressions et les phrases qui vous semblent les plus appropriées et les plus intéressantes.

B. Prenez une autre fiche ou une autre feuille de papier et refaites votre paragraphe en gardant les meilleures phrases que vous avez soulignées dans la première version et en développant les idées que vous aimez (pour l'instant, ne vous souciez toujours pas de l'orthographe ni de la grammaire). N'hésitez pas à demander à votre professeur les mots et expressions dont vous avez besoin. Voici des listes d'expressions qui vous aideront à relier vos idées entre elles.

Expressions de conséquence

Par conséquent,...

Autant qu'on puisse en juger,...

Logiquement parlant,...

En toute logique,...

Il est clair que,...

Donc,...

De là,...

Bien évidemment,...

Il va sans dire que...

En effet,...

Ainsi,...

Expressions d'opposition

Quoi qu'il en soit,...

On attache de l'importance à cette idée, mais...

En dépit du fait que (+ verbe à l'indicatif)...

D'autre part,...

En fait,...

Cependant,...

Au contraire,...

En revanche,...

Par contre,...

Néanmoins,...

Toutefois,...

Expressions pour indiquer le but

Afin de...

Dans ce but,...

Dans cette optique,...

Dans cette perspective,...

En vue de cela,...

Pour (+ verbe à l'infinitif)...

Expressions pour indiquer la cause

A cause de cela,...

De ce fait,...

Du fait de (+ nom)...

Du fait que (+ verbe à l'indicatif)...

Compte tenu de ceci, il est clair que...

Compte tenu de ceci, il est évident que...

Accumulation/Rapport chronologique	Conclusion/Résumé
De plus,...	A tout prendre,...
On ne dira jamais assez que,...	En d'autres termes,...
De plus en plus,...	En résumé,...
Souvent,...	On est tenté de conclure que...
Ensuite,...	Bref,...
En attendant,...	En fin de compte,...
Entre temps,...	Toute réflexion faite,...

C. Mettez-vous maintenant en groupes de trois ou quatre personnes et lisez vos paragraphes à haute voix (lentement). Ceux qui écoutent doivent signaler ce qu'ils n'ont pas bien compris et proposer comment vous pourriez développer vos idées.

Liste de prise de notes pour ceux qui écoutent :

1. Problématique : _____

2. Quelles sont les phrases que vous aimez ? _____

_____

_____

3. Quels conseils donner pour que votre partenaire continue à travailler sur ce texte ?

_____

_____

4. Offrez une liste supplémentaire de vocabulaire sur la problématique traitée, afin d'aider votre partenaire dans son travail d'expansion à la maison : _____

_____

_____

5. Ecrivez une phrase que vous voulez offrir à votre partenaire pour son texte :

_____

_____

Chez vous :

Considérez les questions suivantes au fur et à mesure que votre travail d'écriture avance.

1. Quel titre original pourrais-je trouver pour attirer l'attention des lecteurs ? _____

   _____

   _____

2. Ai-je bien présenté la problématique dans mon introduction ?	Oui	Non
3. Ai-je intégré les conseils et suggestions de mes partenaires dans mon travail ?	Oui	Non
4. Ai-je rassemblé assez d'expressions reliées au sujet ?	Oui	Non
(Le vocabulaire et les expressions nécessaires à l'écriture doivent être recherchés avant de commencer la rédaction, sans quoi votre travail sera souvent interrompu.)		
5. Ai-je identifié les questions que je veux poser dans mon texte ?	Oui	Non
6. Ai-je formulé mes idées clairement et de façon cohérente ?	Oui	Non
7. Ai-je utilisé assez d'expressions de transition ?	Oui	Non
8. Ai-je bien présenté la problématique de départ dans mon introduction ?	Oui	Non
9. Ai-je écrit une conclusion qui inspire ?	Oui	Non
10. Ai-je vérifié l'usage de la grammaire ?	Oui	Non
11. Ai-je fait attention aux répétitions ?	Oui	Non
12. Ai-je vérifié l'orthographe ?	Oui	Non
13. Ai-je vérifié la ponctuation ?	Oui	Non
14. Pour les mots recherchés dans le dictionnaire, suis-je sûr(e) de mon choix ?	Oui	Non
15. Est-ce que j'aime ce que j'ai écrit ?	Oui	Non

Exercice 3. Ecriture de réflexion avant la lecture : Les drogues sont dangereuses.

Voici une liste de produits considérés comme drogues. Certaines drogues s'achètent au supermarché, d'autres sont interdites par la loi. Tous les produits de la liste ci-dessous ont des effets nocifs plus ou moins dangereux, voir mortels. Pour chacune de ces drogues, écrivez les effets que vous connaissez en réutilisant certaines expressions offertes ci-dessous pour faciliter votre expression. N'hésitez pas à donner des exemples pour illustrer votre démonstration.

Expressions utiles :

agir sur le corps	agir sur le comportement
fumer	avaler
injecter dans les veines	rendre dépendant / s'habituer / l'accoutumance
donner des hallucinations	ne pas pouvoir s'en passer
dur de s'arrêter	la dose / l'overdose
période de manque	les contractions violentes
les drogues légales	les drogues illégales
les drogues douces	les drogues dures
donner sommeil	rendre parano
rendre léthargique	donner beaucoup d'énergie
être très dangereux	les seringues infectées
sniffer	faire comme tout le monde dans le groupe

1. le thé et le café : _____

_____

_____

2. le tabac : _____

_____

_____

3. les amphétamines (somnifères et autres médicaments contre l'angoisse) : _____

_____

_____

4. l'alcool : _____

_____

_____

5. le cannabis : _____

_____

_____

6. la cocaïne (le crack, l'ecstasy) : _____

_____

_____

7. autres drogues dures (le LSD, l'héroïne) : _____

_____

_____

Exercice 4. Ecriture de réflexion avant et pendant la lecture : Pourquoi la drogue ?

Lisez les questions ci-dessous. Ensuite, lisez l'article pour répondre à ces questions et écrivez vos réponses en fonction de ce que l'article dit.

1. Bien qu'illégale, pourquoi est-ce que les jeunes adolescents utilisent de la drogue ? _____

_____

_____

_____

2. Quelle est la drogue légale la plus facile à obtenir ? Quels sont les effets de cette drogue ? _____

_____

_____

_____

3. Dans quelle mesure est-ce que la pression de groupe incite à un usage social de la drogue ? _____

_____

_____

_____

4. Dans quelles circonstances est-ce que les adolescents commencent à s'accoutumer à la drogue ?

_____

_____

_____

5. Quelles solutions peut-on trouver dans la communication ? _____

_____

_____

_____

LECTURE B

Pourquoi la drogue ?

Sylvaine de Paulin

La drogue est partout, dans la rue, près des collèges, dans les journaux, au cinéma. Est-ce que cela veut dire qu'on ne peut pas vivre sans drogue ? Que la réponse à tous les problèmes, c'est la drogue ?

5   Pourquoi la drogue ? C'est souvent au moment de l'adolescence que nous nous posons cette question. Parce qu'on découvre tout à coup que, bien que ce soit interdit, par la famille ou par la loi, la drogue est facile à obtenir, que des copains ont déjà essayé et qu'ils vous proposent même d'y goûter. Et bien que l'on sache que cela fait des dégâts, on peut être tenté d'y toucher.

Pour essayer

10   C'est souvent pour essayer qu'on a envie de prendre une drogue pour la première fois. Et pas seulement dans les banlieues, mais partout, même dans les bourgs et les villages. Autant chez ceux qui ont de l'argent que chez ceux qui n'en ont pas.

La première drogue recherchée pour ressentir du plaisir et de l'excita-
15   tion, c'est l'alcool, souvent la bière, qu'on peut acheter facilement en France,
même si la vente est interdite aux mineurs. Ensuite, les cigarettes qu'on ob-
tient, là encore, avec toute facilité dans les bureaux de tabac.

Pour faire comme les autres

Et puis, au cours d'une soirée, quand un petit groupe a l'air de faire
20   clan autour d'une drôle de cigarette, on se dit : « *Pourquoi rester à l'écart ?*
Comment faire partie du groupe ? » On est tenté de « fumer » le hasch avec
les autres...

Pour oublier

Très souvent les expériences s'arrêtent là. Et les nombreux adolescents
25   qui ont fumé quelques « pétards » et pris quelques « cuites » ne sont pas des
drogués et ne vont pas le devenir.

En revanche, certains jeunes qui ont goûté au plaisir de la drogue
éprouvent le besoin de retrouver à nouveau la sensation éprouvée. Lorsqu'on
se met à consommer une drogue de plus en plus souvent, il faut avoir le
30   courage de se dire, « *Pourquoi ?* »

Peut-être pour rien. Mais souvent aussi, parce que c'est difficile de
grandir, d'abandonner l'enfance et d'entrer dans le monde des adultes. A
l'adolescence, la vie paraît trop dure. On se sent nul et moche. D'ailleurs tout
le monde dit qu'on n'arrivera à rien.

35   Souvent aussi, les problèmes des parents sont trop lourds à porter, seul,
dans le silence. L'avenir fait peur. Parfois, la violence qui règne dans la
famille est insupportable. On a envie d'aimer, mais l'amour effraie. Avec ce
corps nouveau, encore un peu étranger, on se demande si on pourra aimer un
jour. On se sent seul et rejeté par les autres. Parfois, au contraire, la vie paraît
40   trop fade, et pleine d'ennui. On a l'impression que personne n'écoute quand
on hurle, ou qu'on murmure : « *Ça va mal.* » Alors, bien sûr, la drogue, cela
paraît formidable : elle apporte le bien-être immédiat et la cruauté de la vie
disparaît. Mais le lendemain, la vie est toujours aussi dure.

Dire « Ça va pas »

45   Quand la vie est trop dure, au lieu de chercher à oublier dans la drogue,
il faut absolument en parler : avec des proches, avec des amis, avec un adulte
en qui on a confiance. C'est quelquefois plus facile de se confier à quelqu'un
que l'on connaît moins bien, comme un prof. On n'est jamais stupide ou
ridicule en disant « *Ça va pas* ». Tous, à un moment de notre vie, nous pou-

50 vons dire, « *Ça va pas* ». Et si on voit un copain qui a l'air de « plonger », il
    faut avoir aussi le courage de lui demander pourquoi, et d'écouter sa réponse.
    S'il vous dit : « *Tu ne peux pas comprendre, tu ne sais pas ce que c'est* », lui
    dire : « *D'accord, je ne sais pas, mais je vois comment tu es* ».

    C'est vrai, c'est dur ou sans intérêt de se lever le matin, certains jours.
55 Mais nous avons tous en nous, parfois enfoui sous des tonnes de tristesse et
    de désespoir, la passion de la vie.

Paroles

    « Je sniffe souvent parce que je m'ennuie, je me sens seul, ma mère
    n'est jamais là et mon père en a rien à foutre de moi depuis qu'il a des en-
60 fants avec une autre femme. »

    « Ma sœur se drogue. Je voudrais en parler avec mes parents, mais tout
    le monde me dit que je suis trop jeune pour comprendre, comme si je n'exis-
    tais pas. »

    « Mon père et mon frère sont alcooliques. Moi, je me sens mal dans ma
65 peau, j'ai peur. Je n'en ai pas envie, mais j'ai peur. »

    « On va vivre un truc intense et après on s'en prend plein la gueule.
    Ça m'avait mis dans un sale état mais il y a des gens qui peuvent passer à
    travers. »

    « Je me croyais fort, je me rends compte que je ne le suis pas. J'ai
70 arrêté il y a un mois. Je commence à craquer. La nuit, ça me prend la tête, je
    ne peux pas dormir. Il faut vraiment que je parle à quelqu'un. »

    Ces paroles ont été recueillies par les personnes qui écoutent au bout du fil de
    Drogue Info Service, un numéro d'appel anonyme et gratuit sur toute la
    France.

    — *Okapi n° 559*, BAYARD PRESSE, mar 1995

Exercice 5. Analyse du texte : « Pourquoi la drogue ? »

Le texte que vous venez de lire est très clairement organisé et sa logique mérite notre attention. Lors de votre analyse, considérez les questions ci-dessous en remplissant le tableau qui suit.

1. Est-ce que l'introduction reflète les trois parties précédemment étudiées ?

2. Le développement répond-il à la problématique posée dans l'introduction ?

3. La conclusion propose-t-elle une réponse et une ouverture vers un autre axe de pensée ?

4. Dans chacune des parties étudiées quels changements proposeriez-vous ?

Parties du texte	Organisation du texte / changements proposés
Introduction	Logique du texte : _____ _____ Changements : _____ _____
Développement Pour essayer Pour faire comme les autres Pour oublier	Logique du texte : _____ _____ Changements : _____ Logique du texte : _____ _____ Changements : _____ _____ Logique du texte : _____ _____ Changements : _____ _____
Conclusion Dire « Ça va pas »	Logique du texte : _____ _____ Changements : _____ _____

Exercice 6. Analyse du lecteur implicite

L'article sur la drogue que vous venez de lire peut intéresser une audience assez vaste. Qui, d'après vous, est intéressé par la lecture d'un tel article sur la drogue ? En d'autres termes, à qui Sylvaine de Paulin, auteur de l'article, s'adresse-t-elle ?

1. le public en général

   Pourquoi/pourquoi pas ? _____

   _____

2. les jeunes

   Pourquoi/pourquoi pas ? _____

   _____

3. les parents

   Pourquoi/pourquoi pas ? _____

   _____

4. les psychologues

   Pourquoi/pourquoi pas ? _____

   _____

5. les sociologues

   Pourquoi/pourquoi pas ? _____

   _____

6. les professeurs

   Pourquoi/pourquoi pas ? _____

   _____

Exercice 7. A la recherche du sujet motivant

   A. Avant de prendre une décision finale sur le sujet que vous aimeriez développer, il est important de lire différents articles qui vous aideront à déterminer le sujet le plus motivant. En plus des publications que vous pouvez consulter à la bibliothèque universitaire, sachez que vous pouvez également accéder à des dossiers intéressants sur le Web. Voici quelques pages :

http://www.pratique.fr/sante/forme Cette page vous permettra d'explorer les sujets suivants : (1) le stress et la fatigue, (2) le sommeil, (3) les troubles du sommeil, (4) le sport et la santé, (5) les effets du sport, (6) choisir un sport, (7) les méthodes de relaxation, (8) le stretching. Au sein de chaque catégorie, plusieurs articles vous seront offerts.

http://www.pratique.fr/sante Cette page vous permettra d'explorer les dossiers suivants : (1) Le droit et la santé, (2) le sida, (3) les examens médicaux, (4) l'alimentation et la diététique, (5) les médecines naturelles.

B. *En groupe de deux, passez en revue les thèmes proposés p. 84, ainsi que le thème adopté pour votre écriture spontanée, puis passez aux étapes suivantes.*

1. Réfléchissez à d'autres sujets possibles que le chapitre ne propose pas. Préparez une version claire de votre liste que vous afficherez sur le tableau (votre professeur aura du papier collant).

2. Une fois tous les sujets affichés, toute la classe ira au tableau pour étudier et s'inspirer des nouveaux thèmes proposés. Pour chacun des nouveaux sujets proposés, discutez les points suivants avec quelqu'un en classe :

   a. Quels lecteurs pourraient s'intéresser à ce sujet?

   b. Le sujet est-il facile à traiter ?

   c. Cela demande-t-il beaucoup de recherche ?

   d. Quel style conviendrait le mieux ?

   e. Quels arguments peut-on offrir ?

3. Après vos discussions, reprenez vos listes et faites tous les changements que vous voulez (rendez vos sujets plus spécifiques ou plus généraux ; ajoutez d'autres sujets à votre liste ; éliminez-en d'autres (si nécessaire). A côté de chaque sujet, (1) écrivez le genre de lecteur qui s'intéresserait à un tel sujet, ainsi que (2) le genre de recherche à faire. Ecrivez une version finale de votre liste commentée, et mettez-la sur le tableau d'affichage destiné à cette intention (consultez votre professeur), ou envoyez-la au reste de la classe par courrier électronique afin que toute la classe puisse consulter vos commentaires.

Exercice 8. Première version du manuscrit final

Chez vous, développez la problématique que vous avez finalement sélectionnée en suivant ces étapes :

1. Ecrivez la problématique que vous avez l'intention de traiter dans votre manuscrit EN MAJUSCULE.

2. Faites une liste point par point des étapes qui vont constituer le raisonnement que vous allez développer dans chaque paragraphe (est-ce que le raisonnement traite directement de la problématique initiale ?).

3. Faites une liste de tous les mots-clés possibles dont vous aurez besoin pour développer votre analyse.

4. Faites quelques recherches pour donner plus de validité à votre logique.

5. Organisez vos notes, puis écrivez votre première version.

6. **Apportez votre manuscrit en classe et préparez-vous à expliquer :**

   - qui est votre destinataire ;
   - quel est le but de votre manuscrit (éduquer, faire un rapport, contrecarrer des préjugés, expliquer, décrire, critiquer, amuser, comparer,...) ;
   - où vous aimeriez publier votre manuscrit (dans un journal, magazine, brochure, lettre personnelle, lettre à l'éditeur, le Web,...).

Exercice 9. Editez votre propre manuscrit !

A la maison :

   A. Sans regarder votre texte, inscrivez sur une feuille de papier la problématique que vous avez décidée de soulever.

   B. Une fois terminée, relisez votre première version. Localisez où se trouve la problématique de départ et soulignez-la. Très probablement, elle sera mentionnée dans la deuxième partie de votre introduction. Rappelez-vous que le but de l'introduction est avant tout d'inciter la curiosité des lecteurs à lire votre manuscrit, d'où l'importance des deux premières phrases de l'introduction. Vos lecteurs s'attendront donc à ce que la problématique soit traitée par une analyse logique, originale et séduisante. Par conséquent, votre raisonnement doit être directement relié à la problématique de départ et doit s'enchaîner de façon agréable dans votre développement. Si vous n'arrivez pas à visualiser l'organisation de votre texte par arguments, et si la logique semble quelque peu boiteuse à certains endroits, retravaillez votre texte afin que votre analyse se détache et s'enchaîne clairement.

   C. Afin de considérer la logique de votre raisonnement, tirez des traits et dessinez des flèches pour montrer comment vos idées s'enchaînent et se complètent. Rappelez-vous que chaque paragraphe doit traiter d'un aspect à la fois (voyez si vos traits et flèches relient deux ou plusieurs idées localisées dans d'autres paragraphes : Si le cas est fréquent, c'est signe que vous devez retravailler l'organisation de votre manuscrit).

   D. Sur un coin de votre feuille, inscrivez en quelques mots la séquence logique générale de votre manuscrit. Pour chaque paragraphe, inscrivez dans la marge la séquence logique de votre développement analytique. Enfin, est-ce que la conclusion propose un bilan ? Est-ce que la conclusion offre une réponse ? Propose-t-elle une nouvelle ouverture pour continuer la discussion dans un nouvel axe de pensée ?

    E. Eliminez les mots fades tels que **être, avoir, faire, chose,...** autant que possible.

    F. Relisez votre manuscrit plusieurs fois afin de corriger les fautes de langue, les fautes de frappes, etc. (portez une attention particulière à vos propres points faibles tels que certains points de grammaire, l'orthographe, l'usage des temps, les accords, la conjugaison,...).

    G. Ecrivez une nouvelle version en tenant compte de vos nouvelles idées et des changements que vous avez faits. Une fois que la deuxième version est écrite, refaite une lecture en repassant par toutes les étapes de cette activité. Puis, si nécessaire, écrivez une troisième version.

    H. Préparez-vous à apporter votre manuscrit en classe.

En classe :

- En groupe de deux, échangez votre manuscrit avec votre partenaire.
- Editez le manuscrit de votre camarade de classe en fonction des critères suivants:

A. Organisation et cohésion textuelle (introduction, transitions, conclusion)

Expliquez quels sont les points forts et les points faibles : _____

_____

Changements suggérés :

_____

_____

B. Logique de l'analyse :

Expliquez quels sont les points forts et les points faibles : _____

_____

Changements suggérés :

_____

_____

C. Compréhensibilité et cohérence

Expliquez quels sont les points forts et les points faibles : _____

_____

Changements suggérés :

_____

_____

D. Vocabulaire et syntaxe

Expliquez quels sont les points forts et les points faibles : _____

_____

Changements suggérés :

_____

_____

E. Grammaire et ponctuation

Expliquez quels sont les points forts et les points faibles : _____

_____

• Si vous n'êtes toujours pas sûr(e) de quelque chose, n'hésitez pas à poser des questions à votre professeur.

A la maison :

• Tapez la nouvelle version de votre manuscrit en tenant compte des commentaires, recommandations et changements soumis par votre camarade de classe.

En classe :

• Rendez votre manuscrit à votre professeur qui fera des commentaires supplémentaires avant d'écrire la toute dernière version. Après la deuxième version, votre professeur affichera votre travail sur le Web pour que vos écrits soient lus par le monde entier.

CURIOSITES CULTURELLES

Pour faire face au stress et aux problèmes de dépression qui se multiplient lors de notre passage vers le troisième millénaire, beaucoup de Français se tournent vers la philosophie du Nouvel Age, une philosophie qui apparaît comme un mélange de religion, d'écologie et d'humanisme. Voici ce que Gérard Mermet, auteur de Francoscopie 1997 (Larousse : Paris) nous dit à ce propos.

Comme beaucoup d'Occidentaux, les Français sont de plus en plus nombreux à être convaincus ou séduits par cette vision de l'avenir. Inspiré par l'astrologie, le Nouvel Age a pour point de départ le passage du Soleil dans le signe du Verseau, après vingt siècles dans le signe des Poissons. Le monde
5 serait donc entré dans une ère de grande mutation (d'une durée de 1 000 ans) qui verra l'homme retrouver l'harmonie avec la nature, avec le cosmos et avec lui-même. L'âge de l'« être » remplacerait celui de l'« avoir ».

La vocation du Nouvel Age est à la fois philosophique, universelle et globalisante. Il s'agit de réunifier la science et la conscience, l'individu et la
10 collectivité, l'Orient et l'Occident et même le cerveau droit de l'homme (siège de l'instinct, de la fantaisie et du rêve) avec son cerveau gauche (lieu de la raison et de l'intelligence). Ces idées à la fois généreuses et exotiques sont d'autant mieux acceptées qu'elles arrivent au moment où la science doute d'elle-même, où l'humanité craint pour sa survie.

15 ...mais la dimension matérialiste n'est pas absente et certaines pratiques sont dangereuses. Les demandes spirituelles sont souvent l'objet d'une exploitation commerciale. Comme ceux des sectes, les gourous du Nouvel Age sont parfois de bons commerçants et vendent à leurs adeptes les moyens de transformer leur mode de vie et même leur personnalité. Pour parvenir à
20 l'harmonie promise, ils doivent d'abord surveiller leur alimentation (végétarisme, macrobiotique, instinctothérapie...). Il leur faut surtout accroître leur énergie (laquelle serait plus importante que la matière) par des méthodes de développement personnel dont certaines ne sont pas sans risque. Nombre de ces pratiques relèvent davantage de l'ésotérisme ou du charlatanisme que
25 d'un humanisme désintéressé.

Outre ces pratiques destinées aux individus, le Nouvel Age se propose de remettre en cause les structures sociales et les institutions et de réaliser le syncrétisme religieux. Il s'appuie sur le besoin de sens et le désir de privatisation de l'expérience religieuse.

Chapitre 4

L'EDUCATION
L'art d'argumenter, étape 1

INTRODUCTION

Dans ce chapitre vous aborderez le thème de l'éducation sous divers aspects. La satire de Claire Brétecher vous permettra d'examiner comment les Français se moquent eux-mêmes de leur prétendu snobisme intellectuel. Ensuite, vous vous interrogerez sur l'importance de la crise que traversent à l'heure actuelle les écoles et les universités françaises ; la violence et les controverses concernant les programmes scolaires en sont deux exemples.

L'œuvre de Bassek Ba Kobhio, romancier et cinéaste camerounais, sera un point de départ pour une discussion où vous évaluerez les problèmes auxquels font face les éducateurs camerounais.

Tout en explorant et en communiquant vos propres idées au sujet de la formation universitaire, vous apprendrez à vous servir de plusieurs stratégies linguistiques et rhétoriques, ce qui vous aidera à convaincre votre interlocuteur / interlocutrice de la justesse de vos arguments.

EXPLORATION ET CONVERSATION

Activité A. Engageons le dialogue : Qu'est-ce que c'est qu'un(e) intellectuel(le) ?

Répartissez-vous par groupes de deux ou trois personnes et proposez des définitions pour les termes « intellectuel » et « la satire ». Vérifiez ensuite le sens de ces deux mots dans un dictionnaire français tel que *Le Petit Robert.*

1. Expliquez ce que veut dire selon vous cette bande dessinée.
2. Identifiez les moments satiriques dans cette bande dessinée. Les autres membres de votre groupe ont-ils choisi les mêmes moments ? Etes-vous tous d'accord sur l'interprétation de cette satire ?

Activité B. Réflexion avant la lecture : Comment rendre une argumentation plus percutante ?

1. Prenez trois minutes pour noter brièvement ce sur quoi il faut mettre l'accent dans une argumentation pour convaincre un adversaire qui s'accroche à son point de vue.

En octobre 1998, déçus du manque de changements qu'ils ont retrouvé à la rentrée, les lycéens ont fait la grève. Voici quelques-unes de leurs revendications et plaintes :

- Nos locaux sont pourris !
- On n'a pas assez de profs !

—Dessin de Claire Bretécher dans Les Frustrés © Le Nouvel Observateur

- Il y a trop d'effectifs dans les cours.

- On n'a pas tous les mêmes chances de réussite !

— Le Nouvel Observateur, 22 – 28 octobre 1998, p. 110

Face à ces revendications, Jacques Julliard, éditorialiste pour le *Nouvel Observateur* constate :

> Tous les Français — 88%, c'est l'unanimité — sont derrière les lycéens, leurs lycéens ! ... Et pourtant, je vous le dis, la réforme des lycéens n'aura pas lieu. Pourquoi ? Parce que c'est une blague, un mot valise. Une bulle de savon. Une sentence pour éditorialiste. Un propos de café de commerce. Une balançoire nationale... Interrogez dix personnes dans la rue. Neuf, on vous l'a dit, se prononceront pour la réforme des lycées. Seulement, vous n'aurez pas deux réponses identiques.

— Le Nouvel Observateur, 22 – 28 octobre 1998, p. 61

2. Sans écrire des phrases complètes, proposez des arguments soutenant l'une ou l'autre position avec un(e) partenaire.

3. Quel point de vue vous convainc le plus, celui des lycéens ou celui de M. Julliard ? Pourquoi ?

Les éléments ci-dessous aident à motiver une argumentation. Lesquels pourraient vous permettre de mieux conforter votre prise de position face à votre adversaire ?

- la thèse principale
- les thèses subordonnées
- des exemples (Combien en faut-il ?)
- des contre-exemples

- la structure de l'argumentation
- le registre de langue
- ?

Activité C. Conversation de réflexion avant la lecture : Débats au sujet de l'éducation

A préparer chez soi ou par groupe de deux :

1. On vous a élu(e) au conseil d'administration de l'université pour proposer des réformes du système éducatif. Dressez une liste d'au moins *cinq* idées qui vous paraissent liées de façon essentielle aux finalités de la formation universitaire ou à la crise de l'éducation.

S'agira-t-il surtout de soucis financiers : **les frais d'inscription ou de scolarité ; les frais d'hébergement ou le loyer ; les bourses ; un emprunt ?** Certains parmi vous pourriez vous concentrer plus sur les réformes touchant l'académie : **les matières ; les cours obligatoires ou facultatifs ; les spécialisations (la comptabilité, les sciences politiques...) ; les cours de rattrapage.**

Si vous comptez influencer d'autres étudiants, attention au registre de langue. Voici quelques exemples de l'argot : **bosser** (travailler dur) ; **brancher** (intéresser, concerner) ; **piger** (comprendre) ; **rater** (échouer) ; **piocher** (étudier avec ardeur) ; **tricher** (tromper) ; et ainsi de suite.

Vous pourrez vous inspirer des sujets suivants :

Développons l'interdisciplinarité à l'université (Comment ?).

Il nous faut une formation pragmatique !

Profitons de la technologie ! Abolissons les salles de classe pour créer des « télé-cours ».

Remplaçons les profs par le Web.

Les études à l'étranger doivent être obligatoires !

Les cours universitaires seraient meilleurs si...

On doit supprimer ou remplacer les cours obligatoires, tels que... , par...

2. Comparez vos idées avec celles des étudiants autour de vous.

3. Choisissez maintenant celle qui vous intéresse le plus ou celle qui se prête le mieux à un débat parce qu'elle est ou complexe ou controversée. Prenez 5 à 10 minutes pour rédiger quelques arguments qui soutiennent la thèse et d'autres qui la réfutent.

idée choisie : _____

MODELE :   Les cours *seraient* plus intéressants si les étudiants *pouvaient* choisir les textes à étudier. [**NB:** les temps des verbes]

ou :

Les cours seraient incohérents au cas où les étudiants *choisiraient* eux-mêmes leurs propres manuels.

Activité D. Conversation basée sur la lecture : Le système éducatif dans le monde francophone

Chez vous : Prélecture

A. Avant de lire les textes courts sur le système éducatif au Canada, en Afrique et en France, notez rapidement ce que vous savez déjà à ce sujet. Même sans en avoir aucune connaissance, imaginez les soucis qui pourraient être associés à l'enseignement dans ces trois régions du monde.

1. le Québec _____

2. l'Afrique _____

3. la France _____

B. Lisez maintenant les titres des articles. Que vous attendez-vous à découvrir suivant les indices fournis par les titres ?

1. « Les écoles anglaises, la loi 101 et les enfants légitimes »

_____

2. « La nouvelle école de base : Est-ce vraiment la dernière réforme ? »

_____

3. « Le mythe de l'égalité : Egalité des chances et équité sociale »

_____

Chez vous : Postlecture

En lisant maintenant les textes canadien, africain et français, découvrons certaines particularités de chaque système éducatif. Après avoir lu rapidement les textes ci-dessous, complétez les phrases suivantes — sans, bien sûr, recopier le texte. Il faudrait avoir lu les textes et avoir esquissé quelques réponses rapides chez vous avant d'aborder le travail par groupe de deux.

LECTURE A

Les écoles anglaises, la loi 101 et les enfants légitimes

Michel Vastel

Glossaire

Mirabel	aéroport à Montréal
le détenteur	personne qui garde, possède (tient possession de) quelque chose
le siège social	lieu où se trouve concentrée la vie juridique d'une société
l'imbroglio *(m)*	confusion, embrouillement

On parle beaucoup de règlements linguistiques cet automne, et l'un d'entre eux, au moins, devra faire l'unanimité si on veut éviter au Québec d'autres embarras sur la scène internationale.

5   L'été dernier, un ingénieur texan est arrivé chez Bell Helicopter, à Mirabel : chargé de concevoir la transmission d'un nouveau modèle d'hélicoptère, il doit y rester un an avant de se rendre en Corée, chez des partenaires de Bell. Il inscrit ses enfants de 13 et 15 ans à l'école anglaise de Lachute. Tout va bien jusqu'à ce qu'un fonctionnaire zélé, trois semaines après la rentrée des classes, découvre que les enfants sont en fait ceux de la

10 femme de l'ingénieur. Or les élèves étrangers admis temporairement dans les écoles anglaises du Québec doivent être les enfants légitimes du détenteur du permis de travail. Et l'ingénieur n'avait jamais cru nécessaire d'adopter les enfants de sa conjointe.

     Le ministère de l'Education a ordonné à la commission scolaire Lau-

15 rentian de renvoyer les enfants chez eux! Il a fallu une intervention de dernière minute de la ministre Pauline Marois pour autoriser spécialement ces élèves « illégalement inscrits » à continuer de fréquenter leur école pendant quelques semaines : il faudra au moins deux mois à la Commission d'appel sur la langue d'enseignement pour examiner leur cas et... recommander à la

20 même ministre d'autoriser les deux jeunes Américains à fréquenter, cette fois « légalement », leur école secondaire.

     Sans l'intervention de Pauline Marois, le siège social de Bell Helicopter au Texas allait être informé de l'imbroglio et le syndicat des professeurs de la commission scolaire allait alerter Alliance Québec. Le Québec l'a échappé

25 belle !

— *L'Actualité* (journal québécois), 1er november 1996

A. Sans recopier le texte, complétez les phrases suivantes afin de cerner les arguments essentiels de l'article.

1. Un règlement linguistique devrait faire l'unanimité _____

_____

2. Les enfants du détenteur du permis de travail _____

_____

3. L'intervention d'une ministre _____

_____

4. Cet imbroglio aurait mené _____

_____

LECTURE B

La nouvelle école de base : Est-ce vraiment la dernière réforme ?

Marie-Claire Nnana

Glossaire

la revendication	demande, réclamation
un tel postulat	une hypothèse pareille
modulable	ce qui peut être transformé, ce qui peut s'adapter
creuser le fossé	créer (ou accentuer) une division ou rupture
y compris	contenu, inclu
mettre au point	perfectionner

Sur bien des points également, la nouvelle école de base semble être la réponse la plus appropriée aux questions que pose et se pose l'école africaine. Au premier plan desquelles, la revendication identitaire. Qui sommes-nous et où allons-nous ? Avant de redéfinir l'école, ces interrogations méritaient réponse.

5 Nous sommes des Africains et nous allons vers la modernité avec l'ambition de ne pas nous déposséder de notre culture : c'est à partir d'un tel postulat qu'ont été posés les piliers de l'école de base, légitimant la quête d'identité africaine. D'où l'importance réaffirmée à l'enseignement des langues africaines. Le pari de la nouvelle école africaine, c'est donc de s'approprier le monde par le biais

10 de sa culture propre, c'est de s'ouvrir tout en restant ancrée dans son milieu, c'est de créer des hommes utiles à leur société, armés pour la transformer par un savoir qui ne sera plus seulement extraverti.

Il est enfin heureux que la donne économique n'ait pas été laissée pour compte. Les Africains sont de plus en plus pauvres ? Alors, on propose un manuel modulable ou un manuel unique (pour toutes les disciplines ou par cycle). Et c'est dans ce souci continuel d'épouser les changements sociaux que l'école ne creusera pas le fossé tant décrié aujourd'hui entre elle et la société.

Pour autant, peut-on affirmer que nous sommes arrivés à la dernière réforme de l'école en Afrique ? Ce serait dangereux de le croire, l'effort d'adaptation de l'école à son milieu étant de tous les instants souhaitable et nécessaire... lorsqu'on ne tombe pas dans l'excès de la « réformite », la réforme pour la réforme. Ce n'est pas certain qu'à chaque changement d'orientation politique, il faille initier des réformes. Très souvent, elles sont faites par des ministres soucieux de laisser le changement souhaité. L'école doit simplement tenter de s'adapter à une réalité mouvante et vivante, qui est la société.

Depuis peu, elle évolue à une allure vertigineuse, y compris en Afrique. Par exemple, il faudra bien un moment où la nouvelle école africaine devra s'habituer aux nouvelles technologies, l'informatique, l'enseignement à distance, etc. Le Mali, souvent précurseur, a ainsi mis au point des logiciels en langues locales, selon ce que nous révélait son ministre de l'Education de base, Adama Samassekou....

Elle s'appelait école expérimentale ou école nouvelle, mais son souci était le même : former en masse des citoyens enracinés dans leur culture et ouverts au monde, capables de se prendre en charge s'ils ne trouvent pas d'emploi. Alors, en plus des exercices d'arithmétique et de dictée, on labourait la terre, on produisait, et surtout, on apprenait dans sa langue maternelle. C'était Jomtien avant la lettre, même si l'expérience a échoué. C'est dire que l'histoire de l'école, comme celle des hommes, est un éternel recommencement, qu'une réforme doit toujours venir parfaire une autre....

— *Afrique Education* 25 septembre 1996

B. Sans recopier le texte, complétez les phrases suivantes.

1. Le postulat qui détermine l'école de base _____

_____

2. Le pari de la nouvelle école africaine est _____

_____

3. L'école expérimentale avait comme but _____

_____

4. On ne peut pas imaginer que la nouvelle école _____

_____

5. Si les Africains prenaient l'habitude d'initier les réformes scolaires à l'échelle continentale

_____

LECTURE C

Le mythe de l'égalité

Nathalie Guibert et Stéphanie Le Bars

Glossaire

viser	avoir en vue (une certaine fin)
le bac S	diplôme de lycée prestigieux (en physique et en maths)
le parcours	chemin, trajet
la répartition	division, distribution

Egalité des chances et équité sociale

Ce thème constitue le fondement de l'ensemble des propositions de la commission Fauroux : toutes visent en effet à répondre au diagnostic du système éducatif que la commission résume en une expression « *panne de démocratisation* ». Elle constate qu' « *en 1994, les enfants de cadres supérieurs et d'en-*
5 *seignants ont toujours six fois plus de chances d'obtenir le bac S, 17 fois plus de chances d'être dans une classe préparatoire aux grandes écoles et 7 fois plus de chances d'être à l'université que les enfants d'ouvriers* ». L'école ne parvient plus à compenser les inégalités sociales. Il faut donc « *restaurer par l'école de vrais parcours de mobilité sociale* ». Comment ? « *Au principe*
10 *d'égalité des chances, qui ne fonctionne pas, doit se substituer un devoir*

d'équité », c'est-à-dire l'utilisation de pédagogies différenciées, des discriminations positives en matière de traitement des difficultés scolaires et de répartition des moyens. La mobilité sociale passe également par la voie de la formation continue diplômante, rebaptisée *« droit universel aux études post
15   scolaires indexé sur les périodes d'activité ».*

— *Le Monde de l'Education* 238, juin 1996

C. Sans recopier le texte, complétez les phrases suivantes.

1. La déqualification des jeunes _____

_____

2. La panne de démocratisation _____

_____

3. Il faut restaurer _____

_____

4. Le devoir d'équité _____

_____

5. La formation continue diplômante _____

_____

Travail par groupe de deux :

Le moment est venu de vous répartir par groupes de deux pour reprendre les phrases ci-dessus. Echangez oralement vos comptes rendus — *sans* lire vos phrases. Quelle est selon vous la thèse principale de chacun de ces trois articles ?

1. « Les écoles anglaises, la loi 101 et les enfants légitimes »

_____

2. « La nouvelle école de base : Est-ce vraiment la dernière réforme ? »

_____

3. « Le mythe de l'égalité : Egalité des chances et équité sociale »

_____

Activité E. Conversation en réaction à la lecture : L'éducation dans la presse

Chez vous :

Reprenez maintenant les articles sur l'éducation que vous venez de résumer. Choisissez l'article qui vous convainc le mieux pour en faire une critique plus approfondie. Ecrivez des réponses brèves aux questions suivantes (ou mieux, des mots-clés), ce qui vous permettra d'en parler plus aisément.

Référez-vous au *Cahier* (**Exercices 1** et **2**) pour étudier de plus près les expressions de transition qui vous aideront à articuler l'argumentation.

1. Pourquoi l'article parvient-il à vous convaincre ? à vous impressionner ? à vous intéresser ?

   _____

   _____

2. Que pensez-vous du titre de l'article ? Celui-ci prépare-t-il suffisamment le lecteur / la lectrice? Pouvez-vous en proposer un qui serait meilleur ?

   _____

   _____

3. Quel trait stylistique vous impressionne le plus ? (S'agit-il de la syntaxe, de la rhétorique — images, métaphores, allitération, ironie — , du choix du vocabulaire, des verbes, de l'emploi des ellipses, de la perspective narrative... ?) Expliquez *l'effet* de ces figures stylistiques sur vous.

   _____

   _____

4. a. Dressez maintenant une liste des points faibles de l'article de votre choix. Comment pourrait-on l'améliorer ?

   _____

   _____

   b. Faites une critique des deux autres articles. Articulez ce qui vous paraît problématique dans la stratégie d'argumentation de ces deux journalistes.

   _____

   _____

5. Résumez les stratégies des trois articles dont vous pourriez vous servir dans votre propre prose. (*A reprendre à la fin du chapitre,* cf. **Exercices 8 & 9**)

_____

_____

En cours :

Séparez-vous en trois groupes (ou par groupes de cinq) ; chaque groupe se concentrera sur un des trois textes en traitant les questions **1, 3, 4a** et **5** ci-dessus. Soyez prêts à résumer vos réponses pour la classe entière.

Activité F. Conversation de réflexion avant la lecture : « Les Facs et les grandes écoles »

1. Indiquez brièvement les grandes étapes de l'enseignement supérieur aux Etats-Unis.

_____

2. Notez maintenant ce que vous savez déjà du système éducatif supérieur de la France. Travaillez en groupe si cela facilite votre tâche.

_____

_____

3. Avant de lire le texte, indiquez rapidement ce que vous aimeriez savoir à propos des universités et grandes écoles françaises. Une fois que vous aurez lu le texte, référez-vous de nouveau à cette liste pour vérifier s'il reste des lacunes à combler.

_____

_____

LECTURE D

▽

Les Facs et les grandes écoles

Réussir son premier cycle

DEUG et mention

Il existe dix DEUG[1] répertoriés en trois grandes catégories : lettres, arts et sciences humaines ; droit, sciences politiques, économie et administration ;
5   sciences. Chacun d'eux est accompagné de plusieurs mentions. On prépare un DEUG de droit, point final.

La mention est en fait votre spécialité majeure...

Matières et cours

A l'université, on ne dit plus matière mais module... Chaque module peut
10   comporter plusieurs unités d'enseignement (UE)... A noter que les langages (informatique ou expression écrite et orale) et une langue étrangère sont des modules obligatoires dans tous les DEUG.

Chaque DEUG comprend des modules obligatoires et des modules optionnels. Le premier niveau de DEUG — et surtout le premier semestre — a
15   pour vocation de vous faire découvrir de nouvelles disciplines. En deuxième niveau, vous affinerez votre profil en sélectionnant vos options. Choix qui peut se faire en fonction de l'orientation visée après le DEUG. Enfin, sachez qu'en DEUG l'enseignement reste théorique...

Comptez environ quinze heures de cours par semaine réparties entre
20   cours magistraux, travaux dirigés (TD) et, pour les matières scientifiques, travaux pratiques (TP). Les cours magistraux se déroulent dans des amphis (de cent à mille étudiants selon les facs et selon les disciplines). C'est une sorte de conférence : le professeur fait son cours, l'étudiant écoute, gratte. Dans les cours magistraux, les présences ne sont pas contrôlées et de nom-
25   breux étudiants s'en dispensent. A tort.

En TD et TP, la présence est obligatoire mais pas toujours contrôlée... De fait, sécher TD et TP, c'est courir à l'échec.

---

[1]DEUG veut dire « Diplôme d'études universitaires générales » et se prépare en deux ans, trois ans au maximum.

Un TD est en fait une classe pour laquelle il y a des devoirs à remettre et des exposés à faire. Le contact avec les enseignants est plus facile... Tous les cours se font par groupes d'une cinquantaine d'élèves.

Réussir son deuxième cycle

Le DEUG est un palier d'orientation. Comme en terminale, l'étudiant repense son projet, affine ses objectifs. Car, en entrant en deuxième cycle, il se spécialise davantage. En continuant, première stratégie possible vers une voie théorique : licence et maîtrise. Ou en optant pour une formation professionnelle...

La licence et la maîtrise

La licence se prépare en un an, comme la maîtrise. En principe, il n'y a pas de sélection à l'entrée : le DEUG suffit, mais sous réserve parfois d'avoir suivi des options spécifiques en DEUG. En licence, on amorce une spécialisation qui se précise surtout en maîtrise, l'année de maîtrise comprenant la rédaction d'un mémoire...

Chaque DEUG débouche de plein droit sur différentes licences. Ainsi un DEUG sciences de la matière permet de poursuivre en licence et maîtrise de chimie, de chimie physique, de physique, de mécanique, d'ingénierie mathématique...

Après une maîtrise, on peut se présenter au concours de l'agrégation ou continuer vers un DEA ou un DESS.[2] A noter également qu'une licence et une maîtrise donnent accès à une école d'ingénieurs ou de commerce par le biais des admissions parallèles.

Les Grandes Ecoles en treize questions

1. QUEL SECTEUR CHOISIR ?

Brillants bacheliers, matheux ou littéraires, vous serez les bienvenus dans le monde des grandes écoles. De nombreux établissements (publics, consulaires ou privés), aux noms souvent prestigieux, dispensent une formation très recherchée sur le marché du travail. Férus de maths, Polytechnique, les Mines ou Centrale feront de vous des ingénieurs de haut niveau. Futurs hommes d'affaires, les écoles de commerce (HEC, l'ESSEC, l'ESCP) vous tendent

---

[2]DEA veut dire « Diplôme d'études approfondies » dont la vocation première est de former des chercheurs ; c'est souvent la première étape de la future thèse de doctorat. Le DESS est un « Diplôme d'études supérieures spécialisées » servant comme passeport pour l'entreprise.

les bras. Littéraires, Normale sup ou les Chartes vous sont destinées. Fer-
60   vents du service public, l'ENA forme les hauts fonctionnaires et l'ENM les
magistrats...

2. COMMENT INTEGRER UNE GRANDE ECOLE ?

Vive le bachotage! C'est ainsi qu'on peut espérer intégrer une grande école
sur prépa. Préparez-vous à passer des nuits blanches. La réussite aux concours,
65   c'est la mise en lumière des capacités de travail et d'une bonne résistance au
stress.

11. QUEL EST LE COUT D'UNE ECOLE ?

Une enquête auprès de trente-neuf écoles de commerce donne une fourchette
des prix pratiqués : de 21 500 F pour l'IECS de Strasbourg à 39 850 F pour
70   l'ISG de Paris. Il est vrai que des écoles comme HEC et l'ESSEC sont
onéreuses (35 000 F), mais vous en aurez pour votre argent... Par ailleurs,
Normale sup, Polytechnique, l'ENA et Saint-Cyr ne vous poseront aucun
problème de financement : vous y serez même rémunéré !

12. COMMENT REUSSIR SON INSERTION ?

75   S'insérer après une grande école ? Cela ne crée pas de grandes difficultés,
même si les temps sont durs. Les élèves des grandes écoles réputées trouvent
un emploi dans l'année suivant le diplôme (sauf cas de poursuite d'études).
Vous profiterez aussi d'un solide réseau de relations par le biais des associations d'anciens élèves. Une véritable caste, qu'illustrent les organigrammes
80   des grandes entreprises.

— *L'Etudiant. Le Guide des Etudes Supérieures.*
Hors-Série du Mensuel l'Etudiant, 1997.

Activité G. Conversation basée sur la lecture : Les Grandes Ecoles en treize questions

Examinons maintenant de plus près le système de formation en France. Commencez par lire les énoncés
ci-dessous. La lecture des textes relatifs aux premier et deuxième cycles universitaires et aux grandes
écoles vous permettra ensuite d'indiquer, en motivant votre réponse, si vous êtes d'accord ou non avec les
déclarations et de les modifier éventuellement. Ne recopiez pas le texte et lors de votre discussion orale,
ne lisez surtout pas votre commentaire pour pouvoir argumenter plus librement.

MODELE : Le DEUG correspond au *B.A.* américain.

> *Justification :* Ceci n'est pas tout-à-fait juste. Pour obtenir un *B.A.,* il faut étudier quatre ans tandis qu'il faut étudier deux ans pour obtenir le DEUG.

1. Les TD et TP sont la même chose.

   Justification : _____

   _____

2. Le deuxième cycle ne ressemble pas au premier cycle.

   Justification : _____

   _____

3. La licence et la maîtrise sont équivalentes.

   Justification : _____

   _____

4. Une grande école est moins prestigieuse que l'université.

   Justification : _____

   _____

5. Les frais de scolarité à l'université sont comparables à ceux des grandes écoles.

   Justification : _____

   _____

6. Un diplôme d'une grande école a la même valeur que celui d'une université.

   Justification : _____

   _____

7. **Exercice supplémentaire :** N'hésitez pas à entreprendre des recherches à la bibliothèque ou à interviewer des Francophones de votre communauté pour approfondir vos connaissances de l'enseignement supérieur en France.

Activité H. Conversation en réaction à la lecture : Les mesures à prendre

Chez vous :

Le/La président(e) de votre université vient de lire l'article sur le système universitaire en France (**Activité G**). Séduit(e) par cette présentation, il/elle propose que votre université adopte le système français afin de permettre aux étudiants une plus grande spécialisation et de faciliter « l'internationalisation » du cursus.

Vous devez rencontrer le/la président(e) pour discuter de son projet. Une partie d'entre vous soutiendra sa réforme « à la française ». Les autres utiliseront leurs connaissances du système américain et français pour mettre en évidence les avantages et les inconvénients de ce choix. Voici quelques points sur lesquels vous pouvez réfléchir ensemble.

- la durée des études
- les frais de scolarité
- l'existence des grandes écoles
- l'enseignement général
- les cycles
- les modules
- d'autres sujets à aborder

MODELE : Il est préférable de ne pas se spécialiser trop tôt ; le *B.A.* permet aux étudiants de découvrir leurs dons intellectuels cachés.

ou : L'enseignement général est une perte de temps; un(e) étudiant(e) en langues n'a pas besoin de connaissances en maths.

En cours :

Répartissez-vous en trois groupes dont le premier présentera les détails de la réforme proposée par le/la président(e). Les deux autres présenteront les avantages et les inconvénients de ce projet. N'oubliez pas d'organiser votre argumentation pour pouvoir exposer l'essentiel de votre point de vue avant de répondre aux arguments de vos adversaires.

Servez-vous du schéma d'évaluation ci-dessous pour évaluer les présentations orales des autres étudiants. Pour chaque élément, écrivez un numéro entre 1 (excellent) et 5 (insuffisant).

Liste de contrôle	Excellent				Insuffisant
	1	2	3	4	5

Contenu

Thèse facile à dégager   _____

Arguments convaincants   _____

Développement logique   _____

Style

Expressions de transition   _____

Verbes d'argumentation   _____

Vocabulaire varié, précis   _____

Présentation orale

Eloquence   _____

Discours oral (pas de lecture)   _____

Facilité de réponse   _____

Activité facultative : « Mini conférences » en cours

1. Poursuivez votre discussion de l'**Activité H** en basant vos commentaires sur vos recherches faites sur le Web.

2. Comment les pays francophones se présentent-ils sur Internet ? Quels sont les thèmes de débat ?

3. Voici quelques adresses électroniques utiles au sujet du Québec et du Cameroun :

    La République du Cameroun : http://www.rapide-pana.com/demo/cameroun/cameroun.htm

    Les Chroniques de Cybérie (Québec) : http://www.cyberie.qc.ca/decision97/

Vous pouvez aussi vous servir des moteurs de recherche (*search engines*) comme **Metacrawler** pour trouver de nouveaux sites (e.g., le Québec et *la Presse, le Devoir, le Journal de Montréal, Radio Québec...*)

Schéma visuel : Organigramme

Servez-vous de ce petit organigramme pour vous préparer pour la présentation orale. Ce schéma pourra soit structurer vos recherches, soit servir comme base de la présentation elle-même. **Rappel :** Vous ferez le rapport de vos recherches sur le Web, sans la lire, bien entendu.

Renseignements sur la culture :

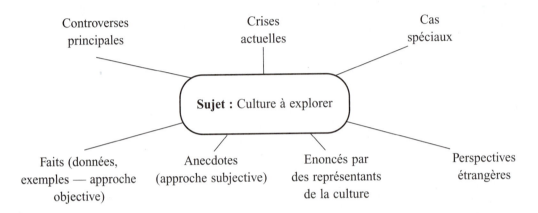

Résumez brièvement pour la classe entière les actualités que vous avez trouvées sur le Web en indiquant aussi l'adresse WWW. N'oubliez pas de vous reporter aux **Activités C** et **Exercice 1** dans le *Cahier* pour varier votre vocabulaire. Vous pouvez suivre le modèle d'une tribune télévisée pour présenter les résultats de vos recherches de groupe.

REALISATION ET ECRITURE

Objectif

• Présenter un argument percutant

Objectifs de l'argumentation

• Enoncer clairement votre thèse principale ;

• Bien articuler vos arguments ;

• Illustrer votre point de vue à l'aide d'exemples (et de contre-exemples pour rendre inefficaces les éventuels arguments de ceux qui s'opposent à votre point de vue).

Méthodes

Il ne suffit pas de se concentrer sur la présentation claire de vos idées lorsque vous tentez de convaincre quelqu'un de la justesse de votre point de vue. Réfléchissez aussi aux questions ci-dessous :

- Avez-vous l'intention de souligner la subjectivité ou l'objectivité de votre point de vue ?

- Pour qui voulez-vous écrire ? Des étudiants ? des parents ? des administrateurs ? Visez-vous le grand public ?

- Quel sera le genre de votre rédaction ? S'agira-t-il d'un article à paraître dans un journal populaire ? dans un journal scolaire ou dans un magazine littéraire ? S'agira-t-il d'un compte rendu ? d'un éditorial ?

Thèmes possibles pour votre rédaction principale

Dans cette partie du chapitre vous commencerez à préparer votre propre rédaction au sujet de l'éducation. Vous ferez la critique d'un extrait, tiré d'un roman de Bassek Ba Kobhio. Vous pouvez éventuellement faire la critique d'un article tiré du *Nouvel Observateur* ou d'un autre journal francophone abordant le thème de l'éducation dans une perspective plus actuelle.

Voici plusieurs possibilités supplémentaires :

- suivre le modèle d'un des articles pour présenter un des thèmes déjà discutés au début du chapitre ;

- écrire un tract exposant les dangers de la formation actuelle et proposant un nouveau programme d'enseignement ;

- développer une analyse plus approfondie de la situation de l'enseignement dans un des pays francophones aboutissant à un plaidoyer pour une réforme concrète ;

- proposer un sujet à discuter avec votre professeur.

Exercice 1. Ecriture spontanée

Relisez les sujets proposés dans l'introduction de **Réalisation et Ecriture** et choisissez-en un qui vous paraît intéressant. Remplissez les blancs du schéma ci-dessous.

Chez vous :

I. Subjet général: _____

II. Thèse (votre parti pris) : Quelle est la problématique ? S'agit-il d'un paradoxe ?

_____

_____

III. Lecteurs éventuels : _____

IV. Vocabulaire relié au sujet : _____

_____

_____

En cours :

1. Sans vous soucier ni de l'orthographe, ni de la grammaire, ni de la structure du paragraphe, écrivez spontanément pendant cinq minutes sur l'un de ces thèmes ou sur un thème de votre choix. Ne vous arrêtez pas d'écrire. Votre professeur vous dira quand les cinq minutes seront écoulées.

2. Une fois les cinq minutes écoulées, lisez ce que vous avez écrit. Soulignez les phrases qui vous semblent les plus appropriées ou les plus intéressantes.

3. Prenez une fiche ou une autre feuille de papier et refaites le paragraphe en gardant les meilleures phrases, celles que vous avez soulignées dans la première version. (Mettez des parenthèses autour des mots que vous ne connaissez pas — vous les chercherez dans un dictionnaire plus tard.)

Travail par groupe de trois (ou quatre) :

Répartissez-vous maintenant par groupes de trois ou quatre personnes et lisez vos paragraphes à haute voix (lentement). Ceux qui écoutent doivent signaler ce qu'ils n'ont pas compris et faire des propositions sur la façon d'étoffer le développement.

Liste de contrôle

1. Quelle est la thèse ?

2. Qu'est-ce qui n'est pas clair ?

3. Quelles sont les meilleures phrases ?

4. Quels mots sont répétés trop souvent ? Pouvez-vous proposer des synonymes ?

5. Quelles expressions de transition sont employées ? Proposez trois expressions supplémentaires. (Référez-vous aux **Exercices 1** et **2** dans le Chapitre 4 du *Cahier* s'il vous manque de suggestions.)

6. Ecrivez une phrase qui sera intégrée dans le texte de votre partenaire.

7. Pouvez-vous proposer un ou plusieurs titre(s) pour son texte ?

Chez vous :

Réfléchissez aux questions suivantes :

1. Est-ce que j'ai bien présenté le problème dans mon introduction ?

2. Est-ce que j'ai écrit une conclusion qui fait réfléchir ?

3. Est-ce que j'ai mentionné assez d'exemples pour soutenir ma thèse ? Dois-je faire encore des recherches ?

4. Est-ce que j'ai rassemblé assez d'expressions appartenant au champ lexical de mon sujet ? (Il est préférable de les trouver avant d'écrire, autrement on se trouve dans la situation pénible de s'interrompre souvent pendant qu'on écrit.)

5. Est-ce que j'ai formulé mes idées clairement et de façon cohérente ? Soulignez votre meilleure phrase.

6. Est-ce que j'ai employé des expressions tirées de l'**Activité C** et des **Exercices 1** et **4** dans le Chapitre 4 du *Cahier* ?

7. Est-ce que j'ai vérifié l'usage de la grammaire ?

8. Est-ce que j'ai fait attention aux répétitions ? N'hésitez pas à les éliminer.

9. Est-ce que j'ai un titre original qui attire l'attention du lecteur ?

10. Question plus générale : Est-ce que j'aime ce que j'ai écrit ?

Exercice 2. Premiers pas : Expliquons notre point de vue!

Avant d'aborder un nouveau texte, lisez les exemples de syntaxe idiomatique fournis ci-dessous. En essayant de résumer l'essentiel d'un des textes de l'**Activité D** de ce chapitre, écrivez au moins trois phrases suivant les modèles listés ici. *Rappel :* N'oubliez pas d'intégrer autant de tournures de phrases idiomatiques que possible dans votre rédaction à rendre en fin de chapitre.

La syntaxe idiomatique

a. **si..., c'est pour** (*if . . . , it is in order to*) + infinitif

MODELE :   Si on étudie d'autres cultures, c'est pour apprendre à devenir plus tolérant.

Au cas où il y aurait deux sujets différents :

si..., c'est que (*if . . . , that is because*) + indicatif

MODELE :   Si Jeanne étudie d'autres cultures, c'est que sa meilleure amie est étrangère et lui a inculqué le désir de connaître plus que son propre monde.

b. **soit que... , soit que...** (*whether . . . or . . .*) + subjonctif

MODELE :   A l'encontre des étudiants français, les étudiants américains se voient souvent comme des « clients de l'université », soit que les frais de scolarité
soient si élevés, soit que les « droits de clients » fassent partie intégrante de
la mentalité américaine.

c. **ce n'est pas que** + subjonctif, **mais** (*it is not . . . but*) + indicatif

MODELE :   Ce n'est pas que la réforme pédagogique soit forcément dangereuse, mais il
faut éviter la « réformité ».

A vous maintenant :

1. _____

2. _____

3. _____

SANGO MALO : REPRÉSENTER L'ÉDUCATION AU CAMEROUN

Le dernier texte que nous aborderons vient du Cameroun. Il s'agit du roman de Bassek Ba
Kobhio qui a été porté au cinéma en 1992. Dans ce texte il s'agit aussi d'une crise de l'éducation, mais le contexte du débat est très différent. Il serait excellent de voir le film entier
(du même titre) après votre discussion préliminaire. (Dans le *Cahier* vous trouverez des exercices supplémentaires qui vous fourniront des questions et méthodes pour vous aider à faire
la critique d'un film en français.)

Prélecture

Dans ce texte l'ancien professeur, Monsieur Yanou, est décrit ; c'est lui qui avait aidé à former
Bernard Malo Malo, jeune instituteur dans une école de village au nord du Cameroun (Lebanzip) et
personnage principal du texte. Ce dernier est incarcéré à la fin du roman à cause de ses idées révolu-
tionnaires à propos de l'éducation et de l'organisation de la société ; il préconise la création d'une
coopérative dans le but de rendre les villageois plus autonomes — au moins sur le plan économique.
Bassek Ba Kobhio, romancier et cinéaste, explique qu'il s'agit dans son texte du choc réciproque des
idées provenant du sud du Cameroun (influencées par la colonisation européenne) avec celles du nord
(plutôt influencées par la culture musulmane). Le passage ci-dessous illustre ce choc d'idées pédagogiques.

Exercice 3. Ecriture de réflexion avant la lecture : *Sango Malo*

Réfléchissez aux questions suivantes avant de lire le texte :

1. Si vous étiez un(e) jeune professeur sur le point de commencer votre nouvelle carrière, quels seraient vos buts principaux ? vos soucis ?

2. Dans le texte que vous lirez, on met en relief la différence entre « l'Ecole Traditionnelle » et « l'Ecole Nouvelle ». Sans lire le texte, comment décririez-vous la différence entre ces deux approches ?

En cours :

Mettez-vous maintenant par groupes de quatre afin de comparer vos réactions aux questions ci-dessus. Parvenez à vous mettre d'accord sur l'évaluation de vos réactions écrites ? Reprenez la liste de contrôle pp. 122 et adoptez-la si besoin est.

LECTURE D

Sango Malo

Bassek Ba Kobhio

Glossaire

la vision manichéenne	vision dualiste (le manichéisme = une religion pour laquelle le bien et le mal sont deux principes fonda-mentaux, égaux et antagonistes)
renchérir	aller encore plus loin, en actions ou en paroles
se tinssent	l'imparfait du subjonctif de **se tenir**
piocher	creuser ; ici : étudier avec ardeur (argot)

railleur	qui exprime la moquerie
le sacerdoce	fonctions auxquelles on peut attacher un caractère quasi religieux, qui exigent beaucoup de dévouement
se vouer au modelage	se dédier à la formation (de personnes)
être affecté quelque part	être désigné, nommé quelque part
surgir	apparaître brusquement
le néant	le non-être, rien
désormais	à partir de maintenant

Qu'il semblerait loin alors le temps des vœux, le temps des bancs, le temps de monsieur Yanou! Ah, ce cher monsieur Yanou!

Il leur avait appris qu'en gros se distinguent deux écoles. « L'Ecole Traditionnelle qui forme ce que j'appellerais des répétiteurs, des bornés, des ro-
5   bots, disait-il, et l'Ecole Nouvelle, celle qui forme pour la vie, celle qui forme des créateurs, des novateurs, des contestataires positifs, celle qui allie la formation de l'esprit à celle du corps ». Malo se demandait toujours ce que les autres étudiants avaient dans la tête pour prétendre remettre en question et la vision (trop manichéenne jugeaient-ils) de monsieur Yanou et son option pour
10 l'Ecole Nouvelle. Ils trouvaient qu'il caricaturait un peu trop. Et puis, pensaient-ils, il faut savoir ce que l'on veut. Pour eux, l'Ecole Primaire était destinée à l'instruction, les travailleurs manuels étant formés ailleurs, dans les champs et les étables.

Mais non, argumentaient Malo, Bedel et deux ou trois autres, non, l'in-
15 struction est plus vaste que ce que nous en pensons. Une instruction n'a pas de bornes limitatives. Elle se sent concernée par tout ce qui prépare à la vie. Monsieur Yanou renchérissait en précisant qu'il était même nécessaire que l'école et la vie se tinssent la main, que l'instituteur qui s'occupait des élèves ne devait pas en oublier leurs aînés, qu'il avait toujours pensé qu'un maître
20 devait en même temps qu'il éduquait les enfants encadrer les parents, que le regroupement de ceux-ci en associations de développement par exemple était de nature à les responsabiliser davantage par rapport à l'avenir de leur progéniture, à provoquer une catalyse salutaire.

« Enfin, quoi ! répliquaient les autres, qu'on foute la paix à l'enfant. Il
25 ne cherche que son pain, lui, comme son maître, au demeurant... Pourquoi enseigne-t-on ? Pour changer le monde ? Et après ?... Non, on enseigne comme on soigne, comme on pioche, on enseigne pour perpétuer le monde... Le reste, on s'en fout. »

Monsieur Yanou souriait en suivant les débats, car certaines interven-
30 tions lui paraissaient naïves, puériles. Malo et Bedel ne comprenaient précisément pas qu'il ne voulût réserver à ces sottises qu'un sourire railleur.
Alors ils contre-attaquaient, eux, de manière différente, plus musclée.

Un enseignant n'était ni un mercenaire, ni un simple salarié comme les
autres. « L'enseignement est un sacerdoce. On se donne pour l'éducation, on
35 se voue au modelage de l'humain, du temps et de l'espace. »

Les autres étaient pour leur part entrés à l'Ecole Normale parce qu'ils
avaient faim, pas pour reconstruire le monde, pas pour le sauver. Et ces autres
applaudissaient à tout propos de l'un des leurs, et leur grand nombre les ras-
surait que la raison était de leur côté. Monsieur Yanou laissait discuter et ap-
40 plaudir. Il ne fallait pas seulement parler de l'Ecole Nouvelle, il fallait la
vivre et la faire vivre. D'ailleurs, il était habitué à cette agressivité. Trente ans
déjà qu'il la défendait, l'Ecole Nouvelle. Et chaque fois qu'il en parlait, c'était
la même chose. Il avait été en prison, il avait connu la misère, il avait tout
vécu, uniquement parce qu'il n'était pas avec les autres, parce qu'il ne pen-
45 sait pas comme les autres. Au début, ça avait été des Blancs, puis l'indépendance était arrivée avec sa charge d'espoir... Mais un discours autre, c'était
forcément, pour le pouvoir, un discours d'opposant... Alors les tracasseries
avaient repris, parce que le parti unique est hostile à la différence. « Vous con-
naîtrez beaucoup de problèmes, disait-il souvent à Malo et à Bedel. Peut-être
50 parlez-vous de l'Ecole Nouvelle parce que le terrain n'est pas encore là. Ce
sera tout différent à votre sortie, avec la réalité en face : vivre simplement sa
vie, ou se battre pour un idéal ? Exaltant, mais difficile ».

Malo commençait à entrevoir les difficultés. Il avait bien eu raison de
dire quelques jours plus tôt, à la gare, alors que Bedel attendait le départ du
55 train qui l'emmènerait dans le Nord du pays où il était affecté, il avait eu raison de dire que les théoriques esquisses n'ont parfois rien à voir avec la réalité quand elle finit par survenir. Mais il se disait aussi qu'il suffit de mettre le
courage de son côté pour vaincre. Et puis, finalement, ce n'était même pas
tant le discours qui risquait de disparaître, ce n'était pas une réalité magique
60 qui allait surgir du néant ! Il y avait simplement que le discours allait désor-
mais partir du vécu, et que le quotidien réserverait bien quelques surprises.
Sinon il n'y avait pas de raison d'avoir peur de l'épreuve. N'avoir pas fait
l'Ecole Normale Supérieure, n'être pas professeur de philosophie un peu à
cause de ses parents, ne devaient pas être considérés comme un handicap,
65 même s'il se savait incapable de gommer ce complexe. Il se sentait inlassablement attiré par les cimes de la qualité, inlassablement habité par le souci
d'être des meilleurs. Des meilleurs de l'esprit et par la qualité de la vie.

— *Sango Malo, ou le maître du canton* (Paris : Harmattan, 1991)

Exercice 4. Ecriture de réflexion basée sur la lecture : <u>Sango Malo</u>: Questions de compréhension

Maintenant que vous avez lu l'extrait de *Sango Malo*, répondez plus soigneusement aux questions ci-dessous.

1. Quels thèmes vous semblent présents dans le livre après en avoir lu ce bref résumé ?

2. Soulignez les mots-clés de l'extrait.

3. Lorsque vous lisez le texte, essayez d'identifier les éléments caractérisant la voix narrative. Peut-on identifier un jugement de base ? Comment ? Sinon, expliquez votre réponse.

4. Pouvez-vous identifier la (les) thèses(s) de ce passage romanesque ?

5. Marquez les passages du texte que vous ne comprenez pas. Essayez d'identifier ce qui les rend difficiles à comprendre.

Exercice 5. Ecriture de réflexion en réaction à la lecture

Rappel : Vocabulaire littéraire

Pour vous aider à commenter le texte, voici un rappel de quelques termes de base du vocabulaire utilisé dans les explications de texte. Dans les **Exercice 3** et **4** du Chapitre 9 dans le *Cahier* vous trouverez plus d'indications pour vous aider à traiter un theme littéraire.

- Lorsqu'on parle des éléments composant un texte, on décrit **l'intrigue (*f.*), le décor, les personnages (*m.*), les thèmes, la temporalité.**

- Il est aussi important d'identifier qui présente les informations dans un texte. Pour ce faire, on discute **le narrateur / la narratrice** ou **la perspective narratrice (à la première personne, à la troisième personne), la voix omnisciente, le monologue intérieur.**

- Il existe aussi plusieurs techniques littéraires telles que : **la mise en abîme**[3] **; le présage**[4] **; la prolepse,**[5] pour n'en signaler que quelques-unes.

- Lisez la liste des verbes et expressions qui suivent :

  il est question de

  il s'agit de (Le sujet de ce verbe est toujours le « **il** impersonnel ».)

---

[3]Des exemples d'une **mise en abîme** seraient un récit dans un récit, un film dans un film ou une peinture représentée dans une peinture *(Le Petit Robert I)*.

[4]Le **présage** veut dire une augure, un signe d'après lequel on croit prévoir l'avenir *(Le Petit Robert I)*.

[5]Elle constitue la partie du discours qui donne l'opinion de l'adversaire ; ... elle expose la thèse qui fait en réalité l'objet de la réfutation ». M. Aquien et G. Molinié, *Dictionnaire de la rhétorique et de la poétique* (Paris : Librairie Générale Française, 1996), p. 321.

> **se dérouler**
>
> **traiter**
>
> **représenter**
>
> **signifier**
>
> **symboliser (le symbole)**
>
> **vouloir dire**
>
> **anticiper**
>
> **mettre en relief**

1. Quelles expressions indiquent le sujet d'un texte ?

_____

2. Quels verbes décrivent ce que fait l'écrivain lorsqu'il décrit un événement ou une situation ?

_____

3. Quels verbes signalent comment l'écrivain rattache un sens littéraire à des détails textuels ? S'agit-il ici de synonymes ?

_____

Chez vous :

Pour cet exercice vous préparerez vos réponses chez vous. Ecrivez des phrases complètes ; n'oubliez pas de varier le style de vos réponses en employant des tournures de phrase idiomatiques et en imitant le style de Bassek Ba Kobhio.

1. Quels sont les deux arguments développés au sujet de l'enseignement au Cameroun ?

2. Lequel vous paraît le plus rationnel, le plus convaincant ? Pouvez-vous choisir ou proposer une troisième alternative ?

3. Dégager la structure de cet extrait. Autrement dit, comment cette scène se développe-t-elle ? Que pouvez-vous en conclure ? Expliquez l'effet sur l'extrait du bouleversement chronologique du dernier paragraphe.

4. Comment Monsieur Yanou et Malo se distinguent-ils des autres étudiants ?

5. Comment se distinguent-ils l'un de l'autre ?

6. Comparez le discours direct de Monsieur Yanou au début de l'extrait avec celui de Malo. Que pouvez-vous conclure de la différence de ces deux perspectives ?

7. Lisez le paragraphe qui décrit les pensées de Malo (ligne 53–67). Comment ce monologue intérieur nous permet-il de mieux connaître Malo ?

8. Quel est l'effet de la perspective narrative (l'emploi de la troisième personne) sur ce paragraphe ?

9. Identifiez deux ou trois traits stylistiques de cet extrait qui rendent la prose plus dynamique. Soyez prêt(e) à expliquer votre choix. Pouvez-vous les intégrer dans votre propre rédaction ?

En cours :

Par groupes de deux ou trois, reprenez vos réponses aux questions 1, 2, 6 et 9 (et d'autres questions dont vous n'êtes pas sûr[e] de la réponse). Comparez et discutez vos points de vue.

Exercice 6. A la recherche de votre style : La syntaxe idiomatique

A. Lorsque l'on s'exprime dans une langue étrangère, on se laisse aller à reproduire le rythme de sa langue maternelle. Bref, on écrit une sorte de **franglais.** Afin d'éviter ce piège, il est parfois utile d'emprunter le « squelette » (c'est-à-dire, la syntaxe) d'une phrase écrite par un écrivain professionnel francophone.

Considérez la phrase suivante de Bassek Ba Kobhio (p. 127) :

N'avoir[1] pas fait l'Ecole[2] Normale Supérieure, n'être[3] pas professeur[4] de philosophie un peu[5] à cause de[6] ses parents, ne devaient pas être considérés[7] comme[8] un handicap, même[9] s'il[10] se[11] savait incapable[12] de gommer ce complexe.

1. Comprenez-vous la phrase entière ? Résumez-la.

_____

_____

2. En vous référant à la liste de fonctions grammaticales (présentées dans le désordre) ci-dessous, indiquez quelle est la fonction des mots numérotés de la phrase de M. Kobhio.

le pronom ; le complément d'object direct ; la conjonction ; l'adjectif ; l'adverbe ; la préposition ; le verbe ; le complément

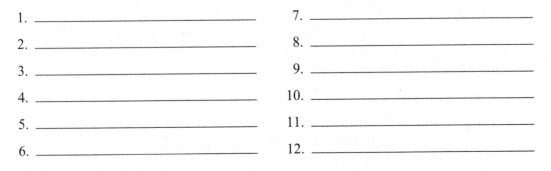

1. _____   7. _____

2. _____   8. _____

3. _____   9. _____

4. _____   10. _____

5. _____   11. _____

6. _____   12. _____

3. Est-ce que vous notez des structures parallèles dans la phrase ? Lesquelles ?

B. Maintenant, en choisissant un autre thème, par exemple l'expérience universitaire, exprimez votre propre point de vue tout en suivant le modèle stylistique fourni par Bassek Ba Kobhio.

MODELE : N'avoir pas étudié dans un lycée célèbre, ne pas connaître tous les classiques littéraires un peu à cause de mes intérêts trop divergents, ne constituent pas forcément un handicap, même si j'ai l'intention de combler la lacune de mes lectures un jour.

C. A vous maintenant. Contredisez la proposition ci-dessus ou abordez un autre thème tout en vous servant du modèle de M. Kobhio. Donnez ensuite votre phrase à votre voisin(e) et corrigez la sienne.

1. **NB : Identifiez d'abord** le sujet, le verbe, les objets de la phrase-modèle avant d'imiter l'emploi des propositions subordonnées.

2. **N'oubliez pas d'intégrer une telle phrase dans votre rédaction finale.** Si vous préférez, choisissez une autre phrase tirée du roman de Bassek Ba Kobhio. (Un exemple: p. 126 : « Et puis, pensaient-ils, il faut savoir ce que l'on veut. Pour eux, l'Ecole Primaire était destinée à l'instruction, les travailleurs manuels étant formés ailleurs, dans les champs et les étables. ») Vous trouverez également une autre phrase de M. Kobhio à imiter dans l'**Exercice 4** dans le Chapitre 4 du *Cahier.*

Exercice 7. Première version de votre rédaction

Développez la thèse que vous avez entamée dans l'**Exercice 1.** Tapez ou écrivez votre rédaction à triple interligne avec des blancs que vous remplirez plus tard. Apportez la rédaction en classe après avoir :

1. écrit la thèse principale de la rédaction EN MAJUSCULE.

2. indiqué les mots-clés se rapportant à votre sujet en marge de votre rédaction.

3. souligné la thèse dans chaque paragraphe. (Existe-t-il dans vos paragraphes un lien avec la thèse principale ? Lequel ?)

Vous devriez être préparé(e) à :

1. expliquer qui est votre lecteur.

2. expliquer quel est le but de la rédaction (convaincre, renseigner, expliquer, décrire, critiquer, amuser, comparer, distinguer...).

3. dire où vous aimeriez publier ce texte (dans un journal, magazine, sondage public, tract, lettre personnelle, tableau d'affichage...).

4. expliquer ce que vous avez emprunté au style (et à la rhétorique) des textes reproduits dans ce chapitre.

Exercice 8. Critique de la rédaction d'un(e) étudiant(e) du cours

En groupe de deux, échangez votre manuscrit avec votre partenaire. Votre partenaire en vous référant à la liste de contrôle indiquée ci-dessous.

Chez vous :

1. Une fois que vous aurez lu la rédaction — sans regarder le texte de votre partenaire — notez sa thèse principale sur une feuille. Est-ce que vous la retrouvez dans le texte initial (peut-être sous une forme légèrement différente) mais au premier paragraphe ?

2. Entourez d'un cercle les idées qui s'opposent au point de vue de l'étudiant(e). Est-ce qu'il y en a ? Sont-elles bien intégrées dans le texte ?

3. Relisez la suite des paragraphes (des thèses subordonnées). Résumez brièvement la logique de cette suite d'idées en marge de la rédaction. Est-ce que l'étudiant(e) parvient à vous convaincre ? Sinon, n'hésitez pas à restructurer sa rédaction.

4. A-t-il/elle pu intégrer quelques stratégies rhétoriques employées par les journalistes (voir **Activité E**) ?

5. A-t-il/elle employé une des phrases-modèles tirées de l'extrait de Bassek Ba Kobhio ?

6. Y a-t-il assez d'expressions de transition, de conjonctions dans son texte ? N'oubliez pas d'éliminer les mots fades, tels que **être, avoir, faire, chose...** autant que possible.

En cours :

Prenez au moins dix minutes pendant le cours pour expliquer votre critique de la rédaction à son auteur. N'oubliez pas de relever les points forts du travail de votre partenaire.

Exercice 9. Editez votre propre manuscrit !

1. A vous maintenant d'étudier les conseils de votre correcteur/correctrice. Vous n'êtes pas obligé(e), bien entendu, d'intégrer tous ceux-ci dans votre propre texte.

2. Reprenez les questions de l'**Exercice 8** pour vérifier que votre texte soit logique, percutant.

3. Sortez vos autres rédactions. Quelles sont les erreurs de grammaire qui s'y répètent souvent (n'hésitez pas à vous référer à la liste de contrôle à la fin de l'**Exercice 1**) ? En relisant votre nouveau texte, concentrez-vous sur vos points faibles (soit l'orthographe, soit les accords, soit la conjugaison, soit l'emploi des temps...). Il est très utile de garder une liste de ces points faibles afin de faciliter votre travail d'auto-correction.

4. Relisez la rédaction plusieurs fois afin de corriger les fautes de grammaire, les fautes de frappe, etc.

CURIOSITES CULTURELLES

Examinons de plus près le système d'éducation au Québec. Comment y définit-on les buts de la formation — les orientations à long terme ? Dans le rapport de Paul Cauchon (tiré de *Québec 1997*), il est question de maintenir l'égalité des chances dans le réseau scolaire québécois.

"Pour mieux garantir cette égalité, il faudra développer des services à la petite enfance, accorder la priorité à la lutte au décrochage,[6] mieux répondre aux besoins des catégories d'élèves spécifiques, développer et revaloriser la formation professionnelle et technique."[7]

Lisez un autre extrait du même rapport en vue de déterminer ce qui distingue les systèmes de formation au Québec et aux Etats-Unis. Notez au moins trois faits qui mettent en relief les différences entre les deux systèmes.

Dès sa nomination, le premier ministre Bouchard indiquait sa volonté de déconfessionnaliser les commissions scolaires, un projet vieux d'au moins 20 ans. La loi 107, adoptée sous le précédent gouvernement libéral en 1988, prévoyait d'ailleurs un tel processus. La loi avait été portée en Cour suprême du Canada en 1993, et la plus haute autorité juridique au pays avait estimé qu'en mettant en place des commissions scolaires linguistiques, il faudrait garantir des services confessionnels aux catholiques et aux protestants à Montréal et à Québec, ainsi qu'aux minorités religieuses ailleurs, pour respecter l'article 93 de la Constitution canadienne.

5

---

[6]Ceci veut dire **désengagement** ou **interruption de fonctionnement.**
[7]Paul Cauchon « En route vers l'an 2000 : ordinateurs... et religion » dans « l'Encore des rapports, bientôt des réformes », dans *Québec 1997,* Roch Coté, Montréal : Fides, 1997, pp. 174–76.

10   Lucien Bouchard a repris le dossier en se faisant insistant : la déconfessionnalisation des commissions scolaires à Montréal était un moyen de favoriser l'intégration des enfants d'immigrants à la communauté francophone.

Après deux mois de tergiversations et de consultations, après avoir jonglé avec l'idée de demander à Ottawa un amendement constitutionnel pour
15   être « libéré » de l'obligation confessionnelle, Pauline Marois annonçait en juin qu'elle choisissait de procéder sans négociation constitutionnelle, en créant dans les nouvelles commissions scolaires linguistiques des comités confessionnels, question de respecter le jugement de la Cour suprême.

Ce qui souleva immédiatement un tollé chez les alliés naturels du Parti
20   québécois (enseignants, syndicats, groupe de la mouvance souverainiste). Les opposants estiment ce projet dangereux car il multiplierait les réseaux scolaires, remettrait en question la notion d'école de quartier, accorderait des droits confessionnnels de façon définitive, ouvrirait la porte à des écoles d'autres confessions religieuses, et ainsi de suite.[8]

---

[8]Ibid., pp. 186–88.

Chapitre 5

L'IMMIGRATION
L'art d'argumenter, étape 2

INTRODUCTION

Le terme **génération** peut susciter des associations conceptuelles comme l'héritage ou la continuité des traditions transmises de père en fils. Pour de plus en plus de personnes de nos jours, cependant, il n'est plus possible de parler d'*un* héritage culturel provenant de la lignée générationnelle. La famille avec toutes ses manifestations diverses amène souvent la fusion ou l'entrechoc de plusieurs cultures et de traditions. Enfin, elle reproduit en microcosme le « mariage » des cultures au cœur de la nation : le défi d'intégrer ses nouveaux membres dans sa communauté.

Ce chapitre présente donc divers opinions sur les phénomènes de l'émigration et de l'immigration. Vous étudierez l'opinion de ceux qui ont choisi — ou ont été obligés — de se construire une nouvelle vie, soit en France, soit au Québec. Vous analyserez quelques réactions françaises à la présence des immigrés en métropole et le témoignage d'une écrivaine guadeloupéenne sur l'emigration qui a de lourdes conséquences.

Sommes-nous en phase de redéfinition de la communauté mondiale ? Faut-il aller au-delà des concepts de nationalisme ou même de frontières ? Ou faut-il plutôt limiter l'immigration ? Comment ? Il y a évidemment toute une gamme de réactions possibles à ces questions. Ce chapitre vous fournira des prises de position diverses ainsi que des modèles stylistiques et rhétoriques à suivre ou à modifier.

Sur le plan de l'argumentation, ce chapitre — à l'encontre du précédent — met davantage en valeur les principes de logique (en particulier, la façon d'identifier les faux raisonnements). Vous étudierez également de près différentes formes d'argumentation : soit celle qui met en relief l'enchaînement abstrait des idées, soit celle qui essaie de convaincre à partir d'exemples concrets et subjectifs.

EXPLORATION ET CONVERSATION

Activité A. Engageons le dialogue : Les dictons et proverbes

Que dit « la sagesse populaire » à propos des étrangers et d'autres cultures ? Toute contradictoire qu'elle puisse être, il est utile de découvrir cette « sagesse » dans les proverbes et dictons traditionnels et il est important de les intégrer à son vocabulaire.

Ci-dessous vous trouverez les explications des dictons listés tout de suite après — mais dans le désordre. A vous de découvrir quelle explication correspond aux dictons. Proposez ensuite ce que l'on peut déduire de la culture française après leur analyse.

1. _____ Le naturel perce toujours en dépit de l'éducation (ou, pour citer un autre dicton : « Chassez le naturel, il revient au galop »).

2. _____ Se contenter d'agréables rêves (sans pouvoir les réaliser).

3. _____ Si on change souvent de condition ou de profession, on ne fera jamais fortune.

4. _____ Personne n'est apprécié à sa juste valeur dans son propre pays.

5. _____ Il faut avoir réalisé un grand rêve avant de mourir.

6. _____ C'est une querelle sans sujet.

7. _____ Se moquer de l'ordre.

8. _____ Mener une vie irrégulière ; vivre comme un artiste.

9. _____ C'est incompréhensible.

10. _____ Cela ne vaut pas la peine d'en discuter avec cette personne.

11. _____ Parler très mal le français.

12. _____ Il n'y a pas de vérité absolue.

13. _____ Il faut se méfier des siens (de sa famille).

14. _____ Pendant une soirée dansante, le moment où les femmes invitent les hommes à danser.

Voici maintenant les dictons :

a. Vérité au-deçà des Pyrénées, erreur au-delà.

b. Parler français comme une vache espagnole.

c. C'est du haut allemand.

d. Vie de bohème.

e. Voir Naples et mourir.

f. Le quart d'heure américain.

g. Une querelle d'Allemand.

h. Etre du régiment de Champagne.

i. Faire des châteaux en Espagne.

j. Qui naquit chat court après les souris.

k. Autant vaudrait parler à un Suisse et se cogner la tête contre le mur.

l. Il n'est pire ennemi que ses proches.

m. Nul n'est prophète en son pays.

n. Pierre qui roule n'amasse pas mousse.

Choisissez maintenant trois dictons de la liste et décrivez brièvement une situation où il serait logique de les utiliser.

Discussion de groupe :

Remettez-vous par groupes de trois ou quatre afin de comparer les trois situations que vous avez imaginées. Existe-t-il des stéréotypes de la liste ci-dessus qui vous étonnent ? Connaissez-vous de tels dictons dans la culture anglophone portant sur les étrangers ? Selon vous, les préjugés anglophones et francophones se ressemblent-ils ?

Activité B. Enquête généalogique
Histoire culturelle de votre famille

Françoise Lionnet, critique littéraire, parle du concept de **métissage** selon lequel les notions essentialistes d'origine unique ou de race pure ne seraient que des mythes, qui ne correspondent pas à notre expérience quotidienne d'appartenance à plusieurs cultures.[1] En fait, il faudrait se demander quel désir se cache derrière la volonté de classer les personnes en catégories distinctes et « pures ». Suivons ici la tentative de démystification proposée par Françoise Lionnet, en célébrant notre propre héritage multiculturel.

La plupart de nous qui vivons sur le continent nord-américain sommes des immigrés (ou descendants d'immigrés). Ceux dont la famille a vécu pendant des siècles aux Etats-Unis peuvent s'interroger sur l'héritage régional de la famille : A-t-elle choisi de changer d'état ? a-t-elle déménagé d'un état particulier dans une autre région ? A vous de découvrir maintenant la richesse de vos origines nationales, régionales et culturelles. S'il reste des lacunes dans votre recherche, n'hésitez pas à vous informer auprès de vos parents, oncles, tantes ou grands-parents. NB : S'il faut remonter plus loin que vos grands-parents afin de reconstituer votre « généalogie multiculturelle », tant mieux !

Premier membre de la famille à arriver aux Etats-Unis ou dans l'état où vit votre famille actuellement

I. **La lignée maternelle**

A. Ma **grand-mère** est née le _____ ,

à _____ ,

en / au(x) _____ .

1. Elle a vécu dans les pays / régions suivants : _____

_____

2. Les origines nationales, régionales et / ou ethniques de sa famille : _____

_____

---

[1]Françoise Lionnet, *Autobiographical Voices, Race, Gender, Self-Portraiture* (Ithaca: Cornell UP, 1989), pp. 1–29.

3. Les cultures auxquelles elle s'est intéressée (ses voyages, ses lectures...) : _____

_____

4. D'autres détails inattendus de sa vie / ses voyages : _____

_____

B. Mon **grand-père** est né le, _____,

à _____,

en / au(x) _____.

1. Il a vécu dans les pays / régions suivants : _____

_____

2. Les origines nationales, régionales et / ou ethniques de sa famille : _____

_____

3. Les cultures auxquelles il s'est intéressé (ses voyages, ses lectures...) : _____

_____

4. D'autres détails inattendus de sa vie / ses voyages; _____

_____

C. Ma **mère** est née le _____,

à _____,

en / au(x) _____.

1. Ella a vécu dans les pays / régions suivants : _____

_____

2. Les cultures auxquelles elle s'est intéressée (ses voyages, ses lectures...) : _____

_____

3. D'autres détails inattendus de sa vie / ses voyages : _____

_____

II. La lignée paternelle

A. Ma **grand-mère** est née le _____,

à _____,

en / au(x) _____.

1. Elle a vécu dans les pays / régions suivants : _____

_____

2. Les origines nationales, régionales et / ou ethniques de sa famille : _____

_____

3. Les cultures auxquelles elle s'est intéressée (ses voyages, ses lectures...) : _____

_____

4. D'autres détails inattendus de sa vie / ses voyages : _____

_____

B. Mon **grand-père** est né le, _____ ,

    à _____ ,

    en / au(x) _____ .

1. Il a vécu dans les pays / régions suivants : _____

_____

2. Les origines nationales, régionales et / ou ethniques de sa famille : _____

_____

3. Les cultures auxquelles il s'est intéressé (ses voyages, ses lectures...) : _____

_____

4. D'autres détails inattendus de sa vie / ses voyages : _____

_____

C. Mon **père** est né le, _____ ,

    à _____ ,

    en / au(x) _____ .

1. Il a vécu dans les pays / régions suivants : _____

_____

2. Les cultures auxquelles il s'est intéressé (ses voyages, ses lectures...) : _____

_____

3. D'autres détails inattendus de sa vie / ses voyages : _____

_____

Travail par groupe de deux :

A. Echangez oralement vos comptes rendus généalogiques. En tant qu'interlocuteur/interlocutrice, pouvez-vous aider le/la généalogiste à développer sa narration ?

MODELE :   Avez-vous des oncles, tantes ou cousin(e)s qui habitent dans d'autres pays ?

B. Maintenant à vous ! Est-ce que vous comptez vivre toujours aux Etats-Unis ? Dans quels pays projetez-vous un séjour (même de courte durée) ?

Activité C. Conversation de réflexion avant la lecture : Soutenons nos hypothèses !

Le texte que vous allez lire porte le titre, « Non, l'homme blanc n'est pas un être supérieur ! » Il s'agit d'une réponse aux déclarations racistes du Front National qui voudrait affirmer la supériorité de la race blanche occidentale.

Travail par groupe de deux :

Imaginez que c'est à vous en tant que journaliste de développer des arguments en vous servant des sous-titres de l'article :

1. *La civilisation occidentale est brillante... mais elle a beaucoup emprunté aux autres.*

   _____

   _____

2. *Les races n'existent pas : ce sont nos gènes qui le disent.*

   _____

   _____

3. *La France n'est pas entrée dans l'Histoire d'une seule pièce. C'est une construction politique qui s'est faite lentement.*

   _____

   _____

4. *Les étrangers qui vivent en France ne tirent pas avantage du système.*

   _____

   _____

Comparez vos arguments avec ceux des autres étudiants de la classe. Cependant, ne lisez pas vos réponses mot à mot; vous risquez de perdre l'attention de vos interlocuteurs.

LECTURE A

Non, l'homme blanc n'est pas un être supérieur !

Yann Mens

La civilisation occidentale est brillante... mais elle a beaucoup emprunté aux autres.

Qui a inventé l'automobile ? Les Occidentaux. Certes, mais qui a inventé la roue ? Les Sumériens, 3 500 ans environ avant notre ère. Qui a inventé les
5 ordinateurs ? L'Occident, bien sûr. Mais qui a inventé la numération que nous utilisons, notamment le fabuleux zéro ? Les Indiens et les savants arabes nous l'ont transmise au Moyen Age. Qui a inventé la bombe thermonucléaire ? L'Occident, hélas ! Mais qui a mis au point la poudre à canon ? Les Chinois, entre le VIIe et le Xe siècle.

10 La liste est longue des impressionantes découvertes scientifiques et techniques de l'Occident, mais aussi de ses emprunts à d'autres brillantes civilisations qui l'ont précédé... Le grand historien Fernand Braudel a d'ailleurs écrit : « Tous les jours, une civilisation emprunte à ses voisines, quitte à " réinterpréter ", à assimiler ce qu'elle vient de leur prendre. A pre-
15 mière vue, chaque civilisation ressemble à une gare de marchandises, qui ne cesserait de recevoir, d'expédier des bagages hétéroclites... »

Les races n'existent pas : ce sont nos gènes qui le disent.

Dans la rue, nous croisons des gens à la peau blanche, d'autres à la peau noire ou jaune. La tentation est grande de classer tout ce petit monde en
20 catégories. En races, par exemple. Mais les apparences sont trompeuses. La couleur de la peau est un détail, pas fiable du tout... La couleur de la peau, qui nous frappe tant, dépend en fait de la quantité de mélanine dans l'organisme... celle-ci est elle-même liée à l'exposition au soleil.

Les populations qui vivent dans les régions du globe plus ensoleillées,
25 autour de l'Equateur, ont la peau plus foncée et plus épaisse, car elles sont ainsi mieux protégées contre les agressions solaires. Si l'on prenait un groupe de Bretons bien blancs, qu'on les transfère sous les Tropiques, qu'on les isole, dans quelques milliers d'années, leurs descendants auraient la peau sombre...

La France n'est pas entrée dans l'Histoire d'une seule pièce. C'est une construction politique qui s'est faite lentement.

La Providence n'a pas décidé un jour qu'il y aurait la France et les Français, confirme l'historien Raoul Girardet. Les rois capétiens ont peu à peu rassemblé sous leur autorité des territoires et des populations très différentes les unes des autres par leur langue, leur type de vie, leur histoire... Le roi de France s'adressait d'ailleurs à « ses » peuples. La carte de la France ne s'est dessinée que très progressivement. Les frontières n'ont rien de naturel et ne correspondent à aucune différence ethnique ou linguistique. On aurait pu imaginer d'autres constructions que la France. Par exemple, le puissant duché de Bourgogne aurait pu donner naissance à un Etat entre la France et l'Allemagne.

Pour Raoul Girardet, « la France a d'abord été une construction politique, elle est devenue ensuite une construction morale et sentimentale ». De quand date le sentiment d'être français ? Difficile à dire. « Sous Louis XIV, les dernières défaites des armées du roi (qui comptaient de nombreux soldats étrangers) jettent la consternation dans le royaume. **Longtemps, l'appartenance à la nation française se confond avec la fidélité au roi. Il est difficile de distinguer les deux notions, elles ne se sépareront que sous la Révolution française.** »

Changement fondamental, en effet : « Le sentiment de dépendance à un pouvoir royal est peu à peu remplacé par un sentiment d'appartenance à une communauté qui décide librement de son destin. C'est la citoyenneté... » Ce qui ne veut pas dire que la nation se soit soudée par miracle... « les premières expériences de conscription déclenchent des réactions de rejet considérables... »

Les étrangers qui vivent en France ne tirent pas avantage du système.

En matière de revenus, les familles étrangères sont moins bien loties que les familles françaises. En 1990, le revenu moyen d'un ménage étranger résidant en France métropolitaine s'élevait à 113 500 F (avant prestations sociales et impôts) contre 154 400 F pour un ménage français, soit un tiers de plus. Après impôts et prestations sociales, cet écart se réduit à 14% : 129 000 F de revenu pour un ménage étranger contre 147 000 F pour un ménage français. En 1992, les étrangers recevaient en moyenne 2 600 F de prestations familiales contre 1 740 F pour les Français. Elle s'explique par les plus faibles revenus initiaux des ménages étrangers et leur plus grand nombre d'enfants. Les étrangers (surtout les Maghrébins) consultent moins souvent le médecin et le dentiste que les Français. Leur taux d'hospitalisation globale est équivalent à celui des Français résidant en métropole.

Pour ce qui est de la scolarité, plusieurs études du ministère de l'Education Nationale montrent qu'à l'entrée au collège, les enfants étrangers ou issus
de l'immigration obtiennent des résultats inférieurs à ceux des autres élèves
70 aux épreuves d'évaluation de français et de mathématiques. Mais les différences entre les résultats disparaissent en mathématiques et se réduisent net-
tement en français, dans des conditions sociales et familiales identiques. En fin
de collège, à situation sociale-défavorable-comparable, les élèves étrangers
réussissent mieux que les enfants français. Les étrangers sont beaucoup moins
75 diplômés que les Français : en 1990, 60% des étrangers déclaraient ne posséder
aucun diplôme, contre 27% des Français de naissance.

Selon l'enquête employée de l'Insee[2] de mars 1996, le taux de chômage
en France s'élève à 12,1%. Il est de 11,3% pour les Français et de 24,1% pour
les étrangers, soit le double. Les étrangers hors Union Européenne sont les
80 plus touchés avec un taux de 32,3%. La délinquance des étrangers est pro-
portionnellement plus importante que leur part dans la population française,
une fois et demie à plus de deux fois, selon les juridictions concernées. A
cela, trois facteurs principaux : Les étrangers ont en moyenne une situation
socio-économique moins favorable que les Français ; les hommes sont plus
85 nombreux chez les étrangers ; certains délits sont spécifiques aux étrangers
(ceux relatifs aux titres de séjour aux entrées illégales en France).

Sur 100 Français mis en cause, 19,3% le sont pour des crimes et délits
contre des personnes contre 11,4% pour les étrangers. Ces derniers sont
surtout présents dans certains types de délinquance (vols à la tire, trafics de
90 stupéfiants), mais peu dans d'autres, comme les cambriolages de résidences
secondaires.

— Paris : Phosphore (Bayard Presse), 1997

---

[2]Institut national de la statistique et des études économiques

Activité D. Conversation de réflexion basée sur la lecture
Confronter le Front National

En classe: Ecriture spontanée

1. Chaque étudiant choisit *une* des quatre sections de la lecture pour la résumer. Vous iden-
tifierez les arguments principaux de votre partie (sans réécrire le texte).

_____

_____

2. Identifiez ensuite les passages qui vous semblent les plus convaincants.

_____

_____

3. Est-ce qu'il y en a qui sont peu clairs ou peu convaincants ?

_____

_____

Travail de groupe :

1. Mettez-vous maintenant par groupes de quatre pour faire le rapport de votre résumé, sans le lire, bien entendu. Dans ce but, il est souvent utile d'employer des fiches (3 × 5). Il est préférable que chacune des quatre sections soit représentée dans chaque groupe.

2. Etes-vous d'accord avec les trois autres membres du groupe ?

3. Chaque groupe doit développer les arguments de l'article. Comment pourrait-on renforcer ceux-ci ?

Travail de classe :

1. Comparez les réactions des différents groupes d'étudiants. Qui a proposé les meilleurs arguments ? Qu'est-ce qui vous a convaincu(e), impressionné(e) ?

2. Ces arguments peuvent-ils être transposés dans un contexte nord-américain, aux Etats-Unis ou au Canada ? Justifiez votre réponse.

Activité E. Conversation de réflexion avant la lecture : « Penser la créolité »

Voici un extrait d'un essai écrit par Maryse Condé, romancière antillaise, née en Guadeloupe, qui a vécu en Europe, en Afrique et en Amérique du Nord. Egalement universitaire, elle partage son temps entre les Antilles, l'Europe et les Etats-Unis.[3] Ses romans, parmi lesquels on peut citer *Moi, Tituba... sorcière noire de Salem* et *Héremakhonon*, illustrent à la fois l'imbrication des différentes cultures diverses et l'injustice dont est victime une partie de la population au nom de l'identité nationale ou de la pureté de la race.

1. Que savez-vous déjà au sujet des Antilles ?

2. Que comprenez-vous sous les termes **créole** et **créolité** ?

3. Quels types d'arguments attendez-vous d'un essai sous-titré « Chercher nos vérités » ?

---

[3]Christiane P. Makward et Madeleine Cottenet-Hage, *Dictionnaire littéraire des femmes de langue française* (Paris : Editions Karthala, 1996), p. 162.

LECTURE B

$\triangledown$

Penser la créolité : chercher nos vérités

Maryse Condé
Madeleine Cottenet-Hage

Il y a une centaine d'années, il était assez simple de définir les Guadeloupéens, les Martiniquais ou les Haïtiens. D'abord, c'étaient des gens qui
naissaient dans leurs îles. Cela semble une lapalissade... Ensuite, nous disent
les démographes, 85% d'entre eux ne quittaient jamais la terre natale. A leur
5   naissance, l'accoucheuse enfouissait leur placenta sous un arbre du jardin et
par la suite, celui-ci devenait leur double pour la vie... Pour la plupart, ils ne
s'exprimaient qu'en créole, le pidgin né dans le système de plantation et devenu langue maternelle. Ils ne pratiquaient guère le français puisque la durée
moyenne de leur scolarité était de cinq ou six ans. Leur littérature était large-
10   ment orale et en créole.

Aujourd'hui, tout est beaucoup plus complexe. D'abord, la Guadeloupe
et la Martinique sont devenues des terres d'immigration. Des milliers d'Haïtiens, de Dominicains et d'originaires de la République dominicaine sont in-
15   stallés en y apportant chacun un peu de leur culture. Ensuite, les démographes
nous apprennent que seulement 30% des insulaires n'ont jamais quitté leur
pays. Pour les autres, l'existence est une succession de va-et-vient entre leur
île d'origine et non seulement la France, mais aussi les pays d'Europe... Enfin, plus d'un demi-million de Guadeloupéens et Martiniquais résident en
20   France de façon permanente. Leurs enfants, baptisés Deuxième Génération
par les professionnels de l'immigration ne leur ressemblent plus guère. Ils
s'expriment de la même manière que les petits Hexagonaux, leurs camarades
de classe. Pour eux, cet accent antillais avaleur dont parle Frantz Fanon n'est
plus Dieu merci qu'un souvenir. Ils lisent rarement mais regardent énor-
25   mément de dessins animés japonais ou américains à la télévision. Ils ne
connaissent le pays réel antillais qu'au travers de parenthèses de grandes vacances avec ou sans leurs parents chez des grands-mères et des tantes restées
au pays. Ou devenus adultes, au travers des cours de littérature antillaise de
quelques professeurs spécialisés...

De manière générale, ces communautés immigrées sont perçues de
30 façon très négatives par les Antillais restés plus ou moins à demeure au
pays. Leur accent est raillé ainsi que leur incapacité à manier parfaitement
le créole. Leur culture, manifestée dans de nombreuses associations, est re-
jetée, marginalisée parce qu'elle ne correspond pas à une norme définie
comme authentique. Eux-mêmes sont affublés de sobriquets moqueurs. Les
35 Guadeloupéens et les Martiniquais résidant en métropole sont appelés « né-
gropolitains » ou « nèg'zagonaux ». Le seul domaine où la culture immigrée
soit parvenue à s'imposer est le domaine musical. Car chacun oublie com-
modément que ce « zouk », un peu trop célébré, a d'abord poussé racines
dans la région parisienne...

40 Sur le plan linguistique, les Antillais ne peuvent plus demeurer prison-
niers de l'opposition binaire « créole / français ». Celle-ci n'est qu'un
héritage de l'opposition coloniale entre vainqueur et victime. Faussement
révolutionnaire, cette dichotomie linguistique est en réalité passéiste et nie les
découvertes fondamentales sur l'ordre et le pouvoir sociétal impliqué dans
45 toute langue. Raphaël Confiant[4] reprochant à Césaire[5] de n'avoir pas écrit en
créole nous étonne. Ne sait-il pas qu'il suffit pour l'écrivain de trouver son
langage au-delà des langues maternelles ou non ? Césaire a forgé la parole
césairienne, c'est tout ce qui nous importe. Comme le dit Wilson Harris,[6]
pour l'écrivain : « *Language is the ground for an interior and active expedi-*
50 *tion through and beyond what is already known.* »

Que sont les Antilles d'aujourd'hui ? Un lieu sans contours définis,
poreux à tous les bruits lointains, traversé par toutes les influences, même les
plus contradictoires. Le rap y voisine avec le gwoka. Le théâtre de boulevard
avec la veillée à l'ancienne... En dépit de leur insularité, on peut décrire leur
55 culture comme une de ces « *border cultures* » dont parle Gloria Anzaldua.

---

[4]Jean Bernabé, Raphaël Confiant et Patrick Chamoiseau sont les auteurs de l'*Eloge de la créolité* (1989) où ils critiquent les mentalités nationalistes ou racistes qui prônent l'unicité, l'universel, la pureté et la transparence. La citation suivante présente leur parti pris : « Ni Européens, ni Africains, ni Asiatiques, nous nous proclamons Créoles » — énoncé qui affirme le métissage des cultures. Selon eux, ce qui marque ces cultures hétérogènes sur le plan artistique, c'est l'oralité (qui se manifeste dans les contes, proverbes et chansons, par exemple), des genres souvent sous-estimés. Pour eux l'éloge de la créolité implique donc aussi l'éloge de l'oralité.

[5]Aimé Césaire, né en Martinique en 1912, est un des grands écrivains antillais qui a assumé en même temps une carrière politique. Son œuvre est associée avec le mouvement de la **Négritude**, la tentative de redonner au peuple noir la fierté de ses racines africaines. Dans ses textes, dont le plus connu est peut-être *Cahier d'un retour au pays natal*, il s'agit d'un appel universel à la dignité et à la responsabilité humaine, ce qui ne l'empêche pas de se servir d'expressions marquées par l' « Imaginaire des Iles » pour valoriser l'expérience antillaise [Piers Tenniel].

[6]Wilson Harris, l'auteur de *The Four Banks of the River of Space* (Westport, Conn.: Greenwood Press, 1990), est né en Guyane en 1921. Lui aussi est à la recherche d'une vision antillaise où les oppositions de blanc et noir, de colonisé et colonisateur s'effaceraient. Il est, en plus, à la recherche de « la richesse de l'hétérogène ». Son style littéraire, en s'écartant des normes, se caractérise comme expérimental.

Les éléments culturels venus de partout se heurtent, saignent les uns contre les autres et donnent naissance à des formes nouvelles. Il faut valoriser les nouveaux métissages culturels qui remettent en question les métissages traditionnels déjà stratifiés par l'usage. Le métissage a toujours été la terreur
60 des sociétés constituées qui veulent protéger le ventre de leurs femmes contre le sperme des mâles étrangers et par conséquent contre le changement.

Car tout changement terrifie. Par sa littérature, l'Antillais exorcise sa peur de l'avenir et se persuade de la pérennité du présent.

Pourtant la littérature antillaise s'est toujours voulue l'expression d'une
65 communauté. Ecrire se veut un acte collectif. Même quand il dit « Je », l'écrivain antillais est censé penser « Nous ». Dans leur récent ouvrage *Eloge de la créolité,* Bernabé, Chamoiseau et Confiant édictent des règles à l'intention des littérateurs. Il faut, leur ordonnent-ils, « chercher nos vérités. Affirmer que l'une des *missions* de cette écriture est de donner à voir les héros insigni-
70 fiants, les héros anonymes, les oubliés de la chronique coloniale, ceux qui ont mené une résistance tout en détours et patience et qui ne correspondraient en rien à l'imagerie d'un héros occidental français ».

On pourrait faire longuement l'analyse de ce texte afin de démontrer qu'il traduit bien cette obsession coloniale que nous avons déjà dénoncée. Retenons
75 simplement la première phrase: « Il faut chercher nos *vérités.* » Quelles sont-elles en cette fin du XXe siècle ? Et qui sommes-nous devenus ? ...

L'écrivain antillais n'est plus natif-natal et donc n'est plus créole au sens où on l'entendait au XVIIIe siècle et dans *L'Eloge de la créolité.* N'y a-t-il pas des versions multiples de l'antillanité ? Des acceptions nouvelles de
80 la créolité ?

Ou peut-être devons-nous tout simplement méditer les phrases de Wilson Harris dans *The Four Banks of the River of Space*: « When one dreams, one dreams alone. When one writes a book, one is alone ».

— Maryse Condé et Madeleine Cottenet-Hage,
Penser la créolité (Paris : Karthala, 1995)

Activité F. Conversation de réflexion basée sur la lecture : Décrivons le métissage aux Antilles

Chez vous :

Afin de préparer la discussion de l'**Activité G,** complétez les phrases suivantes, en évitant de recopier le texte. N'oubliez pas de vous servir des expressions énumérées dans le Chapitre 5 du *Cahier,* **Activité B** et **Exercices 1** et **2.**

1. Il y a une centaine d'années _____

2. Pour 70% des insulaires _____

3. La vie aux Antilles a changé parce que _____

4. Les enfants baptisés Deuxième Génération se distinguent dans le fait que _____

_____

5. On ne peut plus faire la distinction traditionnelle entre le créole et le français parce que

_____

_____

6. Selon Condé, la peur face au métissage existe parce que _____

_____

7. Le rôle de l'écrivain antillais est de _____

Activité G. Conversation en réaction à la lecture : Nos valeurs personnelles

Travail par groupe de deux :

A. Une fois que vous aurez complété les phrases de l'**Activité F,** vérifiez votre compréhension du texte en comparant vos réponses avec celles de votre partenaire.

B. Passez ensuite à une évaluation des affirmations trouvées dans l'essai de Maryse Condé. Etes-vous d'accord avec sa description du **métissage** ? Que pensez-vous des exemples qu'elle présente dans son essai ?

1. Argument convaincants : _____

_____

2. Arguments moins convaincants : _____

_____

3. Stratégies rhétoriques intéressantes : _____

_____

4. Questions à poursuivre : _____

En classe :

La première étape de votre discussion générale se portera sur vos réactions aux affirmations dans « Penser la créolité ». Les deux questions suivantes vous permettront de découvrir d'autres aspects de ce sujet.

1. Selon vous, quels sont les points communs entre cet essai et l'article qui répond au Front National ?

2. Existe-t-il des différences importantes entre les deux manières d'envisager les questions de race et d'identité nationale ?

Activité H. Mini-Conférences en cours : Le débat de l'identité nationale

La question de l'identité nationale se pose de façon aiguë au Canada, surtout au Québec. En considérant la problématisation des catégories d'identité et de race, proposée par Yann Mens et Maryse Condé, cherchez maintenant une « page » relative à la culture québécoise sur le Web. Vous présenterez comment la question de l'identité nationale se pose dans le(s) document(s) que vous aurez choisi(s) pour en faire l'analyse et, peut-être, la critique.

A. Peut-être est-il nécessaire d'apporter des feuilles ou des transparents pour mettre en relief les faits / arguments de votre texte ou pour expliquer des expressions moins connues. N'oubliez pas qui compose votre auditoire !

B. Un point de repère : S'agit-il dans votre texte WWW d'un nationalisme défini par rapport à l'identité ethnique ou linguistique ou d'un nationalisme qui se définit sur le plan juridique par l'appel aux droits des citoyens (en dehors de l'exemple québécois, pensez à la guerre civile au Congo ou aux Balkans) ? La distinction est-elle importante ? Pourquoi ?

C. Voici quelques adresses intéressantes :

« Que faire des " Premières Nations " ? »
    <http://www.monde-diplomatique.fr/md/1995/07/BOVET/1659.html>

« Québécois et autochtones : Une nouvelle alliance »
    <http://www.cam.org/~parsouv/ipso/quebauto.html>

« Les intellectuels québécois et la question nationale »
    <http://www.cam.org/~parsouv/ipso/lesintel.html>

« Genèse de la société québécoise »
    <http//www.alphacom.net/~frapb/vigile/ol/natdumont1.html>

NB : A vous d'employer les « moteurs de recherche » (*search engines*) tels que **Metacrawler** afin de trouver des documents plus actuels.

En classe :

Présentation orale de votre résumé et de votre critique. Vous ne lirez pas, mais vous parlerez en vous aidant de fiches (3 × 5) où vous aurez écrit des mots-clés.

Quelques conseils pour les auditeurs[7]

1. Notez les termes ou idées clés sans essayer de reproduire le texte oral en entier.

2. Respirez profondément et libérez votre esprit des soucis et des pensées préoccupantes pour vous concentrer sur les paroles de l'interlocuteur(-trice).

3. Dirigez votre attention vers l'interlocuteur(-trice) et n'hésitez pas à lui fournir des indices physiques (sourire, air perplexe, intérêt...). Si l'individu parle trop vite ou si vous ne l'entendez pas, indiquez-le tout de suite sans attendre que le/la professeur n'intervienne. Bref : Essayez de mettre l'interlocuteur(-trice) à l'aise au moyen de votre comportement.

4. Essayez d'anticiper ce que l'interlocuteur(-trice) va présenter. Si vous n'êtes pas d'accord avec lui/elle, notez vos questions ou critiques sur la feuille pour pouvoir vous y référer rapidement à la fin de la présentation lors de la discussion générale.

5. Soyez critiques. Est-ce que l'étudiant(e) se sert d'une dénonciation sans base, de généralisations, d'appels à l'émotion, de faux raisonnements ? N'oubliez pas que votre tâche est de faire l'analyse des idées, non d'attaquer la personne qui parle.

CRITÈRES POUR ÉVALUER UNE PRÉSENTATION ORALE

I. Les idées

1. Est-ce que la présentation de la thèse est claire ?

2. Est-ce que la relation entre les faits (ou les arguments) et la thèse est évidente ?

3. Que pensez-vous de l'introduction (Est-ce qu'on a attiré votre attention) ?

4. Que pensez-vous de la conclusion ? Est-ce que vous avez pu dégager le lien avec l'introduction ?

5. Qu'avez-vous appris de cette présentation ?

6. Avez-vous d'autres questions qu'on n'a pas abordées et qui auraient dû être posées ?

7. Que pensez-vous du style (niveau de langue, choix du vocabulaire) ? Avez-vous pu suivre les remarques ? Qu'est-ce qui aurait facilité votre compréhension ? Avez-vous des conseils pour le/la présentateur(-trice) ?

8. Est-ce que la présentation vous a intéressé(e) ? Pourquoi ?

---

[7]Les listes de contrôle (facilitant l'écoute et l'évaluation des exposés oraux) ont été inspirées par le colloque « How to Make Freshman Seminars Work », proposé par Tamara Burk et Sharon Zuber en août 1997 au College of William and Mary, Williamsburg, Virginie.

II. La « représentation »

1. Est-ce que le/la présentateur(-trice) a parlé à haute voix, de façon intelligible ? Est-ce qu'il/elle a parlé trop vite, de façon trop monotone, avec assez d'enthousiasme ?

2. Est-ce que l'étudiant(e) a lu le texte ou est-ce qu'il/elle a regardé la classe tout en discutant ?

3. Est-ce que vous vous êtes senti(e) motivée par la discussion ? Avez-vous participé ? Pourquoi ? Sinon, justifiez votre position.

4. Avez-vous des conseils en ce qui concerne le langage cinétique de l'étudiant(e) (gestes, expressions, déplacements corporels, position du corps) ?

5. D'autres remarques.

REALISATION ET ECRITURE

Objectif

• Améliorer et approfondir votre argumentation

Objectifs de l'argumentation, étape 2

• Explorer les avantages et inconvénients respectifs de l'argumentation inductive et de l'argumentation déductive pour mieux percevoir les faux raisonnements communs aux deux méthodes ;

• Evaluer l'argumentation d'autrui ;

• Travailler l'organisation de votre texte.

Méthodes

• Bien cerner le sujet ;

• Définir votre objectif (jugement / opinion / comparaison / discussion) ;

• Trouver un équilibre entre les généralités (principes, abstractions) et les exemples concrets ;

• Inclure le résultat de vos recherches (statistiques, opinions d'experts) ;

• Etablir et discuter des contre-exemples ;

• Atteindre une conclusion nuancée, plus générale.

N'oubliez pas de vérifier :

• Pour qui écrivez-vous ? Comment le ton, le style, le choix des mots montrent à quel type de lecteur vous vous adressez ?

- Quel sera le genre de votre rédaction ?
- Avez-vous choisi assez de contre-exemples pour devancer vos adversaires ?

Thèmes possibles pour votre rédaction principale

Dans cette partie du chapitre, vous aborderez la question de l'immigration à travers un essai de l'universitaire Pierre-André Taguieff, qui nous propose ici d'opposer le républicanisme français au modèle du multiculturalisme américain. Vous lirez également un récit, tiré de *l'Express,* mettant en scène la situation quotidienne d'une Maghrébine. Finalement, vous trouverez aussi un petit extrait du texte, *La Québécoite,* par Régine Robin, qui propose une nouvelle écriture « immigrante ».

Vous pourrez donc :

- prendre position sur un des textes mentionnés ci-dessus. Votre rédaction sera-t-elle plutôt un devoir scolaire ou vise-t-elle le grand public ?

- suivre le modèle de M. Taguieff pour définir le concept du nationalisme à votre manière. Peut-être voudrez-vous inclure le résultat de vos recherches sur le Web au sujet du nationalisme québécois.

- rédiger une lettre à l'éditeur pour présenter votre point de vue soit sur la loi Pasqua,[8] soit sur le référendum québécois (1995),[9] soit sur la situation des femmes immigrées aux Etats-Unis, au Canada ou en France.

- choisir un sujet à discuter avec votre professeur.

Exercice 1. Premiers pas : La puissance de la parole

Nous apprenons très tôt que le choix même de nos mots peut trahir notre point de vue ou même influencer l'opinion de nos interlocuteurs. En réfléchissant à ce truisme, qu'associez-vous aux mots suivants ? Indiquez s'il s'agit selon vous de termes positifs (+), neutres (∅) ou plutôt négatifs (−), puis donnez leur sens. Si vous ne comprenez pas ces mots, n'hésitez pas à les chercher dans *Le Petit Robert* à la bibliothèque.

---

[8]Une des lois Pasqua limite la possibilité pour les enfants d'immigrés maghrébins de garder les deux nationalités. Il s'agirait aussi d'une politique qui essayerait de « cadenasser les frontières de France », à savoir, de limiter l'immigration.

[9]En 1995 a eu lieu le deuxième référendum au Québec où le gouvernement provincial du Québec a demandé aux Québécois s'ils voulaient continuer d'appartenir au Canada fédéral ou s'ils préféraient fonder un état souverain, séparé du Canada. Quoique les Québécois aient choisi de rester au sein du Canada, il n'y avait qu'à peu près un pour-cent qui avait donné aux « fédéralistes » la majorité.

Sens

1. _____ immigration   _____
2. _____ émigration   _____
3. _____ colonialisation   _____
4. _____ exotisme   _____
5. _____ autre   _____
6. _____ étranger   _____
7. _____ colon   _____
8. _____ colonisateur   _____
9. _____ beur   _____
10. _____ pied noir   _____
11. _____ réfugié   _____
12. _____ xénophobe   _____
13. _____ habitant   _____
14. _____ cosmopolite   _____

Exercice 2. Ecriture spontanée

Relisez les sujets proposés dans l'introduction de **Réalisation et écriture** et choisissez-en un qui vous paraît intéressant. Remplissez les blancs du schéma ci-dessous.

Chez vous :

I. Sujet : _____

II. Thèse : Quelle est la problématique ? S'agit-il d'un paradoxe ?

_____

_____

III. Lecteurs éventuels : _____

IV. Vocabulaire relié avec le thème : _____

_____

_____

En cours :

1. Sans vous soucier ni de l'orthographe, ni de la grammaire, ni de la structure du paragraphe, écrivez spontanément pendant cinq minutes sur l'un de ces thèmes ou sur un thème de votre choix. Ne vous arrêtez pas d'écrire. Votre professeur vous dira quand les cinq minutes seront écoulées.

2. Une fois les cinq minutes écoulées, lisez ce que vous avez écrit. Soulignez les phrases qui vous semblent les plus appropriées ou les plus intéressantes.

3. Prenez une fiche ou une autre feuille de papier et refaites le paragraphe en gardant les meilleures phrases, celles que vous avez soulignées dans la première version. (Mettez des parenthèses autour des mots que vous ne connaissez pas — vous les chercherez dans un dictionnaire plus tard.)

Travail par groupe de trois ou quatre :

Répartissez-vous maintenant en groupes de trois ou quatre personnes. Prenez trois minutes pour lire le sketch d'un des membres du groupe. Notez vos réactions.

Réaction au sketch de _____ (nom de l'étudiant[e])

1. Idées : _____

2. Questions / Problèmes à résoudre : _____

3. D'autres exemples à inclure : _____

4. Images frappantes à considérer : _____

5. D'autres suggestions générales : _____

Faites l'échange de vos textes encore une fois pour que tout le monde puisse lire le sketch de l'autre membre du groupe. Notez vos réactions de nouveau.

Réaction au sketch de _____ (nom de l'étudiant[e])

1. Idées : _____

2. Questions / Problèmes à résoudre : _____

3. D'autres exemples à inclure : _____

4. Images frappantes à considérer : _____

5. D'autres suggestions générales : _____

Le moment est venu de comparer vos réactions, questions et suggestions. Est-ce que tout le monde est d'accord ? Sinon, c'est bien sûr à l'auteur de prendre la décision ultime sur la structure de sa rédaction.

Exercice 3. Réflexions analytiques : Evitons les faux raisonnements ![10]

Evidemment, toute conclusion ne nous convainc pas forcément. Ici nous allons considérer les pièges les plus communs associés aux stratégies d'induction[11] et de déduction.[12] C'est à vous d'identifier les éléments faux des exemples et de proposer ensuite une méthode pour corriger ou au moins pour améliorer les constatations. N'hésitez pas non plus à chercher sur le Web si vous ne savez pas corriger l'affirmation. *NB* : Mettez entre parenthèses pour l'instant vos propres opinions, pour évaluer objectivement la construction de l'argument !

A. Les arguments inductifs

1. **la généralisation (hâtive) :** Tous les émigrés guadeloupéens n'ont pas envie de rentrer aux Antilles.

   Faux raisonnement : _____

   Correction : _____

2. **la manipulation de la statistique (manque de preuves, l'autorité contestable de la source) :** J'ai lu quelque part que les experts craignent l'arrivée en foule des Québécois francophones aux Etats-Unis.

   Faux raisonnement : _____

   Correction : _____

3. **le sophisme « post hoc » (confusion de l'explication temporelle et causale) :** La crise économique s'est déclenchée en Algérie après l'Indépendance. C'est à cause de la « libération » qu'il existe tant de problèmes là-bas.

   Faux raisonnement : _____

   Correction : _____

---

[10]Cette partie du chapitre a été vivement inspirée par William Smith et Raymond Liedlich, *From Thought to Theme: A Rhetoric and Reader for College English* (New York: Harcourt Brace Jovanovich, 1993), pp. 209–68. Il serait d'ailleurs utile de faire cet exercice après avoir fait l'**Exercice 3**, « Réflexions analytiques : Les arguments inductifs et déductifs », dans le Chapitre 5 du *Cahier*.

[11]**Argument inductif** signifie une « opération mentale qui consiste à remonter des faits à la loi, de cas... singuliers ou spéciaux à une proposition plus générale ». (*Le Petit Robert*)

[12]« Un **argument déductif** représente un procédé de pensée par lequel on conclut d'une ou de plusieurs propositions données à une proposition qui en résulte, en vertu de règles logiques [raisonnement ou syllogisme]. » (*Le Petit Robert*)

4. **les fautes par analogie :** Le Cameroun du nord a été plutôt influencé par la colonialisation musulmane tandis que le sud a été marqué par la colonialisation chrétienne. On devrait donc s'attendre à découvrir une telle division dans d'autres pays francophones, comme sur l'Ile de la Réunion, par exemple.

Faux raisonnement : _____

Correction : _____

B. Les arguments déductifs

1. **la tautologie :** On ne pourra jamais régler la question de la violence en Algérie parce que c'est impossible.

Faux raisonnement : _____

Correction : _____

2. **la simplification excessive :** Il est évident qu'il y a les Québécois favorables à l'indépendance et ceux qui préfèrent se soumettre à la tyrannie canadienne.

Faux raisonnement : _____

Correction : _____

3. **la prémisse cachée :** Les étrangers apportent un héritage fascinant. Monsieur Malo nous a dévoilé son héritage exceptionnel.

Faux raisonnement : _____

Correction : _____

4. **éluder la question :** Dans son roman *Moi, Tituba... sorcière noire de Salem,* l'écrivaine Maryse Condé remarque que l'expérience des Noirs continue d'être supprimée dans l'histoire et la représentation littéraire. Il est évident que Mme Condé est trop marquée par son parti pris et ne comprend rien à la situation actuelle.

Faux raisonnement : _____

Correction : _____

5. **la question insidieuse :** Pourquoi les jeunes lycéennes algériennes refusent-elles de reconnaître que le fait de porter un foulard (ou un voile) les opprime ?

Faux raisonnement : _____

Correction : _____

Relisez maintenant l'essai spontané d'un(e) des autres étudiant(e)s dans la classe. Pouvez-vous y identifier des exemples de faux raisonnement ?

Exercice 4. Ecriture de réflexion avant la lecture : « La République entre universalité et diversité »

Chez vous :

Le texte suivant est un entretien avec Pierre-André Taguieff, qui a écrit des textes comme *La Force du préjugé, Le Racisme et ses doubles, Pourquoi nous ne sommes pas nietzschéens* et *Les Fins de l'antiracisme.*

Sans lire le texte sur la République, exprimez ce que vous attendez d'un texte centré sur les questions que Philippe Petit pose à M. Taguieff. Tâchez ensuite de proposer *vos* réponses à ces questions ou affirmations. Il n'est pas nécessaire d'écrire des phrases complètes.

1. « La République entre diversité et universalité »

   Vos réactions au titre : _____

2. « " L'histoire de la République n'est pas terminée... elle ne fait que commencer ". L'initiative citoyenne est à réinventer. »

   Vos attentes : _____

   Votre réponse : _____

3. « Vous contestez complètement le pluriculturalisme ? »

   Vos attentes : _____

   Votre réponse : _____

4. « N'y a-t-il pas actuellement deux modèles qui se superposent ? Je pense, d'une part, au modèle républicain français, et, d'autre part, au modèle multiculturel américain... N'est-on pas déjà dans le multiculturel, la démocratie d'opinion n'est-elle pas un premier pas vers la "démocratisation à l'américaine" ? »

   Vos attentes : _____

   Votre réponse : _____

5. « Comment la République peut-elle sauvegarder son projet intégrateur et, en même temps, penser garantir cette diversité à laquelle vous tenez ? »

   Vos attentes : _____

   Votre réponse : _____

6. « De toutes les vertus civiques ou morales dont nous disposons, lesquelles vous paraissent les plus essentielles ? »

   Vos attentes : _____

   Votre réponse : _____

7. Question supplémentaire: Comment définissez-vous la différence qu'il y a pour vous entre les mots **civique** et **civil** ?

_____

_____

LECTURE C

La République entre universalité et diversité

Pierre-André Taguieff

« *Personne ne mourra jamais pour les identités post-nationales. Par contre, beaucoup de gens continuent de mourir pour leur patrie.* »

« L'histoire de la République française n'est pas terminée », avez-vous écrit dans l'un de vos articles. A vous entendre, elle ne fait que com-
5 **mencer. Comme disent les associatifs : « Il y a du boulot ! » L'initiative citoyenne est à réinventer.**

Je vous dirai tout d'abord que l'idée d'une panne du système d'intégration à la française est une idée qu'il faut soumettre à un examen critique. Elle ne va pas de soi. Je remarque qu'elle est commune aux frères ennemis : elle est
10 partagée aujourd'hui, d'une part, par le Front National qui insiste sur le « fait » que la France va très mal; que l'intégration ne se fait pas, notamment qu'il y a, en quelque sorte, des inintégrables ; et, d'autre part, par les mouvances radicales de la gauche — toutes les formes de gauchisme et de néo-gauchisme —, qui considèrent que la dite « panne » est la marque de la faillite, voir [sic] de
15 l'agonie du système républicain, lié à l'Etat-nation, et qu'il faut donc passer à un autre système. Dans ce cas, l'on suppose que les Etats-nations sont « dépassés ». A ce lieu commun que partagent la gauche radicale et l'ultra-libéralisme, les nationaux-populistes opposent un autre lieu commun : le « mondialisme » serait le seul responsable des dysfonctionnements des Etats-nations.
20 Autrement dit, dans un cas, l'extrême droite fait ce diagnostic pour stigmatiser

l'immigration et un certain mode de fonctionnement « mondialiste » de la République, et, dans un autre cas, c'est la fin de la République, tout simplement, qui est diagnostiquée. Ce qui est appelé à remplacer la République, c'est un mélange de démocratie égalitariste et humanitaire plus ou moins radicale fondée sur le respect des « minorités », quelles qu'elles soient, et d'idéaux communautaristes (démocratie locale et directe, etc.) ou « multiculturels ». Ce modèle alternatif, cher à une certaine gauche qui se veut contestataire, est à mes yeux utopique. Un nouvel utopisme émerge à travers l'idée d'une démocratie multi-ethnique et pluriculturelle, fondée sur le principe de l'égalité entre « communautés » coexistant dans un espace post-national, et légitimée par le rejet de toute « exclusion ». Utopie confuse, dangereuse.

Vous contestez complètement le pluriculturalisme ?

J'évite bien plutôt de transformer subrepticement le fait pluriculturel en norme, ou de transfigurer la réalité multi-ethnique en idéal social et politique suprême. Cette vision d'une démocratie supposée radicale ou authentique, non exclusionnaire, hyper-égalitaire, pensée hors des limites de l'Etat-nation, ou d'une société pluriculturelle et multi-ethnique, s'accorde fort bien avec l'idée d'un patriotisme constitutionnnel telle qu'on la trouve chez Jürgen Habermas, ainsi qu'avec les identités dites post-nationales — notion intéressante définie par Jean-Marc Ferry. L'idée post-nationale ne vaut pas pour la France, elle n'a de sens que par rapport à l'unification européenne. Elle permettait de penser une Europe fédérale qui conserverait une diversité culturelle. Une Europe des régions plutôt qu'une Europe des nations. On retrouve l'apparent paradoxe : Plus on rêve du global et plus on rêve du local. Cependant, la notion d'identité post-nationale relève aussi de l'utopie. Elle se veut positive, mais elle ne saurait déclencher le moindre enthousiasme, ni justifier le sacrifice de soi. Personne ne mourra jamais pour les identités post-nationales. Par contre, beaucoup de gens continuent de mourir avec enthousiasme pour leur patrie, pour défendre leurs identités ou leurs communautés nationales, voire micronationales. L'idéal national n'est pas mort, les appartenances nationales, actuellement affaiblies à l'ouest de l'Europe, restent partout ailleurs extrêmement fortes.

N'y a-t-il pas actuellement deux modèles qui se superposent ? Je pense, d'une part, au modèle républicain français, et, d'autre part, au modèle multiculturel américain. J'ai été frappé, en regardant la retransmission à la télé de la garden-party de l'Elysée du 14 juillet 1995, de constater à quel point les jeunes invités avaient été triés sur le volet, choisis comme pour un « panel ». Toutes les couches sociales étaient représentées et on avait pris soin d'inviter des Français d'origines africaine et

maghrébine, sans oublier un ou deux handicapés. Cela sentait à plein nez
60   la statistique ! N'est-on pas déjà dans le multiculturel, la démocratie
d'opinion n'est-elle pas un premier pas vers le *démocratisme à l'améri-caine* ?

Certainement. Cette idée d'inviter des représentants de communautés
variées, de divers groupes constitués sur des bases extrêmement différentes et,
65   à divers titres, hétérogènes, est une idée qui va dans le sens du communau-
tarisme. L'individu est réduit à n'être que le représentant de sa « communauté », il est assigné à ce rôle. A travers la diffusion de cet idéal s'est opérée
une imprégnation communautariste aussi bien chez les politiques que chez les
intellectuels, à la suite des milieux associatifs défendant le « droit à la dif-
70   férence ». Comme si l'idéal de la tolérance se réalisait au mieux par cet
échantillonnage. C'est là une pratique de la tolérance largement imaginaire.
Cela fait partie de notre imaginaire post-moderne que de respecter la réalité
dans sa diversité bioculturelle. Mais ça ne marche pas : on observe toujours
des inégalités entre minorités culturelles ; c'est l'égalité entre citoyens qu'il
75   faut donc défendre. Nos représentations sont imprégnées par les valeurs et les
normes du multiculturalisme qui sont liées à une certaine conception de la
tolérance, dont la pierre de touche est le respect des « minorités » (selon
divers critères : sexe, race, classe, ethnicité, religion, etc.), en position de
« victimes ». La bonne société est pensée comme une coexistence pacifique
80   de « minorités », c'est-à-dire de communautés ethniques ou culturelles (religieuses, linguistiques, etc.). Mais l'espace de cette coexistence ne peut être
que la société civile, peuplée dès lors d'individus égoïstes et consommateurs,
et de communautés fermées, aux revendications contradictoires et infinies.
C'est là une manière de rêver la démocratie, en privilégiant le direct, l'égali-
85   taire, le proportionnel et le multiculturel. Mais elle substitue le civil au
civique, la différence culturelle au lien social, et me paraît favoriser la frustration de tous, ainsi que les conflits de tous avec tous…

**Comment la République peut-elle sauvegarder son projet univer-
saliste intégrateur et, en même temps, penser garantir cette diversité à
90   laquelle vous tenez ?**

C'est toute la question. C'est même la question des questions ! La
République à la française et le modèle jacobin (qui en durcit la représentation) ne sont pas simplement — « simplistement » — universalistes. Il faut
les aborder comme l'illustration historique d'une volonté de synthèse, d'une
95   formation de compromis entre l'exigence d'universalité et le respect des identités ou des spécificités culturelles, pour autant qu'elles demeurent dans la
sphère du privé. On doit donc supposer la distinction entre l'espace privé et
l'espace public, distinction que la République à la française a reprise. Ce qui

complique ou fait rebondir la question, c'est que si l'identité culturelle de la
100 France — si elle existe — est une identité politique, alors elle réside précisément dans le républicanisme. L'identité française est l'idée républicaine. Mais
un tel énoncé n'est pas acceptable pour un historien. Je n'oppose pas, de
façon sommaire, l'universalisme français au multiculturalisme. Quand je
parle de la diversité culturelle, je suppose au contraire que, dans la modernité
105 récente, elle est en grande partie — notamment dans le monde développé —
garantie par le modèle de l'Etat-nation. Cela peut paraître paradoxal. Mais
prenons l'exemple de l'identité culturelle française. Elle a été largement fabriquée par en haut au détriment des cultures locales. Ce qui n'empêche pas
qu'elle existe. Qu'elle ait été fabriquée historiquement est une chose, qu'elle
110 fonctionne actuellement en est une autre. Or, elle n'est plus exclusive d'une
certaine diversité culturelle ou ethnique. Une identité nationale constituée
peut se payer le luxe de tolérer l'existence de forces qui menacent l'homogénéité culturelle qu'elle suppose. C'est cette spécificité politico-culturelle
de l'identité de la France qui me semble devoir être défendue. Elle incarne un
115 ensemble de valeurs et elle vaut par elle-même. Dans les pays où la nation
culturelle n'est pas recouverte par un Etat-nation, il en va de même. Il ne
s'agit pas de défendre un modèle républicain particulier…

De toutes les vertus civiques ou morales dont nous disposons, lesquelles vous paraissent les plus essentielles ?

120 La tolérance et la loyauté, qui me paraissent complémentaires. La première est à la fois une valeur que l'on doit défendre, qu'on peut ou qu'on doit
incarner ou illustrer par sa conduite, et, par ailleurs, elle est une vertu. Or, la
tolérance est une valeur ou une vertu proprement moderne, liée à la fois au
relativisme et à l'universalisme de l'esprit moderne, qui ne trouve plus ses
125 normes toutes faites dans une tradition. Elle a des conditions d'apparition au
début de l'ère moderne, elle est inséparable de la pratique du doute
méthodique et de l'esprit de libre examen. Elle me paraît être la première condition d'une vie politique désirable, qui prend acte de la diversité des opinions
et des croyances, ainsi que de la puissance des préjugés ou des erreurs so-
130 cialement transmises, dont il s'agit de limiter l'emprise. Immédiatement, avec
la tolérance, nous sommes engagés dans un défilé de paradoxes. Le paradoxe
le plus lourd et le plus évident, c'est qu'au nom de la tolérance on peut pratiquer l'intolérance à l'égard des intolérants — « pas de tolérance pour les ennemis de la tolérance ». Mais qui va identifier les « intolérants » intolérables ?
135 Les professionnels autoproclamés de la tolérance. Nous sommes embarqués
dans le même paradoxe qu'avec la liberté — « pas de liberté pour les ennemis de la liberté » —, cheminement verbal vers la dictature. De la même
manière, la tolérance se retourne en intolérance. Il me semble cependant que,

bien que la tolérance soit une vertu « incommode » (Bernard Williams) et
140 paradoxale, l'on puisse la considérer comme une vertu de base. Elle n'est pas
vouée à produire du sublime. Bien au contraire. C'est une vertu plutôt néga-
tive, minimale, quelque peu prosaïque, dont la démocratie égalitaire moderne
ne saurait se passer : ce qu'on ne peut éviter, il faut l'accepter, vivre avec ; ce
qu'on désapprouve, il convient cependant de le supporter, etc.
145   Deuxième condition axiologique et normative d'une vie politique désirable : la loyauté — à l'égard d'un groupe, d'une institution, d'un Etat, par
exemple. Il n'y a pas de vie sociale et civique sans loyauté ni fidélité, en
référence à des valeurs communes. On peut reconstruire les conditions de
possibilité d'une vie sociale et politique — il ne faut pas distinguer
150 rigoureusement les deux domaines — à partir de réflexions de ce type.

— *La République menacée* (Paris : Textuel, 1996)

Exercice 5. Ecriture de réflexion basée sur la lecture
La République entre diversité et universalité

Maintenant que vous avez lu le texte de M. Taguieff, reprenez les questions et affirmations de l'interview et résumez brièvement l'essentiel de sa réponse.

1. « " L'histoire de la République n'est pas terminée... elle ne fait que commencer ". L'initiative citoyenne est à réinventer. »

_____

_____

2. « Vous contestez complètement le pluriculturalisme ? »

_____

_____

3. « N'y a-t-il pas actuellement deux modèles qui se superposent ? Je pense, d'une part, au modèle républicain français, et, d'autre part, au modèle multiculturel américain... N'est-on pas déjà dans le multiculturel, la démocratie d'opinion n'est-elle pas un premier pas vers le *démocratisme à l'américaine* ? »

_____

_____

4. « Comment la République peut-elle sauvegarder son projet intégrateur et, en même temps, penser garantir cette diversité à laquelle vous tenez ? »

_____

_____

5. « De toutes les vertus civiques ou morales dont nous disposons, lesquelles vous paraissent les plus essentielles ? »

_____

_____

6. Quelle est la thèse principale (Quelles sont les thèses principales) de M. Taguieff dans cet entretien ?

_____

_____

7. Avez-vous pu identifier des faux raisonnements dans les réponses de M. Taguieff ? Si oui, lesquels ? (Regardez l'**Exercice 3** de ce chapitre pour retrouver des exemples de faux raisonnement.)

_____

_____

Travail de groupe :

Joignez-vous maintenant à deux autres étudiant(e)s du cours pour mettre en commun vos réflexions. Défendez oralement votre point de vue. Ne vous contentez pas de lire votre travail ; dialoguez. L'un(e) d'entre vous pourra transcrire l'essentiel de votre discussion.

Exercice 6. A la recherche de votre style : La syntaxe idiomatique

Reprenons maintenant le style de M. Taguieff afin de reproduire le rythme de la phrase française. La phrase ci-dessous ne représente qu'un exemple arbitraire ; c'est à vous de choisir à votre tour une phrase qui vous paraît élégante ou particulièrement idiomatique.

Lisez avec soin la phrase de M. Taguieff (p. 161) :

Mais[1] [cette manière de rêver la démocratie[2]] substitue[3] le civil[4] au[5] civique, la différence[6] culturelle au[7] lien social, et[8] me[9] paraît[10] favoriser[11] la frustration[12] de tous[13], ainsi que[14] les conflits[15] de tous[16] avec[17] tous.

1. Comprenez-vous la phrase entière ? Résumez-la.

   _____

   _____

2. En vous référant à la liste de fonctions grammaticales (présentées dans le désordre) ci-dessous, indiquez quelle est la fonction des mots numérotés dans la phrase de M. Taguieff :

   le pronom (complément d'objet indirect) ; le complément d'objet direct ; la conjonction ;
   l'infinitif ; le verbe ; le complément circonstanciel ; le sujet

   1. _____   10. _____

   2. _____   11. _____

   3. _____   12. _____

   4. _____   13. _____

   5. _____   14. _____

   6. _____   15. _____

   7. _____   16. _____

   8. _____   17. _____

   9. _____

3. Est-ce que vous notez des structures parallèles dans la phrase ? Lesquelles ?

   _____

4. Essayez maintenant de suivre le modèle de la phrase ci-dessus, en illustrant un des thèmes que vous développerez dans votre rédaction au sujet de l'immigration.

5. C'est maintenant à vous de choisir une deuxième phrase de l'entretien avec M. Taguieff. Identifiez d'abord la fonction grammaticale des mots qui s'y trouvent et créez ensuite une phrase en développant un autre aspect de votre rédaction.

Exercice 7. Ecriture de réflexion avant la lecture : L'expérience d'une immigrée

Jusqu'à présent dans ce chapitre nous nous sommes beaucoup concentrés sur des exemples d'argumentation où il s'agit de faire valoir la logique de vos arguments.

Considérons une approche différente maintenant qù il est question de se servir d'un exemple particulier, du vécu quotidien d'une Algérienne, afin de proposer un argument. Ici il s'agit d'un article de journal relatant l'expérience d'une sage-femme algérienne.

Répondez brièvement aux questions ci-dessous. Bornez-vous à esquisser des notes brèves.

1. Que savez-vous des liens historiques entre la France et l'Algérie ? Si vous en savez très peu, référez-vous au Web.

   _____

   _____

2. Pour évoquer l'expérience de l'immigration, quels éléments narratifs choisiriez-vous ?

   _____

   _____

3. Comment réagissez-vous au titre de l'article, « Algérie : La femme traquée » ?

   _____

   _____

4. En lisant ce texte, n'oubliez pas d'en relever d'abord les **mots-clés**.

   _____

   _____

LECTURE D

L'Algérie : La femme traquée

Dominique Sigaud

Elle était sage-femme, aisée, propriétaire de sa clinique dans la ville de M., épouse « comblée » d'un haut fonctionnaire et mère de deux enfants. Elle aimait avec fierté ce pays qui lui avait permis de poursuivre des études, de faire du sport et d'apprendre des langues étrangères. En juillet 1996, elle l'a
5 quitté via l'Espagne. A la frontière, un policier en civil lui a souhaité : « Bien-venue en France ». Elle savait qu'elle devrait peut-être se terrer définitivement dans ce pays d'accueil.

Par crainte de représailles contre sa famille restée en Algérie, elle dis-
simule encore son visage, sa véritable identité (nous l'appellerons Mme A.).
10   Pourtant, au moment où la violence redouble, elle tient à témoigner, « pour
que les gens d'ici comprennent ».

La vie, là-bas, a basculé. La sienne et celle de milliers d'autres. Elle est
venue en France pour sauver sa peau et celle de ses enfants. En janvier
dernier, elle a obtenu le statut de réfugiée politique. Une décision très rare,
15   qui la coupe définitivement de l'Algérie. « Je ne dois plus y penser, dit-elle,
la voix basse. Elle se tait puis poursuit : « Je dois élever mes enfants dans une
nation qui les protège. »

Un jour de décembre 1992, en allant à l'école, sa fille est témoin, dans
la rue, de l'assassinat d'un gendarme. Quelques heures plus tard, des gens
20   du quartier viennent lui « conseiller » de mettre l'enfant à l'abri. « A
l'époque, les actes terroristes allaient crescendo, se souvient-elle : de plus en
plus de lycéennes étaient kidnappées, violées, sauvagement assassinées ; des
commerçants, rackettés ou liquidés ; des salons de coiffure saccagés... De ce
fait, j'ai commencé à réduire mes activités professionnelles de nuit, en lim-
25   itant les admissions dans ma clinique aux seules urgences de patientes que
je connaissais. »

« Ils étaient venus m'abattre »

Mais cela ne suffit pas. Début 1994, un jeune homme se présente à la clinique, très tôt le matin. Il dit être à la recherche d'un appartement à louer, mais
30   pose d'étranges questions sur le look de Mme A., sa tenue, son âge, sa coiffure.
« Quatre islamistes en armes attendaient dans les escaliers, raconte-t-elle. Ils
étaient venus m'abattre. J'ai aussitôt fait évacuer et fermer la clinique et je me
suis réfugiée chez une sœur habitant une autre région. » Dès lors, elle va vivre
presque cloîtrée. Elle ne sort plus sans son « déguisement » : foulard sur la tête,
35   lunettes noires et long manteau sombre.

Quelques mois plus tard, elle apprend qu'on a trouvé sur le cadavre
d'un « émir » une liste de gens à assassiner. Le sien y figure. « Le comman-
ditaire potentiel de mon exécution étant mort, j'ai réintégré mon domicile. »
Mais c'est pour vivre, comme des milliers d'autres Algériens, en quasi-clan-
40   destinité, ne répondant plus à aucun appel téléphonique, n'ouvrant à personne, « sauf à ma famille, quand j'avais été avertie à l'avance de sa venue ».

Elle croit enfin être sortie d'affaire lorsqu'on propose à son mari une
mission dans une autre région du pays où les cliniques manquent. Elle envisage de s'y établir. Mais sa vie, une fois de plus, bascule. En janvier 1996, son
45   mari, parti en reconnaissance dans cette nouvelle région, disparaît. Elle ne le
reverra que quatre jours plus tard. A la morgue. Elle ne saura jamais qui l'a

ASILE PARCIMONIEUX:
De 1993 à la fin de juin
1996, l'Office français de
protection de réfugiés et
apatrides (Ofpra) n'a ac-
cordé qu'une soixantaine
de fois le statut de
réfugié politique à des
ressortissants algériéns,
sur 5 130 dossiers exam-
inés, soit 1, 1%. L'une
des raisons évoquées est
que l'asile politique doit,
en principe, protéger des
nationaux menacés par
leur gouvernment.

abattu, pourquoi, ni comment. Ses forces l'ont abandonnée. « La personne qui me consolait, me protégeait, m'insufflait du courage avait disparu pour toujours. C'est à ce moment-là que j'ai décidé de quitter le pays. Je n'étais plus
50 qu'une femme traquée, exposée au pire à tout moment. »

Sa voix pleure, elle baisse les yeux. « Depuis que je suis ici, le moindre bruit me fait sursauter. La peur que j'avais contenue jusque-là a débordé. C'est terrible d'entendre parler de massacres commis là-bas sans pouvoir rien faire. Je tremble pour ma famille, mes amis. Mais je n'avais pas d'autre choix
55 que d'essayer de refaire entièrement ma vie. »

— *l'Express,* 1er mai 1997

Exercice 8. Ecriture de réflexion basée sur la lecture : L'expérience d'une immigrée

Chez vous :

Cette fois vous allez répondre aux questions chez vous. Répondez par des phrases complètes et n'oubliez pas de *vérifier* ensuite vos réponses en y ajoutant des participes et des conjonctions de cause et de conséquence indiqués dans le *Cahier* (les **Exercices 1** et **2** du Chapitre 5).

L'Algérie : La femme traquée

1. Qu'est-ce qui a poussé la sage-femme à quitter l'Algérie ?

_____

2. Quel est le rôle de l'**émir** dans l'exil de cette femme ?

_____

3. Qu'est-il arrivé à son mari ?

_____

4. Quel est l'effet de la description « dans la ville de M. » ? Commentez l'effet de ne pas nommer la femme traquée.

_____

5. Commentez l'emploi des guillemets dans l'article (« comblée », « conseiller », « déguisement »).

_____

6. Selon vous, pour qui écrit-on dans cet article ? Comment êtes-vous arrivé(e) à votre conclusion ?

_____

7. Caractérisez le narrateur. Comment imaginez-vous le narrateur ? Quels mots permettent au lecteur de l'identifier ?

_____

8. Cet article permet-il de mieux comprendre la situation des immigrés, surtout des Algériens, en France ?

_____

Exercice 9. Ecriture en réaction à la lecture : L'organisation des idées

Chez vous :

Dans « L'Algérie : La femme traquée » il s'agit d'émouvoir le lecteur en le faisant s'identifier avec l'expérience de la femme terrorisée. Mais ceci ne constitue qu'un élément de la stratégie de l'écrivain. Relisez l'article maintenant afin d'évaluer les autres éléments qui le rendent surtout percutant. Les questions suivantes vous serviront de guide :

1. Quel est le but de cet article selon vous ? Y a-t-il des éléments dans le texte qui soutiennent votre thèse ?

2. Comparez le début et la fin de l'article. Quels en sont les points forts ? Existe-t-il des points faibles ?

3. Dans ce texte où il est question d'un exemple concret au lieu d'une argumentation abstraite, peut-on en dégager le plan ? Evaluez la structure de ce texte.

4. Selon vous, quelle est la fonction des citations directes des paroles de l'émigrée ?

   EXEMPLE 1 : « pour que les gens d'ici comprennent »

   EXEMPLE 2 : « Quatre islamistes en armes attendaient dans les escaliers... »

   EXEMPLE 3 : « Je tremble pour ma famille, mes amis. Mais je n'avais pas d'autre choix que d'essayer de refaire entièrement ma vie. »

5. Pouvez-vous suggérer d'autres détails à ajouter à l'article ? S'il fallait expliquer, par exemple, le contexte historique de cette émigration forcée, pourriez-vous proposer un ou deux paragraphes pour résumer la situation en Algérie pour vos lecteurs ?

6. L'article vous convainc-t-il qu'il faut agir ? Selon vous comment faut-il répondre à l'appel de cette femme traquée ?

En cours :

Par groupes de deux ou trois, reprenez vos réponses aux questions (surtout à la question 5). Comparez et discutez vos points de vue.

Exercice 10. Première version de votre rédaction

Développez la thèse que vous avez abordée dans l'**Exercice 2** de ce chapitre. Tapez ou écrivez votre rédaction à triple interligne avec des blancs que vous remplirez plus tard. Apportez-la en classe après avoir :

1. écrit la thèse principale de la rédaction EN MAJUSCULE.

2. souligné la thèse dans chaque paragraphe. (Est-ce que le lien avec la thèse principale est évident ? Existe-t-il dans vos paragraphes des détails sans lien avec les thèses soulignées ?)

3. créé un petit schéma qui montre clairement votre argumentation.

Vous devriez être préparé(e) à :

1. expliquer qui est votre lecteur.

2. dire où vous aimeriez publier ce texte (dans un journal, magazine, dépliant...).

3. caractériser la voix narrative que vous avez adoptée. Quels mots démontrent cette caractérisation ?

4. expliquer ce que vous avez emprunté au style (et à la rhétorique) des textes reproduits dans ce chapitre.

Exercice 11. Editez votre propre manuscrit !

1. Sans regarder votre texte, notez votre thèse principale sur une feuille. Est-ce que vous la retrouvez dans votre texte initial (peut-être sous une forme légèrement différente) au premier paragraphe ?

2. Entourez d'un cercle les idées qui s'opposent à votre point de vue. Est-ce qu'il y en a ? Sont-elles bien intégrées dans le texte ?

3. Relisez la suite des paragraphes (des thèses subordonnées). Résumez brièvement la logique de cette suite d'idées en marge de la rédaction. Est-ce que vous parvenez à vous convaincre ? Sinon, n'hésitez pas à restructurer votre rédaction.

4. Etes-vous sûr(e) d'avoir éliminé tout faux raisonnement (cf. **Exercice 3**) ?

5. Avez-vous réutilisé quelques-unes des stratégies rhétoriques employées par Yann Mens ? Maryse Condé ? Pierre-André Taguieff ?

6. Avez-vous employé la phrase-modèle de l'extrait de M. Taguieff ?

7. Y a-t-il assez d'expressions de transition, de conjonctions, d'expressions impersonnelles, de participes dans votre texte ? N'oubliez pas d'éliminer les mots fades, tels que **être, avoir, faire, chose...** autant que possible. (N'oubliez pas votre travail préliminaire dans les **Exercices 1** et **2** du Chapitre 5 du *Cahier.*)

8. Avez-vous cité au moins un dicton (cf. **Activité A**) ?

9. Sortez vos précédentes rédactions. Quelles sont les erreurs de grammaire qui s'y répètent souvent ? En relisant votre nouveau texte, concentrez-vous sur vos points faibles (soit l'orthographe, soit les accords, soit la conjugaison, soit l'emploi des temps...). Il est très utile de garder une liste de ces points faibles afin de faciliter votre travail d'auto-correction.

10. Relisez la rédaction plusieurs fois afin de corriger les fautes de grammaire, les fautes de frappe...

CURIOSITES CULTURELLES

Pour certains auteurs, il ne suffit plus de décrire la situation des immigrés ; il devient nécessaire de créer une nouvelle écriture : **la parole immigrante**. Une écrivaine qui a fait face à ce défi est Régine Robin ; son « roman » s'intitule La Québécoite, titre qui révèle immédiatement que l'écrivaine fait preuve d'une créativité langagière ludique riche en néologismes.

Pendant que vous lisez l'extrait où il est question d'un couple « mixte », posez-vous les questions suivantes :

1. Qu'est-ce qui révèle le contexte canadien de cet extrait ?

2. Quels éléments du texte vous paraissent innovateurs ?

3. Où se manifeste **la parole immigrante** ? N'est-il question que d'un traitement thématique ?

4. Connaissez-vous des récits américains / anglais aussi innovants dans le domaine linguistique ? Le(s)quel(s) ?

La Québécoite

Régine Robin

Ils auraient parfois des discussions pénibles frisant la brouille. Le gouvernement venant de faire prendre des lois spéciales suspendant le droit de grève
elle aurait ironisé sur « le préjugé favorable aux travailleurs ». Il aurait élevé
la voix. Au moment de leurs discussions plus ou moins passionnées, il aurait
5   pris l'habitude de lui dire que n'étant pas d'ici elle n'y connaissait rien. Ce
jour-là il se serait senti atteint. — Va donc rejoindre le parti communiste, avec
toi ils seront assez nombreux pour jouer au bridge, ou va chez les Mao, il y a
une demi-douzaine de chapelles, tu as le choix. Tu me fatigues avec tes
critères européens. Elle aurait haussé les épaules. Mettre fin à cette dispute et
10   vite. Parler d'autre chose. Ne plus jouer aux provocatrices. Ils se récon-
cilieraient vite en faisant l'amour. Au milieu des caresses, il lui dirait qu'elle
était une maudite Française et qu'elle le resterait, et elle lui rétorquerait en
l'embrassant qu'il était quétaine et qu'il le resterait. Elle sentirait cependant
qu'à la longue, ce genre d'affrontement finirait par laisser comme une fissure
15   entre eux. A la longue. Comment voterait-elle au référendum ? Par moment,
elle serait presque sûre de dire oui. Elle penserait à Maurice Audin, à Henri
Alleg, à ceux qui avaient lutté pour l'indépendance de l'Algérie avec les
Algériens, à ceux qui avaient porté les valises du FLN. Impossible de dire
NON, de voter avec les tenants des multinationales, des Dominants. Par mo-
20   ment cependant ces moments qui reviendraient souvent où son mari lui ferait
sentir qu'elle n'était pas d'ici, elle hésiterait. La peur. Non pas la peur que les
libéraux cherchaient à distiller — non une autre peur.

La peur de l'homogénéité
            de l'unanimité
25   du Nous excluant tous les autres
            du pure laine
elle l'immigrante
la différente
la déviante.

30   Elle hésiterait.

Car il pourrait aussi y avoir une façon québécoise de faire la chasse aux sor-
                cières

car il pourrait aussi y avoir une façon québécoise d'être

                        xénophobe et

35   antisémite.

Elle hésiterait. Perdue dans ce combat historique

        pas tout à fait le sien

        pas tout à fait un autre.

— Montréal : Québec/Amérique Editions, 1983

Chapitre 6

L'ENVIRONNEMENT

**L'argumentation descriptive
et analytique**

INTRODUCTION

Dans ce chapitre, vous aurez l'occasion d'analyser les problèmes écologiques majeurs qui touchent la planète et qui influenceront l'environnement au troisième millénaire. L'urgence des problèmes écologiques touche en effet la nouvelle génération qui doit prendre des mesures correctives pour rectifier les erreurs de leurs parents et de leurs grands-parents qui ont pris part à la révolution industrielle. Il va sans dire que c'est grâce à eux que nous vivons dans le confort et pour ceci nous leur devons une médaille. Malheureusement, toute médaille a un revers et le revers de la révolution industrielle peut être catastrophique si la nouvelle génération n'arrive pas à trouver un équilibre entre le confort humain et le bien-être de la nature.

La lecture des textes présentés dans ce chapitre vous permettra de réfléchir afin d'élaborer des solutions concrètes. « La liste noire des ennemis de l'air » est un texte qui nous éduque sur les causes de la pollution de l'air, ce qui nous amène à proposer des solutions touchant directement aux causes du mal. La « Déclaration sur les responsabilités des générations présentes envers les générations futures » (© UNESCO) est un document officiel qui nous amènera à discuter les solutions préventives possibles ou même les sources énergétiques alternatives. Dans le texte « L'environnement virtuel », nous réfléchirons sur ce qui définit le virtuel et sur l'impact de la technologie sur la qualité de la vie en ce début de troisième millénaire.

Les lectures de ce chapitre serviront de modèles pour vous apprendre à formuler et à analyser les différentes facettes d'un problème afin d'en déduire et de présenter des conclusions logiques convaincantes à l'oral et à l'écrit. Le futur de la planète dépendra non seulement de la passion de vos arguments mais aussi de votre aisance expressive dont le but est d'aider les négociations entre nations. N'oubliez pas que vos enfants et vos petits-enfants comptent sur vous et que vous serez peut-être celle ou celui qui fera la différence et qui les sauvera du chaos.

EXPLORATION ET CONVERSATION

Activité A. Engageons le dialogue : Analyse des problèmes écologiques

En groupes de deux ou trois, discutez pourquoi les points mentionnés ci-dessous sont fréquemment cités par la presse parmi les dangers écologiques. Prenez des notes lors de vos discussions et préparez-vous à présenter vos arguments au reste de la classe afin d'engager un débat général.

• le trou dans la couche d'ozone	• le stockage des déchets nucléaires
• le réchauffement de la terre, l'effet de serre	• le déboisement des forêts tropicales
• le rejet de gaz toxiques par les usines	• le traitement chimique des fruits et légumes
• le rejet de gaz toxiques par les voitures	• les pluies acides
• la surpopulation	• les hormones ajoutées à la viande
• les expériences nucléaires sous-marines	• les catastrophes naturelles
• la pollution de l'eau	• les accidents nucléaires
• les animaux en voie de disparition	• les marées noires
• le gaspillage des sociétés de consommation	• l'usage de produits non-biodégradables

Activité B. Conversation de réflexion avant la lecture : Cherchons des solutions !

Vous venez d'être nommés membres d'un comité supranational chargé de sauver la planète afin d'assurer un avenir meilleur pour vos enfants et les générations à venir. Votre rôle est de conseiller les gouvernements quant aux législations internationales à prendre afin d'assurer la qualité de l'environnement et afin de mettre un point final à la destruction de la planète. Reprenez quelques points mentionnés à l'**Activité A,** et présentez vos projets de loi afin d'éliminer autant que possible chacun de ces dangers écologiques.

MODELE :   Il faut une loi pour forcer les fabriquants à sortir des produits recyclables parce qu'il faut éliminer le gaspillage des ressources naturelles. Il faut également une autre loi parce que nous devons rendre le recyclage obligatoire. De meme, il faut que les écoles commencent un programme d'éducation civique parce que nous devons sensibiliser la population au problème du gaspillage dû aux excès de consommation.

Avant de créer vos propres phrases, complétez les phrases suivantes en les commençant par **Il faut** ou **Il ne faut pas** en fonction de votre opinion personnelle :

1. _____ imposer une lourde taxe ou une amende sévère pour

les usines polluantes parce que _____

_____

2. _____ rendre le recyclage obligatoire parce que _____

_____

_____

3. _____ interdire la production de tous produits non-

biodégradables parce que _____

_____

_____

4. _____ adopter l'énergie solaire pour remplacer l'énergie

nucléaire parce que _____

_____

_____

5. _____ former un Conseil supranational pour la protection

de l'environnement parce que _____

_____

6. _____ développer les transports en commun et interdire la

circulation des voitures en ville parce que _____

_____

7. _____ encourager la recherche pour le développement des

moteurs électriques ou à eau parce que _____

_____

8. _____ interdire l'usage des hormones dans la viande parce

que _____

9. _____ encourager les publications électroniques parce que

_____

10. _____ rendre l'éducation écologique obligatoire dans les

écoles parce que _____

_____

11. _____ interdire les essais nucléaires parce que _____

_____

12. Il faut _____ parce que

_____

13. Il ne faut pas _____ parce que

_____

Activité C. Conversation de réflexion avant la lecture : L'écologie à la maison

La conscience écologique commence à la maison. Un jour vous serez probablement — ou vous êtes déjà — parents. On dit souvent que l'éducation des enfants se fait par la pratique de l'exemple. Que faites-vous ou qu'avez-vous l'intention de faire à la maison pour que vos enfants développent une conscience écologique ? Le tableau suivant offre des suggestions que vous pouvez utiliser dans vos conversations.

• Séparer (trier) les déchets ;	• Refuser d'utiliser des produits à base de phosphates ;
• Utiliser des réceptacles spéciaux ;	• Acheter des produits recyclables ;
• Recycler le verre, le papier, les canettes d'aluminium ;	• Fermer la lumière avant de quitter une pièce ;
• Ne pas utiliser d'aérosol ;	• Laver la voiture avec de l'eau de vaisselle ;
• Utiliser des savons, des produits de beauté, des dentifrices à base de produits naturels ;	• Acheter des produits avec des emballages recyclés ;
• Acheter des fruits et légumes non-traités dans des magasins de produits naturels ;	• Ne pas jeter de déchets par terre ;
• Pratiquer une médecine nutritionnelle préventive ;	• Pratiquer le covoiturage ;
• Apprendre à apprécier et à respecter la beauté de la nature pendant le week-end ;	• Prendre le bus ou la bicyclette le plus souvent possible ;
• Conserver l'eau au maximum ;	• Etc.

Activité D. Conversation basée sur la lecture : « La liste noire des ennemis de l'air ».

Le titre de la lecture qui va suivre comprend des termes significatifs : **liste noire, ennemis** et **air.** Essayez donc de deviner le contenu de ce que vous êtes sur le point de lire en réfléchissant aux questions suivantes (élaborez vos réponses en groupe).

1. Quelle est la définition générique d'une **liste noire** ? _____
   _____

2. Qu'est-ce qu'un **ennemi** ? une personne ? une chose ? Pourquoi se fait-on des ennemis dans la vie ? Est-ce qu'un ennemi a une présence constructive ou destructive ? Comment se débarrasse-t-on de ses ennemis ? _____
   _____
   _____

3. De quoi peut se composer une **liste noire** quand il s'agit de questions écologiques ? Donnez des exemples.

4. Pourquoi est-ce que ces agents sont appelés des ennemis ? _____
   _____
   _____

5. Lorsque les façades d'une ville sont noires, que peut-on dire de l'air de la région ?
   _____
   _____

6. Quel est donc le double sens de l'expression **liste noire** ? _____
   _____
   _____

LECTURE A

▽

La liste noire des ennemis de l'air

Emmanuel Petiot

Aujourd'hui la pollution de l'air est préoccupante, qu'elle soit naturelle ou née de l'activité des hommes. Partout, des gaz et des poussières polluent l'atmosphère. Voici quelques grandes causes de cette pollution atmosphérique.

5   L'utilisation et la fabrication de bombes à aérosol, de systèmes de refroidissement pour les réfrigérateurs, de mousses synthétiques et de solvants polluent l'air avec **des chlorofluorocarbures (CFC).**

Des hydrocarbures s'échappent de la combustion des carburants ou de l'évaporation de solvants, comme ceux contenus dans la peinture ou la colle.

10   Les véhicules qui roulent à l'essence ordinaire ou au super produisent un polluant nocif, particulièrement pour l'enfant : **le plomb (Pb).**

Lorsque la lumière du soleil rencontre les oxydes d'azote et les hydrocarbures, cela produit de **l'ozone (O_3).** Ce gaz, nécessaire en altitude, est, en revanche, dangereux à la surface de la Terre.

15   La circulation automobile, la production industrielle et le chauffage sont responsables de la plus grande partie **du monoxyde de carbone (CO)** contenu dans l'air. Il s'agit d'un gaz très toxique qui, en lieu clos, peut provoquer la mort.

Le gaz carbonique, ou dioxyde de carbone (CO_2), s'échappe des

20   cheminées des usines, des pots d'échappement des voitures, des feux de forêt, de notre respiration. Ce gaz est nécessaire à la vie sur Terre. Cependant, son augmentation risque d'entraîner un réchauffement de l'atmosphère.

Lorsque certains produits contenant du chlore, le plastique par exemple, sont brûlés dans des usines d'incinération de déchets, ou lorsque l'on utilise

25   des pesticides à base de chlore, on envoie de **l'acide chlorhydrique (HCl)** sous forme de gaz dans l'atmosphère.

Lorsqu'on fait brûler du pétrole ou du charbon pour faire fonctionner une usine, chauffer une maison, ou fabriquer de l'électricité, cela dégage **du dioxyde de soufre (SO_2).** Lorsqu'un volcan entre en éruption, il rejette aussi
30 du dioxyde de soufre en très grande quantité très haut dans l'atmosphère.

Plus les hommes sont nombreux sur Terre, plus ils élèvent de bovins pour se nourrir. Or, les intestins des vaches produisent un gaz polluant, **la méthane (CH_4).** Les décompositions végétales dans les marais et les rizières produisent également ce gaz.

35 Une quantité **de particules diverses,** poussières, métaux, encombrent l'air : entre autres, elles salissent les bâtiments.

Les engrais chimiques utilisés pour l'agriculture, la combustion d'essence dans les véhicules, ou de fuel dans les usines, les incendies de forêts et les éclairs des orages fabriquent **des oxydes d'azote (NO et NO_2).**
40
— *Okapi*, n° 557, BAYARD PRESSE, 1995

Activité E. Conversation en réaction à la lecture : Stratégies pour améliorer l'air

Du fait de votre expertise et de vos connaissances en langue française, le gouvernement américain vous envoie en mission en France dans une équipe de recherche. Cette équipe doit fournir des recommandations afin de diminuer la pollution atmosphérique sur la planète. Avec votre équipe, discutez comment réduire les gaz qui causent cette pollution.

Gaz polluant l'air	Stratégies d'élimination des gaz polluants
Chlorofluorocarbures (CFC)	• • •
Hydrocarbures	• • •
Plomb (Pb)	• • •
Ozone (O_3)	• • •
Monoxyde de carbone (CO)	• • •
Gaz carbonique ou dioxyde de carbone (CO_2)	• • •

Gaz polluant l'air	Stratégies d'élimination des gaz polluants
Acide chlorhydrique (HCI)	• • •
Dioxyde de soufre (SO_2)	• • •
Méthane (CH_4)	• • •
Oxydes d'azote (NO et NO_2)	• • •
Particules : poussières, métaux	• • •

Activité F. Et nous ? Notre ville est-elle polluée ?

En petits groupes, discutez les problèmes de pollution que vous avez dans votre ville. Pour chaque problème posé, proposez une ou plusieurs solutions. Prenez des notes et préparez-vous à une discussion en session plénière.

Problèmes dans notre ville	Solutions proposées
•	•
•	•
•	•

Activité G. Passons à l'action ! Création d'un club écologique local

Votre université vous a demandé de créer un Club écologique et d'organiser des événements sur le campus pour sensibiliser les étudiants ainsi que la population locale. Lors de votre première réunion, vous avez décidé de discuter les points suivants. N'oubliez pas d'échanger vos arguments personnels en petits groupes avant d'arriver à une synthèse générale.

1. Nom du club : _____

2. Les couleurs du drapeau pour le club : _____

3. Objet symbolique pour représenter le club : _____

4. Rôle des membres du club : _____

5. Conférenciers à inviter sur le campus : _____

6. Activités culturelles pour sensibiliser la population estudiantine et locale aux problèmes

   écologiques (cinéma, théâtre, concerts, expositions...) :

   _____

7. Mesures de recyclage et d'économie d'énergie dans les résidences universitaires et dans

   les classes : _____

8. Mesures pour relier les efforts du campus à ceux de la communauté :

   _____

9. L'usage d'Internet : _____

10. Publications : _____

11. Travaux bénévoles : _____

12. Comment prélever des fonds : _____

13. Affiliation politique : _____

14. Communications au Président de l'université : _____

15. Pratiques actuelles à dénoncer : _____

16. Comment convaincre les professeurs de rendre les devoirs sur disquette pour éviter de gaspiller du papier :

    _____

17. Interventions à la télévision locale : _____

Activité H. Conversation de réflexion avant la lecture : L'énergie nucléaire

L'énergie nucléaire est-elle l'énergie du futur ? Est-elle une énergie rassurante ? Utilisez les expressions du tableau ci-dessous pour répondre aux questions qui suivent.

1. Que pensez-vous de Greenpeace et de ses manifestations contre les essais nucléaires ?

2. Quel est le premier pays qui a utilisé la bombe nucléaire en état de guerre ? Quelle est votre réaction ?

3. Certains disent que les tests nucléaires sous-marins sont moins dangereux que les tests nucléaires souterrains. Qu'en pensez-vous ?

4. Quelles conséquences sont engendrées par les accidents de centrales nucléaires ?

5. Quelles solutions semblent possibles pour résoudre les problèmes associés à l'énergie nucléaire ?

Posez d'autres questions qui vous semblent appropriées.

EXPRESSIONS UTILES

• les tests nucléaires sous-marins	• les maladies cancéreuses
• les tests nucléaires souterrains	• la course aux armements
• les radiations atomiques	• la destruction de l'environnement
• les déchets nucléaires	• l'exploitation commerciale
• les guerres nucléaires	• le champignon atomique
• la bombe atomique	• le sens de l'éthique

• le slogan politique	• les effets radioactifs
• Liberté, Egalité, Fraternité	• la mort de milliers de personnes
• l'enseignement non objectif de l'histoire	• le nuage radioactif
• la Seconde Guerre mondiale	• les responsables gouvernementaux
• un ton sarcastique	• les mouvements antinucléaires
• les écologistes	• la contamination radioactive
• l'apocalypse	• les catastrophes écologiques
• la troisième guerre mondiale	• l'interdiction des essais nucléaires
• la politique internationale	• le désarmement
• l'évacuation des lieux contaminés	• la défense nationale

Activité I. Conversation avant et pendant la lecture : Nos responsabilités, d'après l'UNESCO, envers les générations futures

Vous êtes sur le point de lire la déclaration de l'UNESCO sur les responsabilités des générations présentes envers les générations futures. Avant de lire le texte considérez les questions suivantes.

A. Choisissez la bonne réponse en encerclant la lettre correspondante.

1. UNESCO est l'acronyme pour l'expression
   a. anglaise *United Nations Educational, Scientific, and Cultural Organization*
   b. française *Union Nationale de l'Education, des Sciences et des Centres Organisateurs*
   c. suisse *Unité de Nettoyage Ecologique, Saine, Claire et Organisée*
2. L'UNESCO est affilié
   a. aux multinationales
   b. à l'ONU (l'Organisation des Nations Unies)
   c. au gouvernement américain

B. Choisissez les bonnes réponses en encerclant les numéros correspondant à la mission de l' UNESCO, puis discutez et élaborez chacune des idées mentionnées ci-dessous.

Le but de l'UNESCO est de (d') :

1. promouvoir la paix dans le monde entier

Discutez et élaborez : _____

_____

2. promouvoir la collaboration entre les nations

   Discutez et élaborez : _____

   _____

3. promouvoir la liberté individuelle

   Discutez et élaborez : _____

   _____

4. promouvoir la justice pour tous sans distinction de races, sexes, langues ou religions

   Discutez et élaborez : _____

   _____

5. promouvoir la guerre dans les pays non-membres

   Discutez et élaborez : _____

   _____

6. promouvoir la liberté d'expression afin d'encourager les échanges interculturels

   Discutez et élaborez : _____

   _____

7. promouvoir une éducation qui justifie la violence

   Discutez et élaborez : _____

   _____

8. éduquer les futurs citoyens du monde aux responsabilités liées à la liberté

   Discutez et élaborez : _____

   _____

9. décourager la coopération internationale

   Discutez et élaborez : _____

   _____

10. préserver la vie sur Terre

    Discutez et élaborez : _____

    _____

11. protéger l'environnement

   Discutez et élaborez : _____

   _____

12. éliminer les déchets industriels en les jetant dans les océans

   Discutez et élaborez : _____

   _____

C. D'après vos réponses, pouvez-vous deviner quelles sont les responsabilités que les générations présentes doivent prendre pour assurer la liberté et le bien-être des générations futures ? (1) Tout d'abord, que veut dire **responsabilité** ? Avec un(e) partenaire, formulez une définition de ce mot-clé. (2) Ensuite, faites une liste (dans le tableau ci-dessous) des responsabilités que vous percevez, sans lire la déclaration de l'UNESCO. (3) Lisez la Déclaration de l'UNESCO puis écrivez la liste des responsabilités nommées par l'UNESCO. (4) Comparez votre liste avec celle de l'UNESCO. Voyez (a) ce que les deux listes ont en commun ; (b) comment vos listes divergent, tout en accompagnant vos comparaisons de commentaires (Pourquoi est-ce important ? Pourquoi n'est-ce pas important ? Pourquoi s'occuper du futur ? etc.).

Définition :	Responsabilité : _____ _____ _____
Votre liste initiale : **Responsabilités envers les générations futures**	• _____ • _____ • _____ • _____ • _____ • _____ • _____ • _____ • _____ • _____ • _____ • _____

Liste de l'UNESCO : **Responsabilités envers les générations futures**	• _____ • _____ • _____ • _____ • _____ • _____ • _____ • _____ • _____ • _____ • _____ • _____
Points en commun entre votre liste et celle de l'UNESCO	• _____ • _____ • _____ • _____ • _____ • _____
Divergences entre votre liste et celle de l'UNESCO (Que pensez-vous de ces divergences ?)	• _____ • _____ • _____ • _____ • _____ • _____

LECTURE B

▽

Déclaration sur les responsabilités des générations présentes envers les générations futures

© UNESCO
http://www.unesco.org/general/fre/

Article 1
Besoins et intérêts des générations futures.

Les générations présentes ont la responsabilité de veiller à ce que les besoins et intérêts des générations présentes et futures soient pleinement
5   sauvegardés.

Article 2
Liberté de choix.

Il importe de mettre tout en œuvre pour que, dans le respect des droits de l'homme et des libertés fondamentales, tant les générations futures que les
10   générations présentes puissent librement choisir leur système politique, économique et social et préserver leurs diversités culturelles et religieuses.

Article 3
Maintien et perpétuation de l'humanité.

Les générations présentes devraient s'efforcer d'assurer le maintien et
15   la perpétuation de l'humanité dans le respect de la dignité de la personne humaine. En conséquence, aucune atteinte ne peut être portée de quelque manière que ce soit à la nature et à la forme humaine de la vie.

Article 4
Préservation de la vie sur Terre.

20   Les générations présentes ont la responsabilité de léguer aux générations futures une terre qui ne soit pas un jour irréversiblement endommagée par l'activité humaine. Chaque génération, recevant temporairement la Terre en héritage, veillera à utiliser raisonnablement les ressources naturelles et à faire en sorte que le progrès scientifique et technique dans tous les domaines
25 ne nuise pas à la vie sur Terre.

Article 5
Protection de l'environnement.

1. Afin que les générations futures puissent bénéficier de la richesse des écosystèmes de la Terre, les générations présentes devraient œuvrer pour
30 un développement durable et préserver les conditions de la vie et notamment la qualité et l'intégrité de l'environnement.

2. Les générations présentes devraient veiller à ce que les générations futures ne soient pas exposées à des pollutions qui risqueraient de mettre leur santé, ou leur existence même, en péril.

35 3. Les générations présentes devraient préserver pour les générations futures les ressources nécessaires au maintien de la vie humaine et à son développement.

4. Les générations présentes devraient, avant de réaliser des projets majeurs, prendre en considération les conséquences possibles de ceux-ci pour les
40 générations futures.

Article 6
Génome humain et biodiversité.

    Le génome humain, dans le respect de la dignité de la personne humaine et des droits de l'homme doit être protégé et la biodiversité sauve
45 gardée. Les progrès scientifique et technique ne devraient pas nuire à la préservation de l'espèce humaine et des autres espèces, ni les compromettre d'aucune manière.

Article 7
Diversité culturelle et patrimoine.

50   Dans le respect des droits de l'homme et des libertés fondamentales, les générations présentes veilleront à assurer la préservation de la diversité culturelle de l'humanité. Les générations présentes ont la responsabilité d'iden

tifier, protéger et conserver le patrimoine culturel, matériel et immatériel, et de transmettre ce patrimoine commun aux générations futures.

Article 8
Patrimoine commun de l'humanité.

Les générations présentes devraient jouir du patrimoine commun de l'humanité, tel qu'il est défini dans le droit international, sans le compromettre de manière irréversible.

Article 9
Paix.

1. Les générations présentes devraient veiller à ce que tant les générations futures qu'elles-mêmes apprennent à vivre ensemble pacifiquement, en sécurité, dans le respect du droit international, des droits de l'homme et des libertés fondamentales.

2. Les générations présentes devraient préserver les générations futures du fléau de la guerre. A cette fin, elles devraient éviter d'exposer les générations futures aux conséquences dommageables des conflits armés ainsi que toutes autres formes d'agressions et de l'usage des armes qui sont contraires aux principes humanitaires.

Article 10
Développement et éducation.

1. Les générations présentes devraient veiller à assurer les conditions pour le développement socio-économique équitable, durable et universel, des générations à venir, tant sur le plan individuel que collectif, notamment par une utilisation juste et prudente des ressources disponibles, afin de lutter contre la pauvreté.

2. L'éducation est un important instrument de développement des personnes et des sociétés. Elle devrait servir à favoriser la paix, la justice, la compréhension, la tolérance et l'égalité au profit des générations présentes et futures.

Article 11
Non-discrimination.

Les générations présentes ne devraient entreprendre aucune activité ni prendre aucune mesure qui auraient pour effet de provoquer ou de perpétuer une forme quelconque de discrimination pour les générations futures.

Article 12
Mise en œuvre.

90   1. Les Etats, les institutions du système des Nations Unies, les autres organi-
sations intergouvernementales et non gouvernementales, les individus,
les entités publiques et privées devraient assumer toutes leurs responsabilités dans la promotion, en particulier par l'éducation, la formation et
l'information, du respect des idéaux énoncés dans la présente déclara-
95   tion, et encourager par tous les moyens appropriés leur pleine reconnaissance et leur application effective.

2. En égard à la mission éthique de l'UNESCO, l'Organisation est priée de
donner la plus large diffusion au texte de la présente déclaration et de
prendre toutes les mesures nécessaires, dans ses domaines de compé-
100   tence, pour mieux sensibiliser le public aux idéaux reflétés dont ce texte
est porteur.

— UNESCO, www.unesco.org/general/fre/

Activité J. Conversation en réaction à la lecture : Elaborons !

Le texte que vous venez de lire liste des directives quant aux responsabilités à prendre
pour la protection des générations futures. Faites une liste de dix points intéressants présentés dans la déclaration de l'UNESCO et posez des questions à votre partenaire selon le
modèle suivant, avant de vous engager dans une discussion à bâtons rompus.

MODELE :   Préservation de l'intégrité de l'environnement. →
Comment peut-on préserver l'intégrité d'un environnement qui a déjà perdu son
intégrité ?

Points extraits du document	Questions à poser
1. _____	_____
2. _____	_____
3. _____	_____
4. _____	_____
5. _____	_____
6. _____	_____
7. _____	_____
8. _____	_____
9. _____	_____
10. _____	_____

Activité K. Et nous? La construction d'une centrale nucléaire dans notre région

Les journaux viennent d'annoncer la construction d'une centrale nucléaire dans votre communauté. Votre club écologique décide d'avoir une réunion pour réfléchir aux actions possibles pour empêcher la construction de cette centrale. Utilisez vos connaissances de la région pour formuler des arguments convaincants. Voici quelques points que vous pouvez élaborer et discuter.

• la beauté de la nature	• la proposition d'une énergie alternative
• la destruction de la nature	• les effets sur les générations futures
• la densité de la population	• les erreurs possibles
• l'évacuation difficile en cas d'accident	• la décision par vote démocratique
• la pollution de l'air et de l'eau	• les exemples d'accidents catastrophiques

Activité L. Synthèse : Etes-vous optimiste ou pessimiste ?

Quel futur nous est réservé ? Discutez l'état de la Terre et la qualité de la vie telle que vous l'imaginez pour vos enfants et petits-enfants à la fin du troisième millénaire.

REALISATION ET ECRITURE

Objectif

• Ecriture d'une analyse commentaire (argumentation descriptive et analytique)

Objectifs de l'analyse

• Formuler et présenter un problème (introduction) ;

• Présenter une étude détaillée de faits scientifiques, d'événements passés, de statistiques ou d'enquêtes d'opinion reliés au problème ;

• Organiser les faits et leurs analyses par catégorie (paragraphe) ;

• Incorporer des déductions et commentaires logiques après la présentation de chaque fait ;

• Synthétiser une interprétation générale (conclusion) ; formuler une nouvelle présentation du problème ; offrir des suggestions pour mieux comprendre et examiner le problème.

Thèmes possibles pour votre analyse commentaire

• Analysez et commentez un problème écologique de votre choix. Votre analyse doit se baser sur des faits réels que vous allez interpréter de points de vue différents.

• La consommation et l'écologie peuvent-elles cohabiter ? Débattez cette question en exposant plusieurs points de vue et en analysant plusieurs perspectives (exemples : la surconsommation, le gaspillage, la surproduction, la surpopulation, la spirale auto-destructive, le rétablissement possible d'un équilibre, l'analyse du matérialisme...).

• Certains pensent que les êtres humains ont une intelligence supérieure. D'autres pensent que les êtres humains sont des animaux prédateurs et destructeurs. Que pensez-vous de ce dilemme ?

• Etes-vous optimiste ou pessimiste ? Quel futur nous est réservé ? Discutez l'état de la Terre et la qualité de la vie telle que vous l'imaginez pour vos enfants et petits-enfants à la fin du troisième millénaire.

• Ecrivez un article pour persuader le lecteur de votre opinion en ce qui concerne l'environnement, l'armement nucléaire, etc.

• Autre thème de votre choix à discuter avec votre professeur.

Exercice 1. Premiers pas : Analysons et commentons !

Tirez des interprétations et déductions logiques basées sur chacun des faits présentés ci-dessous en prenant deux positions opposées. Terminez en posant une question rhétorique qui amène le lecteur à la réflexion. Voici quelques expressions utiles pour l'organisation logique de vos arguments:

Introduction du premier point de vue	• D'un côté... • D'une part... • Autant qu'on puisse en juger... • Bon nombre sont de l'avis que... • Il est vrai que... • Nous devons admettre que...	• Malgré... • Dans un sens... • A première vue... • De toute évidence... • En dépit du fait que... • On peut admettre que...
Introduction d'un autre point de vue	• D'un autre côté... • D'autre part... • Mais il y a le revers de la médaille... • Si nous examinons la question de plus près... • En général, on attache beaucoup d'importance à cette idée, mais...	• ... mais au fond... • On peut objecter que... • Cet argument mis de côté... • Tout en admettant que les faits aient raison,... • Mais quoi qu'on en pense en règle générale,...
Synthèse	• En résumé... • En fin de compte... • On peut se demander si... • Dans quelle mesure peut-on se laisser séduire par... • Toute réflexion faite...	• En d'autres termes... • A tout prendre... • Compte tenu de ceci... • Après avoir pesé le pour et le contre... • L'un dans l'autre,...

MODELE :   Le gouvernement impose de plus en plus de lois pour limiter la pollution. →
D'un côté, il est vrai que le civisme écologique n'est pas encore très développé,
et on peut comprendre que le gouvernement fasse preuve d'une certaine autorité. Mais d'un autre côté, on peut objecter qu'une telle ingérence gouverne-
mentale a tendance à limiter la liberté individuelle. Mais dans quelle mesure
peut-on se laisser séduire par l'idée traditionnelle de la liberté quand celle-ci
peut être destructrice ?

1. Le gouvernement impose de plus en plus de lois pour limiter la pollution.

_____

_____

_____

2. A cause des problèmes de la vache folle, les Etats-Unis interdisent l'importation de
viande en provenance de l'Angleterre.

_____

_____

_____

3. Le gouvernement impose des taxes très sévères sur les industries polluantes.

_____

_____

_____

4. En Afrique, l'énergie solaire commence à se développer.

_____

_____

_____

5. L'écologie participe au ralentissement de la consommation.

_____

_____

_____

_____

6. Malgré le Traité de non-prolifération nucléaire, il y a encore trop de têtes nucléaires dans le monde.

_____

_____

_____

_____

Exercice 2. Ecriture spontanée

Relisez les thèmes proposés dans l'introduction (p.195) pour votre analyse commentaire. Sans vous soucier ni de l'orthographe, ni de la grammaire, ni de la structure du paragraphe, écrivez spontanément pendant cinq minutes sur l'un de ces thèmes ou sur un thème de votre choix. Ne vous arrêtez pas d'écrire ! Votre professeur vous dira quand les cinq minutes se seront écoulées.

En Classe :

- Une fois les cinq minutes écoulées, lisez ce que vous avez écrit. Soulignez les phrases qui vous semblent les plus appropriées et les plus intéressantes.

- Prenez une autre fiche ou une autre feuille de papier et refaites votre paragraphe en gardant les meilleures phrases que vous avez soulignées dans la première version (pour l'instant, ne vous souciez toujours pas de l'orthographe ni de la grammaire). N'hésitez pas à demander à votre professeur les mots et expressions dont vous avez besoin.

- Mettez-vous maintenant en groupes de trois ou quatre personnes et lisez vos paragraphes à haute voix (lentement). Ceux qui écoutent doivent signaler ce qu'ils n'ont pas compris et proposer comment vous pourriez développer vos idées.

Chez Vous :

Considérez les questions suivantes au fur et à mesure que votre travail d'écriture avance.

1. Ai-je assez de faits pour prouver ma thèse ?   Oui   Non

2. Est-ce que j'ai rassemblé assez d'expressions reliées au sujet ?   Oui   Non

(Le vocabulaire et les expressions nécessaires à l'écriture doivent être recherchés avant de commencer la rédaction, sans quoi votre travail sera souvent interrompu.)

3. Ai-je identifié les questions que je veux poser dans mon texte ? Oui Non

4. Ai-je formulé mes idées clairement et de façon cohérente ? Oui Non

5. Mes idées sont-elles bien organisées et cohésives ? Oui Non

6. Ai-je utilisé assez d'expressions de transition **(Exercice 1)** ? Oui Non

7. Ai-je bien présenté le problème dans mon introduction ? Oui Non

8. Ai-je écrit une conclusion qui inspire ? Oui Non

9. Est-ce que j'ai vérifié l'usage de la grammaire ? Oui Non

10. Ai-je fait attention aux répétitions ? Oui Non

11. Ai-je vérifié l'orthographe ? Oui Non

12. Ai-je vérifié la ponctuation ? Oui Non

13. Pour les mots recherchés dans le dictionnaire, suis-je sûr(e) de mon choix ? Oui Non

14. Est-ce que j'aime ce que j'ai écrit ? Oui Non

15. Ai-je un titre original qui attire l'attention du lecteur ? Oui Non

Exercice 3. Écriture de réflexion avant la lecture : L'environnement virtuel.

Le texte que vous allez lire contient un titre et plusieurs sous-titres mentionnés ci-dessous. Pour chacun d'entre eux, devinez et écrivez le genre d'informations et de commentaires que vous allez trouver dans le texte (sans lire le texte). Souvenez-vous que notre objectif est de présenter une argumentation analytique claire afin de proposer une nouvelle direction.

Titre : L'environnement virtuel : « vache sacrée » ou « vache folle » ?

_____

_____

_____

Sous-titre 1 : Qu'entend-on par virtuel ?

_____

_____

_____

Sous-titre 2 : Est-ce l'ordre ou l'anarchie qui règne dans le virtuel ? Expliquez !

_____

_____

_____

Sous-titre 3 : Pourquoi s'inquiéter face au virtuel ?

_____

_____

_____

Sous-titre 4 : Le savoir est-il contrôlé par la technologie ?

_____

_____

_____

Sous-titre 5 : Le virtuel relève-t-il du sacré ou de la folie ?

_____

_____

_____

Questions posées par le texte	Informations nécessaires pour répondre aux questions
• Qu'entend-on par virtuel ?	
• Ordre ou anarchie ?	
• Pourquoi s'inquiéter face au virtuel ?	
• Le savoir est-il contrôlé par la technologie ?	
• Le virtuel relève-t-il du sacré ou de la folie ?	

Exercice 4. Écriture de réflexion avant et pendant la lecture : Dossier sur le virtuel.

Maintenant, lisez le texte, puis relevez et inscrivez les **mots-clés** qui reflètent les idées principales exprimées en réponses aux questions posées au début de chaque paragraphe. Une fois terminé, comparez les idées du texte avec les vôtres (inscrites dans l'exercice précédent).

Pour chacune des cinq parties de l'article, identifiez (soulignez) deux phrases dont vous aimez le style (nombre total de phrases = 10). Une fois les phrases identifiées, amusez-vous à manipuler et à imiter la syntaxe en utilisant les mots-clés avec lesquels vous avez rempli le tableau ci-dessus:

MODELE :

Phrase extraite du texte : "La communication / a atteint / un degré de complexité telle / qu'à diversité humaine / vient s'ajouter / une panoplie de média."

Imitation possible : Les inforoutes / se sont développées / à une vitesse telle / que mêmes les experts en traitement de texte / n'y retrouvent plus leur latin.

LECTURE C

▽

L'environnement virtuel : « vache sacrée » ou « vache folle » ?

Lydie E. Meunier

L'espace virtuel, « vache sacrée » ou « vache folle » ? L'extension du cyberespace a accéléré la mondialisation dans une déréalisation à outrance parfois inquiétante. D'une part, la frontière entre le virtuel et le réel est de-

5   venue de plus en plus floue. D'autre part, la communication a atteint un degré de complexité telle qu'à diversité humaine vient s'ajouter une panoplie de média. Face à cette double complexité, humaine et technologique, c'est la technologie qui s'est étrangement imposée comme « la solution sacrée »,

10   prometteuse de réconcilier les divergences humaines par la diversité médiatique. Mais, malgré les espoirs investis dans les pouvoirs d'une technologie hautement interactive, la communication reste le problème humain numéro un. Le sacré est-il tourné à la folie ? Que faire ? Comment analyser cette nouvelle réalité explosive où tout apparaît à la fois si simple et si compliqué ?

15 Qu'entend-on par virtuel?

C'est dans la galaxie de Gutenberg, où nous sommes encore aujourd'hui, que le texte est vraiment parti à l'aventure afin d'explorer des multitudes de mondes parallèles, reflets de réalités qui se sont succédées au fil des siècles. L'écriture a su s'imposer comme technologie intellectuelle visant à

20   dépeindre ou (pour utiliser le terme d'aujourd'hui) à virtualiser l'étendue sémantique de nos visions d'hommes et de femmes. Avec l'invention de l'imprimerie, l'écriture a trouvé un support statique et solide sachant défier l'usure du temps afin que nos visions humaines puissent survivre les limites temporelles et spatiales. C'est ainsi que les livres réussirent à apprivoiser

25   leurs lecteurs et à offrir une disponibilité rassurante. Bref, il est clair que le virtuel ne date pas d'aujourd'hui. La preuve en est que le virtuel électronique n'existe pas sans le multimédia dont le terme même nous renvoie à tous les médias qui ont précédé l'univers multimédiatique de ce début de millénaire.

Ordre ou anarchie ?

30   Ce qui a récemment soulevé la problématique du virtuel, c'est, d'une part, la difficulté que nous avons à reconnaître nos limitations cognitives et intellectuelles face à l'énormité des réseaux électroniques qui s'étendent à l'infini. D'autre part, pour les habitués du livre, délaisser l'ordre textuel au profit d'un chaos hypertextuel exige un effort énorme de réadaptation, ce qui ex-
35   plique qu'il est parfois beaucoup plus facile de critiquer et de résister dans le but de maintenir la légitimité des domaines rassurants parce que familiers. Les internautes voient dans l'hypertexte multimédiatique une performance supérieure au niveau de la quantité et de la rapidité du traitement informatique, alors que les partisans du livre voient dans l'acte plus simple de la lec-
40   ture une expression de qualité permettant une recherche et une introspection en profondeur. Remarquez que « traitement informatique » et « lecture » veulent en fait dire la même chose. Mais esthétiquement parlant, on oppose souvent le plaisir de la lecture tranquille au coin du feu à la conduite folle des internautes avides de cyberinfos qui défilent et se succèdent à vive allure le long
45   des inforoutes d'un écran glacial.

Pourquoi s'inquiéter face au virtuel ?

    Il est clair que la réalité et l'imagination ont toujours su se retrouver dans le virtuel auquel nous sommes déjà habitués grâce à la tradition livresque. Ce qui inquiète, en ce début de millénaire, c'est le caractère aléa-
50   toire de l'environnement électronique car le support statique et rassurant d'antan a fait place à une électricité statique et hypnotisante qui entraîne parfois des comportements excessifs voire pathologiques. Loin du coeur comme des yeux, les communautés d'internautes vivent dans l'illusion de l'amitié car ils négligent les soirées entre copains au café du coin afin de fréquenter les
55   cybercafés. L'internaute a soif de contrôle, il aime manipuler ce petit monde virtuel, ce théâtre mobile et saccadé. Pour d'autres, ce monde saccadé qui s'engouffre dans le vide à une vitesse folle symbolise une réalité fuyante et chaotique, une planète morcelée. Compte tenu de ceci, ce n'est pas vraiment le virtuel qui nous dérange, c'est la réalité inconfortable que le Web nous re-
60   crache à la figure alors que nous insistions pour ne pas la regarder en face. Si nous analysons de plus près notre angoisse vis-à-vis du virtuel, nous réalisons très vite que celle-ci est due au comportement excessif des internautes beaucoup plus attachés à leur ordinateur qu'à leurs proches. Ceux-ci savent communiquer avec le reste du monde, mais ils ont perdu le sens des relations in-
65   times. Et aujourd'hui, qui ne souffre pas de cela ? De même, le surplus de données qui défilent sur l'écran reflète une conscience collective désordonnée. Qui dit désordre dit danger, et qui dit danger dit angoisse. Ces entasse-

ments informatiques accompagnés de comportements absents et détachés
parmi les adeptes du virtuel électronique démontrent que le « tout » est très
70   proche du «rien » et que la performance humaine risque de s'assujettir à la
performance technique. Bref, c'est le malaise, un nouveau mal de vivre que
nous n'arrivons pas encore à bien définir du fait de sa nouveauté soudaine.
Sommes-nous en train de déléguer nos mémoires à des machines ? Sommes-
nous en train d'établir l'infériorité humaine ? Le virtuel électronique va-t-il
75   détruire le face-à-face ?

Le savoir est-il contrôlé par la technologie ?

Personne ne peut contester que le Web prend des allures d'encyclopédie
monumentale à l'échelle mondiale, et qu'à cause de cela il mérite notre admiration. Mais bon nombre sont de l'avis que la pensée critique, à la fois in-
80   dividuelle et collective, reste un privilège humain même si ce privilège est
minimisé par l'emprise de la fascination technique qui règne encore aujour-
d'hui. En effet, le traitement de données n'est rien d'autre qu'un travail au-
tomatisé utile à l'efficacité et à l'accélération de la recherche. Sans intelligence humaine et sans curiosité, toute banque de données se retrouve
85   inactive, inutile, sans signification et donc sans avenir. Il faut bien reconnaître
que le Web n'offre aucun savoir, seulement des informations. Par conséquent,
ceux qui opposent l'intelligence humaine à l'intelligence artificielle ont
soulevé un faux problème, car il s'avère que les deux se complètent et que
l'intelligence artificielle est en fait au service de l'intelligence humaine. Bref,
90   l'intelligence humaine reste en contrôle et le seul espoir du savoir, car en
matière de communication, ce qui compte ce n'est ni la technique, ni la quantité d'informations, ni la rapidité du traitement informatique, c'est la capacité
qu'ont les êtres humains à partager et à se comprendre. Par conséquent, la
performance technique hypermédiatique, aussi fascinante soit-elle, est réduite
95   à un minimum quand la complexité des interactions personnelles, sociales et
internationales s'impose dans un souci de collaboration et de cohésion pacifique. Ceux qui ont déjà compris que toute transmission de savoir passe par
l'être humain ont clairement exprimé leur manque d'enthousiasme vis-à-vis
de l'informatique et du monde virtuel. Ce manque d'enthousiasme reflétait
100   beaucoup plus une vision claire qu'un soi-disant archaïsme.

Conclusion : Le virtuel relève-t-il du sacré ou de la folie?

Alors, « vache sacrée » ou «vache folle » ? On serait tenté de dire que
la réponse à la problématique du virtuel est « vachement » simple, et que fort
heureusement le sacré et la folie ne s'excluent pas. Toute réponse dépend de
105   nos perspectives de départ et de nos efforts à comprendre nos contemporains

110 sans oublier nos efforts à comprendre notre jeunesse. Le fait est que le virtuel
électronique fait maintenant partie de nos vies et que cela ne sert à rien de s'y
opposer. Comme tout outil, le Web peut être utile à la création d'une réalité.
Car, en fin de compte, quel que soit le débat sur le virtuel, la réalité reste ce
qu'il y a de plus précieux. Ceux qui négligent la réalité pour fuir dans le
115 virtuel sans le comprendre ni se comprendre flirtent forcément avec la folie.
Inversement, ceux qui tentent d'expliquer le virtuel comme l'ennemi de la
réalité et qui se perdent dans le plaisir de la critique à outrance risquent de ré-
pandre une panique folle propice à toutes sortes d'obscurantismes et d'ima-
ginations fertiles. Toute réflexion faite, c'est dans l'art que le sacré du virtuel
120 se trouve : c'est par sa dimension esthétique que l'intelligence artificielle
pourra inspirer l'intelligence humaine. Le virtuel artistique est dynamique et
interactif, et de ce fait, il a le pouvoir de transformer la machine à afficher en
un tableau fluide et animé. Bref, avec le virtuel, l'histoire de l'art ne va-t-elle
pas prendre une nouvelle direction ?

Exercice 5. Analyse du lecteur implicite

L'auteur de cet article nous offre une analyse intéressante sur la définition et la perception de l'environnement virtuel. D'après vous, à qui l'auteur s'adresse-t-elle? Indiquez toutes les possibilités à partir de
la liste ci-dessous et ajoutez une ou deux suggestions personnelles. Pour chacune de vos décisions,
écrivez une ou deux phrases qui justifient votre choix.

_____ des historiens

Pourquoi/pourquoi pas? _____

_____

_____ des politiciens

Pourquoi/pourquoi pas? _____

_____

_____ des philosophes

Pourquoi/pourquoi pas? _____

_____

_____ des amateurs de science-fiction

Pourquoi/pourquoi pas? _____

_____

_____ des informaticiens

Pourquoi/pourquoi pas? _____

_____

_____ le public en général

Pourquoi/pourquoi pas? _____

_____

_____ des sociologues

Pourquoi/pourquoi pas? _____

_____

Vos suggestions: _____ , _____ , _____ .

Pourquoi? _____

Exercice 6. Réflexions analytiques : L'avis du lecteur

Chaque fois que nous lisons un texte nous réagissons de différentes façons, une réaction souvent inconsciente qui finit souvent par une évaluation générale du style "j'aime bien ce texte" ou "je n'aime pas ce texte." Le but de cette activité est d'apprendre à analyser en de plus amples détails nos premières réactions exprimées en des termes généraux. Dans ce but, considérons les questions suivantes:

- Est-ce que j'aime cet article sur la problématique de l'environnement virtuel? Pourquoi?
- Est-ce que cet article parvient à me convaincre? m'impressionner? m'intéresser? m'inquiéter?
- Qu'est-ce que je pense du titre de l'article? Attire-t-il ma curiosité?
- Quels sont les arguments que j'accepte, et quels sont ceux que je refuse? Pourquoi?
- Quels sont les points forts de l'article?
- Quels sont les points faibles de l'article?
- Comment pourrais-je améliorer cet article?

Exercice 7. A la recherche d'un style personnel

Relisez les grandes questions de l'article (p.200). En groupes de trois ou quatre présentez les idées clés sous la forme d'un texte en incluant vos propres commentaires. Dans chaque groupe, déléguez la personne chargée de l'écriture après avoir discuté et suggéré des changements pour chaque phrase proposée (n'oubliez pas de relier vos idées avec des mots de transition, de thèse, d'antithèse et de synthèse). Une fois la composition de votre texte finie, relisez votre document et vérifiez son organisation (paragraphes, transitions, cohérence, cohésion). Ensuite, écrivez une introduction et une conclusion. Procédez à une dernière vérification générale avant de trouver un titre qui attire l'attention ! Pendant vos discussions, n'hésitez pas à demander conseil à votre professeur qui répondra à vos questions de style, de grammaire et de vocabulaire. Une fois l'activité finie, échangez votre texte avec un autre groupe. Toujours en groupe, procédez à une première évaluation en considérant les points suivants :

1. Est-ce que le titre et l'introduction attirent la curiosité du lecteur ?

2. Est-ce que chaque paragraphe traite d'une idée principale ?

3. Est-ce que l'idée principale de chaque paragraphe est bien élaborée (a. description du problème, b. cause[s] du problème, c. exemple[s] précis, d. commentaire logique) ?

4. Est-ce que la transition entre chaque paragraphe est logique et bien menée ?

5. Est-ce que le traitement des idées principales justifie la conclusion ?

6. Est-ce que le choix du vocabulaire est approprié ?

7. Est-ce que l'usage de la grammaire est bien traité ?

8. Est-ce que l'orthographe des mots utilisés est exacte ?

9. Est-ce que la ponctuation est adéquate ?

10. Quelles sont vos recommandations finales pour l'autre groupe ?

Une fois les évaluations finies, joignez-vous au groupe dont vous avez lu l'article, et, ensemble, discutez vos recommandations. Le groupe évalué peut accepter ou rejeter les suggestions après discussion et justification. Si besoin est, recourez à l'arbitrage du professeur !

Exercice 8. A la recherche du sujet motivant

Avant de prendre une décision finale sur le sujet que vous aimeriez développer, il est important de lire différents articles qui vous aideront à déterminer le sujet le plus motivant. En plus des publications que vous pouvez consulter à la bibliothèque universitaire, sachez que vous pouvez également accéder à des dossiers intéressants sur le Web. Voyez la section **Curiosités Culturelles** suivante.

En groupes de deux, passez en revue les thèmes proposés au début de la section de **Réalisation et écriture** de ce chapitre, ainsi que le thème adopté pour votre écriture spontanée. Faites un choix final (au cas où vous décideriez de changer de sujet) puis suivez les instructions données **Chapitre 3,** pp. 96–99.

Exercice 9

- **Première version du manuscrit final :** Chez vous, développez le sujet que vous avez finalement sélectionné en suivant les étapes données **Chapitre 3,** p. 96.

- **Apportez votre manuscrit en classe et préparez-vous à expliquer** comme indiqué **Chapitre 3,** p. 97.

- **A la maison :** Suivez les étapes données **Chapitre 3,** pp. 97–98.

- **En classe :** En groupe de deux, échangez votre manuscrit avec votre partenaire. Suivez les procédures correctives données **Chapitre 3,** pp. 98–99.

- **A la maison :** Tapez la nouvelle version de votre manuscrit en tenant compte des commentaires, recommandations et changements soumis par votre camarade de classe.

- **En classe :** Rendez votre manuscrit à votre professeur qui fera des commentaires supplémentaires avant d'écrire la toute dernière version. Après la deuxième version, votre professeur affichera votre travail sur le Web pour que vos écrits soient lus par le monde entier.

CURIOSITES CULTURELLES

Voici quelques références trouvées sur le Web après avoir accédé:

http://www.ina.fr/CP/MondeDiplo/mondediplo.fr.html

Vous y trouverez également une multitude d'articles sur l'écologie.

1. Lire Jean-Paul Maréchal, *Le Prix du risque,* Presses du CNRS, Paris, 1991.
2. Paul Hawken, *L'Ecologie de marché, Le Souffle d'or,* 05300 Barret-le-Bas, 1995.
3. René Passet, *L'Economique et le Vivant,* Payot, Paris, 1979. Une nouvelle édition actualisée de cet ouvrage devenu classique vient d'être publiée (Economica, Paris, 1996, 291 pages, 125 F).
4. Henri Bartoli, *L'Economie multidimensionnelle,* Economica, Paris, 1991.
5. René Passet, « L'Economie : des choses mortes au vivant », Encyclopaedia Universalis, symposium « Les enjeux », Paris, 1984.
6. Lire *Le Monde,* 27 février 1996.
7. Lire Bernard Cassen, « La clause sociale, un moyen de mondialiser la justice », *Le Monde diplomatique,* février 1996.
8. Philippe Van Parijs, *Sauver la solidarité,* Cerf, coll. « Humanités », Paris, 1995.
9. Hans Jonas, *Le Principe responsabilité,* Cerf, Paris, 1990.
10. Jacques Decornoy « L'exigence de responsabilité », *Le Monde diplomatique,* septembre 1990.
11. Jean-Philippe Barde, *Economie et politique de l'environnement,* PUF, coll. « L'économiste », Paris, 1992.

12. Lire « Une Terre en renaissance », *Savoirs,* no. 2, 1993, publications du *Monde diplomatique.*

13. Lire Winfried Lang et Christian Manahl, « L'avenir de la couche d'ozone : le rôle du protocole de Montréal », *Stratégies énergétiques, biosphère et société,* Georg, Genève, 1996.

14. Lire Jean-Paul Maréchal, « De la responsabilité des états dans la protection de la nature : l'écologie de marché, un mythe dangereux », *Le Monde diplomatique,* octobre 1996, pages 26 et 27. Voir aussi :

    http://www.ina.fr/CP/MondeDiplo/1996/10/MARECHAL/7277.html

15. Références thésaurus : Cherchez sous **Ecologie.**

Lisez la liste de références données ci-dessus et sélectionnez trois références qui vous semblent intéressantes. Expliquez pourquoi ces références pourraient être utiles.

1. Référence n°1 : _____

   _____

2. Référence n°2 : _____

   _____

3. Référence n°3 : _____

   _____

A votre tour d'explorer le Web !

Accédez la page électronique suivante (demandez conseils à votre professeur si vous n'êtes pas encore familiarisé(e) avec la recherche sur le Web.) :

http://www.ina.fr/CP/MondeDiplo/mondediplo.fr.html

Puis soulevez ces questions :

1. Quels titres d'articles ai-je trouvés ? (Imprimez les pages qui vous ont semblé les plus intéressantes ou copiez-les sur une disquette si vous voulez économiser de l'encre et du papier afin de faire preuve de civisme écologique .)

2. Quels articles ai-je lus ? (Imprimez les articles que vous avez lus ou copiez-les sur une disquette.)

3. Quels articles ai-je utilisés pour ma recherche dans mon manuscrit ? (N'oubliez pas de donner les références à la fin de votre manuscrit.)

Montrez le résultat de vos recherches électroniques en remettant votre disquette à votre professeur lors de la remise de votre manuscrit.

Chapitre 7

L'AMITIE, L'AMOUR

L'art du récit allégorique

INTRODUCTION

L'amitié et l'amour sont des sentiments universels qui ont touché, qui touchent, et qui continueront à toucher bien des générations. Est-ce que les émotions attachées à l'amitié et à l'amour sont un langage ? Ce langage change-t-il de génération en génération ? En effet, chaque génération éprouve le besoin de se libérer de l'emprise des parents et des croyances traditionnelles enregistrées sur le couple pendant notre enfance. Cette libération est particulièrement importante si nos parents sont un modèle de couple conflictuel, car, sans introspection, nous avons tendance à recréer les mêmes conflits. La mission des nouvelles générations est donc de parfaire l'art de l'amitié et de l'amour.

Que veut dire « parler d'amour » ? C'est la question que nous allons poser avec la lecture d'un premier texte intitulé « Vous et Jules : Quel couple formez-vous ? ». Ce texte traite de différents styles amoureux qui illustrent la polysémie de ce sentiment qui, bien qu'universel, n'a rien d'uniforme. L'amitié serait-elle donc une meilleure solution que l'amour ? C'est avec le texte « Le retour de l'amitié » que nous essayerons de répondre à cette question.

L'intensité de sentiments tels que l'amour et l'amitié a fait couler beaucoup d'encre et a souvent été à l'origine de textes marqués d'une syntaxe élaborée, recherchée, poétique et même quelquefois complexe. Ce chapitre vous permettra donc de travailler sur un usage précis et recherché d'une langue symbolique et poétique en utilisant des techniques langagières telles que la comparaison, la métaphore, la métonymie, l'euphémisme, l'hyperbole, l'oxymoron et autres effets de langage empruntés à la littérature. C'est en compagnie du célèbre écrivain maghrébin, Tahar Ben Jelloun, à qui le Prix Goncourt à été attribué en 1987, que vous étudierez un modèle de récit allégorique extrait de son livre *Le Premier Amour est toujours le dernier*. Le récit allégorique illustre et raconte une thèse sans la nommer ni la décrire directement, ce qui demande une certaine recherche stylistique, voire poétique.

EXPLORATION ET CONVERSATION

Activité A. Engageons le dialogue : L'amitié est-elle différente de l'amour ?

En groupes de deux ou trois, décidez si les appréciations suivantes décrivent l'amour ou l'amitié. Prenez des notes lors de vos discussions, puis présentez vos justifications au reste de la classe afin d'engager un débat général.

	Amour ou Amitié ?

1. C'est une chance d'aimer sans possessivité ni exclusivité.   _____

2. C'est un sentiment inconditionnel offert en toute générosité.   _____

3. C'est une rencontre fraternelle qui exclue les relations sexuelles.   _____

4. La rivalité intellectuelle et sociale est stimulante.   _____

5. La force du désir et du plaisir entraîne des fluctuations passionnées.   _____

6. C'est un sentiment éternel qui commence avec l'ami(e) d'enfance.   _____

7. C'est s'insérer dans des cercles de relations choisies.   _____

8. Tout est permis, y compris les fâcheries car on sait que cela ne portera pas à conséquence.   _____

9. Lors de discussions, tout problème disparaît, tout devient facile.   _____

10. La discussion de problèmes peut mener vers des scènes de ménage.   _____

11. C'est un sentiment très rare et très spécial.   _____

12. C'est un sentiment qui transcende les barrières sociales.   _____

13. Cet élan passionné est porteur de la communication sexuelle.   _____

14. Généralisations abusives, stéréotypes et normes causent souvent des problèmes de communication.   _____

15. Toute relation est destinée à évoluer, et l'essentiel est de savoir vivre une relation en mutation constante.   _____

Activité B. Conversation de réflexion avant la lecture : Parlez-moi d'amour !

Jacques Salomé, psychosociologue, et Sylvie Galland, psychothérapeute, ont écrit un livre qui s'intitule *Aimer et se le dire* (Les Editions de l'Homme, 1993) dans lequel ils distinguent entre différentes catégories d'amour. Prenez connaissance des différentes classifications amoureuses présentées ci-dessous, puis prenez quelques minutes pour étudier les suggestions de vocabulaire qui vous aideront dans vos définitions. Pour chaque catégorie d'amour que vous allez discuter, écrivez trois ou quatre expressions extraites des suggestions de vocabulaire afin de vous préparer à une discussion animée en groupe de deux.

1. l'amour de plaisirs : _____

_____

2. l'amour de sécurité : _____

_____

3. l'amour de restauration : _____

_____

4. l'amour asymétrique : _____

_____

5. l'amour idéalisant : _____

_____

6. l'amour égocentrique : _____

_____

7. l'amour de dépendance : _____

_____

8. l'amour sacrifice : _____

_____

9. l'amour conditionnel : _____

_____

10. l'amour passion : _____

_____

Suggestions de vocabulaire		
Expressions pour expériences heureuses	**Expressions pour expériences pathologiques**	**Autres expressions pour expériences amoureuses**
le désir (plaisir) de donner	la déception	tomber amoureux
le bonheur de recevoir	la souffrance	l'amour fou
changer ensemble	le ressentiment	la fluctuation sentimentale
se sentir revivre	sacrifier son rêve	la Belle au Bois Dormant
le bonheur de la / le voir vivre	une idéalisation aliénante	le prince charmant
l'authenticité	la compulsion à critiquer	les états d'âme
l'enthousiasme pour l'autre	le besoin de l'autre	la passion
la confiance en soi	l'interdépendance mortifiante	le conte de fées
faire le bonheur de l'autre	la dépression	le pseudoaltruisme
donner librement	une interprétation dévalorisante	l'autre fictif
se sentir entendu(e)	la jalousie	l'ambiguïté des sentiments
apprécier la différence	le besoin de possessivité	le sentiment de panique
aller vers l'autre	la peur de l'abandon	l'attente continue de l'autre
vivre le meilleur de soi-même	une différence mal vécue	le mélange de haine et d'amour
donner un sens à sa vie	le besoin de contrôle	le coup de foudre
l'intensité fascinante	une impression de vide	chercher son identité
l'évolution spirituelle	sacrifier sa vie	la prise de responsabilité
le dialogue constructif	une relation de pouvoir	les réactions conditionnées
préserver son espace	se sentir vulnérable	la soumission
aimer et se sentir aimé(e)	le sentiment d'aliénation	le désir d'évoluer
se sentir à la hauteur	des inquiétudes	un sentiment de gratitude
rencontrer l'être de ses rêves	le paradis perdu	des blessures anciennes
combler	les plaintes	vivre pour l'autre
l'amour inconditionnel	les reproches	un amour construit sur des « si »

Activité C. Définitions personnelles

En vous inspirant de l'activité précédente, quelle étiquette donneriez-vous à l'amour de vos rêves ? Vos rêves correspondent-ils à la réalité ? Quelle étiquette donnez-vous à vos amours réels ? S'il y a différence entre vos rêves et la réalité, à quoi attribuez-vous cette différence ? Bien sûr, si vous avez réussi à réaliser vos rêves, nous voulons tous vous entendre !

_____

_____

_____

_____

Activité D. Conversation de réflexion avant la lecture : Les conseils entre ami(e)s

En groupe de deux parlez de relations amoureuses : L'un(e) d'entre vous va sélectionner au hasard un commentaire de la colonne de gauche, et l'autre sélectionnera une réponse logique de la colonne de droite. Après vos sélections initiales, continuez vos échanges avec un dialogue spontané de votre propre création. Une fois commencé, continuez votre échange aussi longtemps que possible.

MODELE : — C'est l'entente parfaite, le vrai conte de fées ! [*colonne de gauche*]

— C'est vraiment super ! Ça fait combien de temps que vous vous connaissez ? [*colonne de droite*]

— Nous nous sommes rencontrés il y a un mois. [*création langagière spontanée*]

— Oh, c'est encore tout récent ! [*création langagière spontanée*]

— Oui, et c'était le coup de foudre immédiat ! [*création langagière spontanée*]

— Le vrai conte de fées, je vois ! [*création langagière spontanée*]

— ...

Description des relations amoureuses données par votre ami(e)	Réagissez en donnant un conseil de votre choix que vous allez élaborer
• C'est l'entente parfaite, le vrai conte de fées !	• C'est vraiment super ! ...
• Quand quelque chose nous tracasse, nous ne pouvons pas nous supporter.	• Je te conseille de le / la quitter, parce que...
• Je passe plus de temps à pleurer qu'à rire.	• On est mieux seul que mal accompagné(e). Il est clair que...
• Je croyais avoir rencontré l'amour de mes rêves. Et bien, je suis tombé(e) de haut.	• N'oublie pas que la communication est essentielle. Tu dois...

Description des relations amoureuses données par votre ami(e)	Réagissez en donnant un conseil de votre choix que vous allez élaborer
• Nous nous sommes rencontrés hier soir, et c'est déjà le grand amour.	• Sois patient(e) ! Les affaires de cœur prennent du temps. Alors, ...
• Le samedi après-midi, il passe tout son temps à faire du sport avec ses amis.	• Comme c'est mignon ! Ça fait combien de temps que vous vous connaissez ? ...
• Les sorties au cinoche avec les amis ne me tentent plus.	• Un de perdu, dix de retrouvés ! Ne penses-tu pas que...
• Nous n'avons jamais rien à nous raconter !	• Sois réaliste ! Il me semble que...
• Toute la journée, je ne pense qu'à elle / lui.	• C'est quoi ton problème ? A mon avis, ...
• Nous passons des week-ends d'hiver romantiques à nous faire des câlins devant la cheminée.	• Ne va pas trop vite ! Sans quoi, ...
	• Ne néglige pas tes amis. Tu sais que...
• J'ai peur de faire un faux pas et de le / la perdre.	• C'est vraiment super ! Continue de...
• C'est l'amour fou ! Le coup de foudre !	• Ne te décourage pas ! Tu risquerais de...
	• Accroche-toi ! Ma devise, c'est...
• Quand il / elle n'est pas là, il / elle me manque ; et quand il / elle est là, on se fait des scènes.	• Laisse-la / le respirer ! Il est important que...
	• Tu n'as pas autre chose à penser ? Je te conseille de...
• ...	• ...

Activité E. Conversation de réflexion avant et pendant la lecture : Faisons des commérages !

Il nous est tous arrivé de faire des commérages sur les relations amoureuses de gens qui nous sont plus ou moins proches. Lisez le texte qui s'intitule « Vous et Jules : Quel couple formez-vous ? » (page 221) et préparez-vous à une discussion sur différents styles amoureux. Dans un premier temps, réagissez aux phrases qui vous seront données ci-dessous par une évaluation correspondante aux six catégories principales du texte (1. les copains « complices » ; 2. le « bébé couple » ; 3. les « romantic lovers » ; 4. les « amants terribles » ; 5. les « sado-maso » ; 6. les « simulateurs »). Ensuite, élaborez vos commérages avec un peu plus de commentaires sur le profil des personnes décrites : Pour vous aider dans cette tâche, réutilisez le vocabulaire et les expressions que vous allez extraire du texte.

MODELE :

Mes copains vivent une entente parfaite, le vrai conte de fées !

- Catégorie de couple : <u>3</u>
- Mots et expressions extraits du texte : <u>Roméo et Juliette, fleurs, cadeaux, tendresse, main dans</u>
  <u>la main, cliché, ...</u>

- *Dialogue avec votre partenaire après avoir extrait les mot-clés à utiliser :*
  — **Mes copains vivent une entente parfaite, le vrai conte de fées !**
  — Oh, comme c'est mignon ! Ce sont des romantiques !
  — Oui, ils sont comme Roméo et Juliette.
  — Je suis sûr(e) que le Roméo envoie toujours des fleurs à sa Juliette.
  — Non seulement ça, ils se font toujours des petits cadeaux très tendres.
  — Je parie qu'ils se promènent en ville la main dans la main !
  — C'est bien ça ! Tu ne trouves pas ça touchant ?
  — Ça fait un peu cliché aussi.
  — Oui, mais en attendant, ils s'adorent !

Voici quelques expressions pour ajouter à la vivacité de vos échanges :	
Tu sais quoi ?	Oh, comme c'est mignon !
Tu blagues ou quoi ?	Non seulement ça !
Non, je ne blague pas !	Pas possible !
Tu es sûr(e) ?	En fin de compte, ça ne nous regarde pas !
Mais oui ! (Mais si !)	Vraiment ?
Comment est-ce que tu le sais ?	Il faut de tout pour faire un monde !
C'est triste.	Ils exagèrent, tu crois pas ?
Malheureusement, ça arrive souvent.	Comme c'est touchant !
Tu ne trouves pas qu'ils en font un peu trop !	Je parie que...

1. Mon frère passe des heures au téléphone avec sa copine à lui raconter sa vie.

   - Catégorie de couple : _____

   - Mots et expressions extraits du texte : _____

   _____

   Dialogue : ...

2. Mon voisin a une copine régulière très sympa, mais il a plein d'autres escapades.

   - Catégorie de couple : _____

   - Mots et expressions extraits du texte : _____

   _____

   Dialogue : ...

3. Ils sont mariés depuis trois ans et il se font encore des déclarations d'amour tous les jours.

   • Catégorie de couple : _____

   • Mots et expressions extraits du texte : _____

   _____

   Dialogue : ...

4. Ils ne font jamais rien l'un sans l'autre.

   • Catégorie de couple : _____

   • Mots et expressions extraits du texte : _____

   _____

   Dialogue : ...

5. Leur relation repose sur un climat de confiance totale.

   • Catégorie de couple : _____

   • Mots et expressions extraits du texte : _____

   _____

   Dialogue : ...

6. Ma sœur a des projets d'avenir sérieux qu'elle discute souvent avec son copain.

   • Catégorie de couple : _____

   • Mots et expressions extraits du texte : _____

   _____

   Dialogue : ...

7. Ensemble, mes amis sont restés très naturels et très spontanés.

   • Catégorie de couple : _____

   • Mots et expressions extraits du texte : _____

   _____

   Dialogue : ...

8. Chaque fois que j'invite mon cousin et sa copine à la maison, ils ne passent pas une soirée chez nous sans la finir dans une chambre d'amis.

  • Catégorie de couple : _____

  • Mots et expressions extraits du texte : _____

  _____

  Dialogue : ...

9. Les notes scolaires de mon frère commencent à baisser : Il passe ses soirées à écrire des poèmes d'amour au lieu de prendre le temps nécessaire pour réviser ses examens.

  • Catégorie de couple : _____

  • Mots et expressions extraits du texte : _____

  _____

  Dialogue : ...

10. Ils ne pensent qu'à ça, ils sont obsédés par la chose, et c'est vraiment pénible à la longue !

  • Catégorie de couple : _____

  • Mots et expressions extraits du texte : _____

  _____

  Dialogue : ...

11. Après 40 ans de mariage, mes grands-parents se font encore des câlins devant la cheminée.

  • Catégorie de couple : _____

  • Mots et expressions extraits du texte : _____

  _____

  Dialogue : ...

12. Ma cousine pleure à chaudes larmes dans les bras de son copain en regardant *Titanique*.

    • Catégorie de couple : _____

    • Mots et expressions extraits du texte : _____

    _____

    Dialogue : ...

13. Mon amie a des problèmes de concentration : Elle ne pense qu'à son nouveau copain.

    • Catégorie de couple : _____

    • Mots et expressions extraits du texte : _____

    _____

    Dialogue : ...

14. Mon meilleur ami connaît sa fiancée par cœur: Il devine toujours ce qu'elle pense.

    • Catégorie de couple : _____

    • Mots et expressions extraits du texte : _____

    _____

    Dialogue : ...

15. Ils sont devenus jaloux l'un de l'autre, et tout leur paraît suspect.

    • Catégorie de couple : _____

    • Mots et expressions extraits du texte : _____

    _____

    Dialogue : ...

LECTURE A

Vous et Jules : Quel couple formez-vous ?

Caroline Leblanc

Mais oui, votre histoire d'amour est unique ! D'ailleurs, toutes les relations filles-garçons le sont... N'empêche qu'il existe quand même des grands types de couples auxquels on n'échappe pas, et dans lesquels on peut toutes se reconnaître.

5 **les « copains complices »**

Amour ou amitié ?
Ou un peu des deux... Dur à dire !

Les signes qui ne trompent pas :
Vous avez attendu d'être sûrs de vos sentiments respectifs avant de sor-
10 tir ensemble.

Avec lui, vous n'avez aucun complexe et aucun tabou : Vous pouvez rester naturelle et spontanée.

Vous ne manqueriez pour rien au monde un de ses matches de foot et de son côté, il vous accompagne faire les boutiques pendant des heures sans
15 rechigner.

Dans la rue, vous êtes tellement semblables que l'on vous prend souvent pour des frère et sœur.

Vous passez des heures ensemble au téléphone à lui raconter votre vie... Et à écouter la sienne !

20 Même quand vous vous voyez tout le temps, vous n'êtes jamais lassés l'un de l'autre.

Musique, fringues, ciné... C'est incroyable ! Vous avez les mêmes goûts sur tout...

Un regard suffit pour que vous vous compreniez. Vous êtes vraiment sur
25 la même longueur d'ondes...

Vous êtes les pros de la messe basse et du fou rire !

Vous ne connaissez pas la jalousie, et lui non plus d'ailleurs. Votre relation repose sur un climat de confiance totale.

Entre vous, c'est l'entente parfaite... Normal ! Vous vous connaissez par
30 cœur !

Vous devinez toujours ce que vous pensez l'un et l'autre... C'est lassant, à la longue !

L'avis de J&J :

CONTINUEZ COMME ÇA, C'EST DU SOLIDE !

35 ## le « bébé-couple »

A quelques années près, on dirait papa-maman.

Les signes qui ne trompent pas :

Depuis que vous vous êtes rencontrés, vous ne vous lâchez plus. Impossible de passer une heure l'un sans l'autre.

40 Quand vous parlez de vous (au singulier !), vous ne dites plus « je », mais « on » ...

Vous dormez ensemble régulièrement, chez ses parents ou chez les vôtres s'ils sont d'accord... A moins que vous n'ayez déjà un petit nid douillet à partager...

45 Vous préférez lui mijoter de petits plats ou manger des Mac Do à la maison plutôt que de sortir au restau.

Des vacances sans lui ? Inenvisageable ! Plutôt ne pas partir du tout...

Les sorties en boîte avec les copines, ça ne vous tente plus. Vous avez l'impression que vous avez passé l'âge.

50 Vous connaissez bien la famille de Jules, et lui la vôtre.

Vous ne regardez plus les autres mecs depuis que vous êtes ensemble. Il n'y a que lui qui compte.

D'ailleurs, les seules personnes que vous fréquentiez (à peu de choses près), ce sont ses copains !

55   Vous avez des projets d'avenir sérieux ensemble, dont vous discutez souvent.

L'avis de J&J :

ATTENTION A NE PAS VOUS REPLIER SUR VOTRE COUPLE AUX DEPENS DE VOS AMIES !
CE SERAIT DOMMAGE, ET EN PLUS, LA CHUTE N'EN SERAIT QUE PLUS DURE EN CAS DE
60 RUPTURE...

les « romantic lovers »

Une véritable histoire à l'eau de rose comme on n'en fait plus !

Les signes qui ne trompent pas :
Vous vous prenez pour Roméo et Juliette !
65   Vous vous baladez main dans la main au clair de lune... Et partout ailleurs !

     Vous ne mettez pas le pied dans un restaurant s'il n'y a pas de chandelles sur la table... Ou de violoniste dans la salle !

     Vous avez un abonnement chez Interflora !

70   Vous fêtez votre anniversaire de rencontre tous les mois.

     Vous ne ratez pas une occasion de vous faire des petits cadeaux pleins de tendresse et de sentiments, de préférence en peluche et en forme de cœur !

     Vous pleurez à chaudes larmes dans les bras l'un de l'autre en regardant Love story !

75   Vous vous faites des déclarations enflammées environ dix fois par jour !

     La Saint-Valentin est votre jour préféré... Dommage qu'il n'y en ait qu'une par an !

     Vous passez vos soirées (et vos cours de maths !) à lui écrire des poèmes d'amour...

80   Votre rêve le plus fou ! Vous faire des câlins pendant des heures devant un feu de cheminée...

L'avis de J&J :

C'EST BEAU L'AMOUR ! MAIS EVITEZ D'EN FAIRE TROP ! VOUS RISQUERIEZ DE
TOMBER DANS LE CLICHE.

85 ## les « amants terribles »

Incorrigibles, ils ne pensent qu'à ça !

Les signes qui ne trompent pas :
Vous êtes tombée sous le charme de son sex-appeal au premier coup d'œil.

90   Depuis, à chaque fois que vous vous voyez, ça finit toujours entre les draps...

Même si vous aviez prévu de réviser studieusement votre anglais ensemble !

Tous les deux, vous ne passez pas une soirée chez des copains sans la
95 finir dans une chambre d'amis... Ou une salle de bains !

Il est insatiable et ça tombe bien ! Vous aussi !

Quand vous dormez ensemble, vous mettez le réveil dix minutes plus
tôt pour avoir le temps d'assouvir vos envies matinales...

Pour votre anniversaire, ce n'est pas un petit pendentif en forme de
100 cœur auquel vous avez eu droit, mais un ensemble de lingerie très sexy en
dentelle...

Porte-jarretelles et strings panthère, vous ne négligez rien pour le séduire...

A table, en famille ou avec des amis, votre grand jeu, c'est de vous
105 tripoter discrètement sous la nappe en prenant l'air de rien...

Quand les parents sont absents, vous ne ratez jamais le rendez-vous du
premier samedi du mois sur Canal + !

Votre devise : « Plus loin, toujours plus loin, encore plus loin... »

L'avis de J&J :

110 ET LA TENDRESSE, BORDEL ! ATTENTION A NE PAS CONSUMER VOTRE RELATION
TROP VITE... GARDEZ-EN UN PEU POUR PLUS TARD !

les « sado-maso »

Quand ça part mal...
Ça finit rarement mieux !

115 **Les signes qui ne trompent pas :**

Vous passez plus de temps à pleurer qu'à rire. Pas une conversation qui
ne finisse sans larmes...

Du coup, vos parents le détestent...

Vous êtes jalouse de ses moindres faits et gestes. Tout vous paraît suspect !

120 Vous cassez tous les quinze jours... Juste le temps de vous réconcilier !

Il n'y a qu'au lit que les choses s'arrangent. D'ailleurs, de ce côté-là,
c'est fantastique...

Vous lui écrivez régulièrement des lettres de rupture ou d'insultes que
vous ne lui envoyez jamais...

125 Plus vous souffrez, plus vous vous accrochez à lui. Si c'est une vie !

Vous passez des heures à vous préparer quand vous devez le voir... Tout
ça pour lui faire la gueule quand il est là !

Jour et nuit, vous ne pensez qu'à lui, vous n'arrivez pas à vous concentrer sur quoi que ce soit.

130 Vous ne vous sentez jamais vraiment à l'aise en sa présence : Vous avez
peur de faire un faux pas ou pire, de le décevoir...

Votre activité favorite ? L'introspection personnelle ! Vous vous prenez la tête en permanence...

Les copines vous conseillent de le quitter. A la longue, vous n'osez plus 135 rien leur raconter !

L'avis de J&J :

Vous en etes consciente, cette relation desequilibree est etouffante et destructrice. Si vous n'arrivez pas a y mettre un terme tout de suite, forcez-vous a sortir et a voir des copains. Ça vous aidera...

140 ## les « simulateurs »

**Ça ressemble à un couple, ça a la couleur d'un couple...
Mais ce n'est pas un couple !**

Les signes qui ne trompent pas :

Ce qui vous plaît en lui, c'est qu'il vous sorte en soirées et vous fasse 145 mener la grande vie...

Les tête-à-tête où on se regarde dans le blanc des yeux, quelle barbe !

La jalousie ne vous étouffe ni l'un ni l'autre. Vous êtes un couple très libre, et tant mieux car...

Vous ne vous refusez pas une petite escapade de temps en temps. Il faut 150 bien se faire plaisir !

Vous ne vous sentez vraiment pas impliquée dans cette relation. Vous savez que ça ne va pas durer !

Votre point de vue : Un tiens vaut mieux que deux tu l'auras !

Entre les cours, la danse et les sorties, il ne vous reste plus beaucoup de 155 temps pour le voir.

De son côté, il a le foot, le karaté et il passe son permis... Pas évident de trouver un créneau pour vous !

Il est plutôt mignon : Pour faire bien devant les copines, ça compte !

Lui ? Vous manquer ? Jamais ! S'il est là, tant mieux, sinon tant pis !

160 Au téléphone, vive les blancs ! Vous n'avez rien à vous raconter ! D'ailleurs, vous ne vous appelez plus que pour vous donner rendez-vous !

Plutôt aller en cours tout l'été que de passer les vacances ensemble... L'enfer !

L'avis de J&J :

165 Apparemment, vous etes mieux a deux que seule. Mais reconnaissez que cette formule n'est pas tres epanouissante... Et en plus, vous perdez votre temps ! Allez hop ! Au suivant !

— *JJ Jeune et Jolie,* mars 1997

Activité F. Conversation en réaction à la lecture : Nos valeurs personnelles

En amour, nous avons souvent des idées bien arrêtées sur ce que nous acceptons et sur ce que nous n'acceptons pas. Quelquefois, nous sommes indécis sur certains points. Etablissez une liste dans chacune des trois catégories, et préparez-vous à expliquer pourquoi vous acceptez ou réfutez certaines idées, et pourquoi vous êtes indécis(e) sur d'autres.

Expressions utiles pour exprimer un avis positif	Expressions utiles pour exprimer un avis négatif	Expressions utiles pour exprimer un avis indécis
Moi, ce que je veux, c'est...	Je m'oppose à l'idée que...	D'une part... d'autre part...
Ce que je préfère, c'est...	Je n'aime pas du tout...	D'un côté... de l'autre côté...
Pour la plupart, je...	J'ai horreur de...	Je me rends compte que...
Je trouve que...	L'idée de... ne me tente pas	Je sais que... mais...
Je suis convaincu(e) que...	Je refuse l'idée que...	Il va sans dire que...
Je pense que...	Je n'aime pas tellement...	Mais il faut comprendre que...
Il est nécessaire que...	..., c'est une idée ridicule.	Tout cela dépend de...
Personnellement, je pense que…	Je suis contre l'idée que...	En fait...

MODELE :

Idées que j'accepte	Idées que je réfute	Idées sur lesquelles je reste indécis(e)
• l'amour peut marcher (Pour la plupart, je pense que pour que l'amour puisse marcher, il faut savoir communiquer ouvertement. Je pense que c'est ça qui entretient l'amour.)	• une relation sado-maso (L'idée d'une relation sado-maso ne me tente pas du tout. Pourquoi se torturer ? Personnellement, j'ai horreur de la jalousie et des disputes qui en découlent.)	• les débuts romantiques (D'une part, j'adore les débuts romantiques et passionnés, mais d'autre part, j'ai tendance à les éviter parce que c'est en général de courte durée.)

Idées que j'accepte	Idées que je réfute	Idées sur lesquelles je reste indécis(e)
• _____ _____	• _____ _____	• _____ _____
• _____ _____	• _____ _____	• _____ _____
• _____ _____	• _____ _____	• _____ _____

Activité G. Synthèse : Questions à controverses

Les Français adorent discuter de questions à controverses telles que : les couples homosexuels, l'adoption des enfants par les couples homosexuels, l'avortement, le concubinage, la pornographie, la signification du mariage, les escapades extraconjugales, l'amour dans les sociétés patriarcales, la définition féministe de l'amour, etc. En groupes de trois ou quatre, sélectionnez une question de votre choix. Prenez deux minutes pour noter le vocabulaire qu'il vous faut avant de vous lancer dans un débat animé avec votre groupe. N'oubliez pas que les francophones aiment se contredire et qu'ils aiment les opinions fortes. Adoptez une personnalité francophone l'instant de cette activité et amusez-vous bien lors de ce débat idéologique, le jeu verbal favori des Français.

Question controversée sélectionnée : _____

_____

Vocabulaire nécessaire pour la discussion : _____

_____

_____

Expressions utiles pour animer la discussion

Absolument pas !

Tu exagères !

Je dirais plutôt que...

En théorie, je suis d'accord avec toi, mais...

Tout à fait d'accord, mais...

Moi, je vois les choses différemment.

Ça t'étonne, toi ? Pas moi ! Moi, je...

Et bien moi, je suis contre.

Mais, pas du tout !

Par contre,...

Mais, oui ! C'est ça l'idée !   Rien de plus vrai !
Bien sûr !   Sans aucun doute !
Et d'ailleurs...   Et aussi...

Activité H. Conversation de réflexion avant la lecture : Les qualités d'un(e) ami(e)

Lisez les affirmations suivantes, puis déterminez si vous êtes d'accord avec chacune d'elles en encerclant **D (d'accord)** ou **PD (pas d'accord).** Si vous n'êtes pas d'accord, donnez votre définition personnelle.

MODÈLE :

Un(e) ami(e) est quelqu'un en qui je n'ai pas forcément toujours confiance.   D   PD

*Un(e) ami(e) est quelqu'un en qui je dois avoir une confiance absolue **parce***
__qu'un(e) ami(e) est quelqu'un avec qui je partage toutes mes joies et mes peines.__

	D'accord ou Pas d'accord ?
Qu'est-ce qu'un(e) ami(e) ?	

1. Un(e) ami(e) c'est quelqu'un en qui il n'est pas nécessaire d'avoir toujours confiance.   D   PD

   • Définition personnelle : _____

   _____

2. Un(e) ami(e) c'est quelqu'un qui ne doit pas nécessairement être généreux.   D   PD

   • Définition personnelle : _____

   _____

3. Un(e) ami(e) c'est quelqu'un qui doit être sincère la plupart du temps.   D   PD

   • Définition personnelle : _____

   _____

4. Un(e) ami(e) c'est quelqu'un qui doit être honnête avec moi, mais pas nécessairement avec les autres : son comportement ne me regarde pas.   D   PD

   • Définition personnelle : _____

   _____

5. Un(e) ami(e) c'est quelqu'un qui doit se montrer très patient(e) avec mes colères.   D   PD

   • Définition personnelle : _____

   _____

6. Un(e) ami(e) c'est quelqu'un qui ne doit pas nécessairement rester loyal à vie et qui n'est pas nécessairement là quand on a besoin de lui / d'elle.   D   PD

   • Définition personnelle : _____

   _____

7. Un(e) ami(e) c'est quelqu'un avec qui je partage beaucoup d'activités culturelles et sportives.   D   PD

   • Définition personnelle : _____

   _____

8. Un(e) ami(e) c'est quelqu'un d'intelligent avec qui je peux discuter de problèmes socio-politiques et d'actualité.   D   PD

   • Définition personnelle : _____

   _____

9. Un(e) ami(e) c'est quelqu'un qui possède un bon sens de l'humour mais qui doit savoir me secouer quand je suis déprimé(e).   D   PD

   • Définition personnelle : _____

   _____

10. Un(e) ami(e) c'est quelqu'un sur qui je peux compter en cas de crise.   D   PD

    • Définition personnelle : _____

    _____

11. Un(e) ami(e) c'est quelqu'un avec qui je peux me disputer sans conséquence grave.   D   PD

    • Définition personnelle : _____

    _____

Activité I. Conversation de réflexion avant et pendant la lecture : « Le Retour de l'amitié »

Le texte des pages suivantes annonce « Le retour de l'amitié » . Chacune des affirmations ci-dessous reflète ou ne reflète pas les idées données de l'article. Imaginez que vous êtes l'auteur de cet article et que vous réagissez à ce que les gens disent, fidèle aux idées que vous avez publiées. Si l'idée correspond à celle du texte, exprimez votre accord et élaborez votre réponse avec des détails supplémentaires que vous trouverez dans le texte. Si l'idée ne correspond pas à celle du texte, exprimez votre désaccord, puis donnez une réponse avec les arguments du texte : Réutilisez les mots-clés mais formulez une syntaxe personnelle. Une fois ce travail d'écriture terminé, écoutez votre partenaire qui vous lira un commentaire au hasard et auquel vous répondrez de façon spontanée sans lire vos notes.

MODELES :

— Dans les années 80, l'amitié n'était pas aussi importante qu'aujourd'hui.

— *C'est vrai que dans ces années la montée de la compétition et de l'individualisme a eu des effets négatifs sur l'amitié, du moins l'idée traditionnelle que nous avons de l'amitié.*

— L'esprit de compétition n'est pas un problème pour l'amitié.

— *Mais si, dans les années 80, c'était un problème. Aujourd'hui, même si la compétition est encore présente, le danger du sida a redonné à l'amitié une place importante.*

1. Il n'y a pas beaucoup de gens qui s'intéressent à écrire sur l'amitié ces temps-ci.

_____

_____

2. L'amitié est une valeur en voie de disparition.

_____

_____

3. La vie moderne est propice à l'amitié.

_____

_____

4. Le téléphone maintient l'amitié malgré les déplacements constants dus à la vie moderne.

_____

_____

5. Ce sont les expériences vécues ensemble qui créent et maintiennent l'amitié.

_____

_____

6. « L'amitié entre les hommes et les femmes est-elle possible ? » est une question classique.

_____

_____

7. D'après La Rochefoucauld, l'amitié entre les hommes et les femmes est entièrement possible.

_____

8. L'amour fou des rapports de force existe aussi en amitié.

_____

9. L'amitié est un sentiment basé sur le mythe et le fantasme.

_____

10. D'après Mitterrand, l'amour ne peut pas devenir amitié.

_____

11. L'amitié n'a pas besoin de mots car c'est un sentiment solide et raccommodable.

_____

12. L'amitié est un sentiment universel qui transcende les différences humaines.

_____

_____

LECTURE B

▽

Le retour de l'amitié

Fabien Gruhier

Au début des années 80, c'était un sentiment plutôt déconsidéré par la montée de l'individualisme et l'esprit de compétition. Aujourd'hui, en ces temps de crise et de Sida, l'amitié devient une valeur refuge. Qui est ami avec qui ? Comment entretient-on l'amitié ? Entre les hommes et les femmes, peut-on
5 se débarrasser vraiment du sexe ? [...En fait, l'amitié est devenue] un sentiment parfois plus fort que l'amour. [...] S'il était besoin de le démontrer davantage, l'importance de l'amitié serait encore attestée par la floraison de travaux savants qui lui sont consacrés ces temps-ci. Des thèses, des livres, des conférences, des articles dans les revues spécialisées. De sociologues, de psy-
10 chologues ou de psychosociologues. En Europe et en Amérique. Mais justement, cette abondance d'études, ce soudain intérêt pour l'indispensable amitié, phénomène naturel et qui devrait aller de soi, oblige à se poser la question suivante : Ne serait-ce pas le signal qu'il s'agit d'une sorte de chef-d'œuvre en péril ? Sachant l'intérêt des universitaires pour les ossements, les
15 fossiles, les civilisations englouties ou les espèces en voie de disparition, ne convient-il pas de s'inquiéter de la survie du lien amical, dès lors qu'ils lui accordent leurs faveurs ?

En effet plusieurs caractéristiques du monde dans lequel nous vivons aujourd'hui semblent peu propices à l'épanouissement des liens amicaux —
20 du moins selon l'idée qu'on s'en fait traditionnellement. Individualisme, concurrence, mobilité géographique, anonymat des grandes villes... L'amitié est une plante rare qui, pour se développer, a besoin de temps — or le temps est ce dont nous manquons le plus. Pour naître, elle a besoin de circonstances exceptionnelles, d'aventures étonnantes, d'exploits réalisés en commun — mais
25 nos vies sont planifiées, stéréotypées, désertées par l'imprévu. [...] Et puis on refait sa vie tout le temps, on divorce, on change de job, on est « délocalisé ». Pierre qui roule... Les amis deviennent jetables comme des Kleenex. L'automobile a brisé l'espace clos dans lequel les amitiés pouvaient se créer. Et le téléphone donne l'illusion de liens qui, en fait, n'existent plus. On ne connaît
30 pas ses voisins de palier, et le logement est trop petit pour disposer d'une chambre... d'amis. [...]

Amitié et amour, amitié et sexe, l'amitié homme-femme est-elle possible ? Les grandes questions idiotes... « *Le problème vient de ce que l'amitié, et en vérité presque toute relation humaine, s'est tellement dégradée que*
35 *seul le sexe reste au cœur de l'imagination des gens, écrit Miller. Les seules relations émotionnelles que l'on semble capable d'imaginer sont des relations érotiques.* » Il est vrai que le malentendu ne date pas d'hier : Déjà, au XVIIe siècle, La Rochefoucauld estimait que l'amitié entre un homme et une femme ne pouvait exister « *sans le concours d'une petite disgrâce physique* ». Pour-
40 tant, tous les malentendus se dissipent si l'on veut bien songer avec Stuart Miller que « *les homosexuels eux-mêmes sont capables d'éprouver de l'amitié pour des personnes de leur sexe, avec lesquelles ils n'ont pourtant aucune envie de coucher* ».

« *Oui je crois en l'amitié entre une femme et un homme,* proclame
45 Françoise Xenakis, ajoutant, comme pour compliquer les choses : *Mais, allez savoir pourquoi ? Plusieurs de mes amis masculins sont homosexuels, deux étant d'ailleurs récemment morts du Sida* ». Reste que, de toute façon, l'amitié est bel et bien amour. Elle est « *étrangère aux affres de l'amour fou, mais inquiète pour toute menace envers le compagnon* », écrivent Maisonneuve et
50 Lamy. « *L'amitié, comme l'amour, est généralement perçue comme inexprimable* », dit Claire Bidart, auteur d'une thèse de doctorat intitulée « Les Semblables, les amis et les autres, sociabilité et amitié ». En amitié, « *aimer l'autre ne conduit pas, comme dans le sentiment amoureux, à manger l'autre ou à se laisser dévorer* », ajoute Jacqueline Kelen [dans son livre] *Aimer*
55 *d'amitié.*

Bref, entre amour et amitié, il y a débat, comme on dit. L'une ne peut peut-être pas remplacer l'autre, mais, dans notre société, l'amitié est sans doute insuffisamment valorisée. Pourtant, c'est un sentiment très rare, donc très précieux. « *Il est accordé à tous d'être amoureux,* affirme Jacqueline
60 Kelen. *Il est plus rare de vivre l'amitié. L'amitié ne se fonde ni ne se développe sur la rêverie, l'imagination, l'illusion, le mythe. Elle ne saurait se contenter ni de l'attrait physique ni du fantasme. On peut dire que l'amitié est synonyme de qualité.* » François Mitterrand, dans une interview qu'il accordait à la revue *Autrement* en 1981, avait cette jolie formule : « *Dans un*
65 *couple, lorsque l'amitié succède à l'amour, c'est que l'amour était assez riche pour pouvoir devenir amitié.* »

L'amitié est en effet un sentiment très rare et très spécial, assez hors du commun pour résister à tout, usure du temps et brouilles du quotidien compris. [...] D'une certaine façon, la réalité de l'amitié est attestée à partir du
70 moment où... on ne se parle plus — quand on n'éprouve plus le besoin de se causer par politesse, ou à des fins de séduction. François Mitterrand le

déclarait à *Autrement,* évoquant ses déplacements quotidiens vers la Sorbonne, avec ses condisciples, au temps de ses études : « *Quand arrivait le moment où l'on pouvait faire le trajet sans parler, chacun plongé dans ses*
75   *pensées, c'est qu'on était vraiment devenus amis.* »

[...] Contrairement à l'amour, l'amitié est raccommodable à l'infini. Sur un terrain propice, elle repousse toujours. Encore faut-il s'en occuper, la soigner comme une plante rare qu'elle est, qui naît en un instant, s'épanouit de préférence avec l'engrais des émotions vécues en commun, mais a besoin
80   de beaucoup de temps et d'arrosages pour pousser, et se changer en arbre indéracinable. L'amitié, bien sûr, s'entretient, et il n'y a pas que les petits cadeaux. Il faut s'en occuper.

Mais si l'amitié est un tout, il y a ami et ami. Tous ne servent pas la même chose et nous n'attendons pas les mêmes niveaux de fidélité de chacun
85   et chacune. Ceux auxquels on confie ses états d'âme ne sont pas forcément les mêmes que ceux auxquels on demande un secours concret. Le Bon Roy Henri IV ne disait-il pas : « *J'ai eu de nombreux amis. Beaucoup m'ont trahi, mais peu m'ont trompé* » ?

[...] Jacqueline Kelen a raison de voir dans l'amitié — ce lien magique
90   qui ne passe « *ni par l'étreinte charnelle, ni par la vie à deux, ni par la procréation* » — un sentiment subversif : l'amitié « *bouscule les barrières sociales* ». Bien sûr, on a généralement tendance à recruter ses amis dans sa propre strate sociale. N'empêche : Rien ne vous y oblige, et les anomalies sont légion. L'amitié transcende les hiérarchies. Ce sentiment libre et sauvage
95   pousse n'importe où, comme un mauvais lierre entre les briques de l'édifice social. Pour Claire Bidart, l'amitié « *s'insère dans les interstices de l'ordre établi, qui cependant la reconnaît, lui autorise cette place. Elle contribue à le stabiliser — justement, comme le lierre entre les vieilles pierres —, à le perpétuer en occupant cet espace de marge (donc de danger social potentiel)*
100 *entre individualité et société* ».

— *Le Nouvel Observateur,* 16 – 22 décembre 1993

Activité J. Conversation en réaction à la lecture : Elaborons !

L'article que vous venez de lire présente des idées qui laissent à réfléchir et qui méritent plus ample discussion. Relevez environ cinq idées qui ont particulièrement retenu votre attention, classez-les par ordre d'importance, puis discutez-en avec vos partenaires en groupes de deux ou trois personnes.

1. Ce qui est particulièrement étonnant, _____

_____

La raison pour laquelle cette idée m'a étonné(e) c'est parce que _____

_____

2. D'autre part, ce qu'il y a d'intéressant dans le texte, c'est _____

_____

La raison pour laquelle cette idée m'a intéressé(e) c'est parce que _____

_____

3. Par contre, je n'ai pas vraiment aimé l'idée que _____

_____

Je crois que cette idée _____

_____

4. De plus, ce que je ne trouve pas clair, c'est l'idée que _____

_____

Je trouve que ce n'est pas clair parce que _____

_____

5. Personnellement, je pense que cet article _____

_____

En effet, _____

_____

Activité K. Et nous ? Expliquons notre point de vue !

Amour ou amitié ? En petits groupes parlez à bâtons rompus de vos points de vue personnels concernant l'amour et l'amitié.

1. Donnez une définition générale des deux sentiments en fonction de vos valeurs personnelles.

2. Faites une brève analyse comparée.

3. Est-il possible de préférer un sentiment à l'autre (sont-ils complémentaires, exclusifs, de circonstance,...) ?

4. Voyez-vous des différences entre la génération de vos parents et la vôtre concernant l'amour et l'amitié ? Comment expliquez-vous qu'il y ait des différences ou qu'il n'y en ait pas ?

5. Comment voyez-vous l'avenir de l'amour et de l'amitié ?

Activité L. Synthèse : Quand on s'aime, est-ce pour la vie ?

L'amour rime-t-il avec toujours ? On se dit souvent que l'amour réel, du moins quand nous parlons du nôtre, ne peut jamais se ternir. Cette idée représente-t-elle la réalité ou est-ce un idéal fragile ? Est-ce qu'un être humain est capable de passer le restant de sa vie avec la même personne ? Prenez trois minutes pour vous préparer à un débat général en prenant quelques notes préliminaires. Puis engagez-vous dans vos arguments tout en écoutant et en pesant le bien fondé des arguments de vos camarades de classe.

REALISATION ET ECRITURE

Objectif

• Ecriture d'un récit allégorique

Objectifs du récit allégorique

• Le récit allégorique illustre et raconte une thèse sans la nommer ni la décrire directement.

• C'est le contexte symbolique qui rend le thème visible et qui le fait agir.

• Ce sont les énigmes linguistiques, dues à la diversité des effets de langue, qui créent la beauté poétique du texte.

• Le texte allégorique a été souvent utilisé en littérature pour certains thèmes tabous qui peuvent engendrer la censure ou une réaction répressive. Par exemple, la chanson du Québécois Gilles Vigneault « Mon pays, ce n'est pas un pays, c'est l'hiver » est un texte allégorique qui voulait faire entendre la cause du séparatisme québécois sans qu'on puisse l'accuser de l'avoir fait.

Effets de langue

Les effets de langue les plus fréquents pour la création d'un récit allégorique sont dus aux techniques suivantes :

- **La personnification** est une technique animiste littéraire qui permet de créer un personnage à partir d'une abstraction ou de tout autre objet inanimé : « L'habitude venait me prendre dans ses bras et me portait jusque dans mon lit comme un petit enfant. » (Proust, *Du côté de chez Swann,* p. 139).

- **La métaphore** est une figure de rhétorique qui, grâce à une analogie implicite, permet la transposition du sens d'un mot vers un autre sens. Par exemple, l'expression « le printemps de la vie » est une métaphore pour parler de la jeunesse.

- **La comparaison** est une figure stylistique qui permet le rapprochement de deux éléments. La comparaison est souvent introduite par **comme** : « Beau comme un dieu ».

- **La métonymie** dénomme un concept au moyen d'un terme associé à ce concept. Par exemple dans « la salle applaudit », une métonymie est créée par le contenant (la salle) afin de désigner le contenu (les spectateurs) ; dans l'expression « en ce siècle, les sexes deviennent doctrinaires », une métonymie est créée en nommant une partie (les sexes) pour désigner le tout (les hommes et les femmes) ; dans l'expression « de sa plume éloquente », une métonymie est créée en nommant la cause (la plume) pour désigner son effet (l'écriture).

- **L'hyperbole** est une figure de style qui consiste à exagérer la vérité dans le but de faire impression. Exemple : Après leur dispute, les deux versèrent *des torrents de larmes.*

- **L'euphémisme** est une technique langagière qui permet de présenter une réalité difficile par une expression atténuée afin de moins choquer. Par exemple « il s'est éteint hier soir » est un euphémisme pour « il est mort hier soir ».

- **L'oxymoron** est une alliance de deux mots contradictoires. « Cette obscure clarté... » (Corneille) est un oxymoron souvent cité pour illustrer cet effet de style.

- **Le jeu de mots** permet de faire de l'esprit sur le signifiant et / ou sur le signifié de certains éléments de langue : « Le coup de foudre du sado-maso est une arme foudroyante. »

Thèmes possibles à explorer (règles de la dissertation avec insertion de figures de style)

- L'amour est-il éternel ?
- Amour ou amitié ?
- Pourquoi recourir au divorce ?
- L'amitié internationale
- Comment sera l'amour et l'amitié en l'an 3000 ?

- Le mariage des couples homosexuels
- Autre thème de votre choix à discuter avec votre professeur.

Exercice 1. Premiers pas : Les figures de style !

En groupes de deux ou trois, discutez et identifiez les figures de style ci-dessous en écrivant le numéro de la technique rhétorique correspondante : (1) la personnification, (2) la métaphore, (3) la comparaison, (4) la métonymie, (5) l'hyperbole, (6) l'euphémisme, (7) l'oxymoron, (8) le jeu de mots. Les figures de styles ci-dessous sont des citations du manuscrit *Le Premier Amour est toujours le dernier* par Tahar Ben Jelloun.

MODELE : Figure de style n° ___2___ • Il imaginait la musique de ses mouvements.	Figure de style n° _____ 8. Les mots sont des paniers creux et inter-changeables.
Figure de style n° _____ 1. La chevelure de la mer était blanche.	Figure de style n° _____ 9. Il faut que les autres m'aident, m'aiment.
Figure de style n° _____ 2. Des larmes heureuses coulent sur ses joues.	Figure de style n° _____ 10. Je repousse de la main le mur de l'angoisse.
Figure de style n° _____ 3. Mon premier amour doit être pudique comme la trahison.	Figure de style n° _____ 11. Je préfère rester à la maison pour écouter le silence.
Figure de style n° _____ 4. Toute fiction est un vol de la réalité.	Figure de style n° _____ 12. Son habillement était soigneusement négligé.
Figure de style n° _____ 5. Le premier amour est toujours le dernier. Et le dernier est toujours rêvé.	Figure de style n° _____ 13. Il courrait tout le temps derrière une image filante.
Figure de style n° _____ 6. Il a cru que son chagrin allait se dissoudre dans les sables.	Figure de style n° _____ 14. Des mots tendres se bousculaient et se serraient sur le dos d'une carte postale.
Figure de style n° _____ 7. C'est l'ivresse du cœur.	Figure de style n° _____ 15. J'ai la folie de vous aimer.

Exercice 2

A. Ecriture spontanée. Considérez les thèmes ci-dessous. Sans vous soucier ni de l'orthographe, ni de la grammaire, ni de la structure, écrivez spontanément pendant cinq minutes sur un ou plusieurs thèmes de votre choix. Ne vous arrêtez pas d'écrire ! Votre professeur vous dira quand les cinq minutes se seront écoulées.

Suggestions de thèmes :

la jalousie	la sensualité	la passion
le désir	la séparation	le premier regard
une soirée romantique	l'habitude qui s'installe	[thème de votre choix]

B. Ecriture soignée. Une fois les cinq minutes écoulées, lisez ce que vous avez écrit. Soulignez les expressions et les phrases qui vous semblent les plus appropriées et les plus intéressantes. Transformez certaines de vos phrases puis insérez deux ou trois figures de style de votre choix. Rappelez-vous que l'usage des figures de style est parfois préférable à la description directe afin de faire passer un message plus profondément touchant.

Figures de style :

1. _____
   _____

   Identifiez votre figure de style : _____

2. _____
   _____

   Identifiez votre figure de style : _____

3. _____
   _____

   Identifiez votre figure de style : _____

C. Après avoir réorganisé votre paragraphe et après avoir inséré vos figures de style, mettez-vous en groupes de trois ou quatre personnes et lisez vos paragraphes à haute voix (lentement). Ceux qui écoutent doivent signaler ce qu'ils n'ont pas bien compris et proposer comment vous pourriez développer vos idées.

Liste de prise de notes pour ceux qui écoutent :

1. Thème : _____

2. Est-ce un texte allégorique ou composé de descriptions directes ? _____

3. Quelles sont les phrases que vous aimez ? _____

_____

_____

4. Appréciation des figures de style : _____

_____

_____

_____

5. Quels conseils pourriez-vous offrir pour que votre partenaire continue son travail d'expansion à la maison ? _____

_____

_____

6. Ecrivez une phrase avec une figure de style, si possible, que vous aimeriez offrir à votre partenaire pour son texte : _____

_____

_____

_____

Chez vous :

Considérez les questions suivantes au fur et à mesure que votre travail d'écriture avance.

1. Quel titre original pourrais-je trouver pour attirer l'attention des lecteurs ? _____

_____

_____

2. La première phrase est-elle captivante et significative ?   Oui   Non

3. Ai-je intégré les conseils et suggestions de mes partenaires dans mon travail ?   Oui   Non

4. Est-ce que j'ai rassemblé assez d'expressions reliées au sujet ? (Le vocabulaire et les expressions nécessaires à l'écriture doivent être recherchés avant de commencer la rédaction, sans quoi votre travail sera souvent interrompu.)   Oui   Non

5. Ai-je raffiné mes figures de style ? En suis-je content(e) ?   Oui   Non

6. Ai-je suivi le plan de la dissertation ? **(Chapitre 3)**   Oui   Non

7. Ai-je identifié les points que je veux soulever et développer dans le texte ?   Oui   Non

8. Mes idées sont-elles bien organisées et cohésives ?   Oui   Non

9. Ai-je utilisé assez d'expressions de transition ?   Oui   Non

10. Ai-je écrit une conclusion qui inspire ?   Oui   Non

11. Est-ce que j'ai vérifié l'usage de la grammaire ?   Oui   Non

12. Ai-je fait attention aux répétitions ?   Oui   Non

13. Ai-je vérifié l'orthographe ?   Oui   Non

14. Ai-je vérifié la ponctuation ?   Oui   Non

15. Pour les mots recherchés dans le dictionnaire, suis-je sûr(e) de mon choix ?   Oui   Non

16. Est-ce que j'aime ce que j'ai écrit ?   Oui   Non

17. Notes supplémentaires : _____

_____

_____

Exercice 3. Ecriture de réflexion avant la lecture : « L'autre »

Le texte que vous allez lire, « L'autre », est une nouvelle écrite par le célèbre écrivain francophone Tahar Ben Jelloun. Cette nouvelle est extraite du livre *Le Premier Amour est toujours le dernier*. A l'écrit, élaborez des réponses, de quelques lignes chacune aux questions posées ci-dessous.

1. Avez-vous jamais voulu être quelqu'un d'autre ?

_____

_____

_____

2. Accepteriez-vous de changer pour vous conformer à l'image idéale projetée par votre partenaire ?

_____

_____

_____

3. Quelle est l'image idéale de l'homme et de la femme dans notre société ?

_____

_____

_____

4. L'image idéale de l'homme et de la femme présentée par les médias vous incite-t-elle à vouloir changer ?

_____

_____

_____

5. Doit-on changer pour se faire aimer ?

_____

_____

_____

6. Que pensez-vous de ceux qui s'oublient dans le travail pour éviter de se regarder en face ?

_____

_____

_____

7. On a souvent défini le narcissisme comme un amour exagéré de soi. Mais ne serait-ce pas plutôt le contraire ?

_____

_____

_____

8. Si vous deviez écrire une nouvelle sur le thème de « L'autre » quelle genre d'histoire écririez-vous ?

   _____

   _____

   _____

9. Après avoir lu la nouvelle de Tahar Ben Jelloun, préparez-vous à écrire votre première réaction en vous aidant des suggestions suivantes :

   Ce que j'ai particulièrement apprécié dans le texte de Tahar Ben Jelloun c'est _____

   _____

   _____

   Par contre, ce que j'ai moins bien apprécié c'est _____

   parce que _____

   _____

   Le personnage principal _____

   _____

   _____

10. Après avoir lu la nouvelle de Tahar Ben Jelloun une deuxième fois si besoin est, écrivez trois ou quatre phrases de son texte que vous aimez particulièrement.

    _____

    _____

    _____

    _____

11. Commentaires libres sur la nouvelle « L'autre ».

    _____

    _____

    _____

LECTURE C

▽

L'autre

Tahar Ben Jelloun

Il aurait voulu être quelqu'un d'autre. C'était son obsession. Mais qui n'a pas eu un jour ce désir violent de changer de visage, d'avoir une autre mémoire et d'autres repères ? Seulement, lui, c'était tout le temps qu'il avait envie d'être un autre. Son corps l'encombrait. Son visage l'ennuyait et sa voix l'éner-
5   vait. Il aurait voulu pouvoir sortir de sa peau qu'il trouvait trop large et aller ailleurs. Enjamber son propre corps et s'évader sur des sables lointains. Etre un homme d'argile et de terre. Un corps qui s'effriterait. Aucune prise sur lui. Une ombre. Une absence. Un double. La passion du vide et du néant. Il rêvait à cet autre, insaisissable, indéfinissable. Il était loin de son rêve. A peine ar-
10 rivé dans un lieu, il avait déjà envie de partir. Cela se voyait sur son visage. Il n'arrivait pas à dissimuler l'expression de cette passion qui le ravageait. Il était possédé par cet autre. Le reste du temps, il essayait de faire semblant. Semblant de vivre et d'aimer. Mais depuis que la femme qu'il aimait lui avait dit : « Tu es un homme coincé, et tu n'es pas drôle », il avait décidé à faire
15 quelque chose. Etre un autre c'était facile : Il suffisait de déclencher le processus adéquat pour une telle transformation. Il voudrait être drôle, léger, décontracté, souple, comme ces personnages qui traversent les films améri-cains en dansant. Un funambule. Un chanteur de charme. Un bohémien. De la grâce et de l'art dans les gestes et les mots.

20   Etre drôle et surprenant ! Etonner les autres, les bousculer dans les re-tranchements du rire. Il était persuadé que l'autre était plus drôle que lui. Il le savait et c'était pour cela qu'il voulait s'en emparer. Mais comment arriver à être drôle quand on est un animal angoissé ? Il s'imposa une discipline et choisit une image précise prise en fait à cet autre. Perdre d'abord quelques ki-
25 los. S'habiller jeune et décontracté. Il fit quelques aménagements dans son studio : une chaîne hi-fi et un fauteuil très confortable pour écouter la musique. Il avait vu à la télévision une publicité où un jeune cadre décon-tracté s'enfonçait dans son fauteuil asiatique pour goûter les subtilités de la stéréo. Son habillement était soigneusement négligé. Juste ce qu'il fallait pour
30 plaire. Il acheta des magazines de mode où posent des hommes sveltes et beaux. Il étudia leur allure. Sur ce plan, il était réellement décidé à se

dénouer. Certains vont pour cela chez le psychanalyste, lui était allé chez le coiffeur. Il éprouvait des satisfactions le soir, mais était fatigué. Pas facile de changer ses gestes et habitudes. Il pensait souvent à Woody Allen. Il mettait
35 de grosses lunettes de vue et l'imitait. Il riait tout seul. « Là, c'est encore quelqu'un d'autre, disait-il. Ce sera peut-être ma prochaine proie, l'ombre derrière laquelle je courrai... Etre drôle ! C'est difficile. Il faut que les autres m'aident, c'est-à-dire m'aiment un peu. En tout cas, il faut qu'elle m'aime. »

Elle, c'était une fille belle et disponible. Elle aimait bien ce mot qui
40 voulait dire beaucoup de choses : libre, prête à l'aventure, la fantaisie, le jeu pour vaincre l'angoisse, pour détourner la déprime. Vivre l'instant avec intensité, sans être grave, sans laisser des empreintes trop visibles. Danser, boire, rire, laisser planer l'ambiguïté. Séduire. Vivre sans contrainte. Jouir. Aimer la vie dans un élan permanent tantôt de générosité, tantôt d'égoïsme raffiné.

45 Au début de leur relation, il lui disait qu'il était amoureux d'elle. Après, il lui avouait qu'il l'aimait. Cette nuance ne lui échappait point. Ensuite, il ne lui dit plus rien. Mais, en faisant l'amour, il lui parlait, nommait le corps et le désir. Les mots les excitaient beaucoup.

« Etre coincé et pas drôle ! » Il se contrôlait sans cesse. Il se savait ob-
50 servé. Quand il se retrouvait en bande, il découvrait sa grande misanthropie. Les gens ne l'intéressaient pas vraiment. Il mesurait ses gestes et mots. Il parlait peu. Il avait des choses à dire mais préférait se taire. Plutôt le silence que la gaffe ! Il réagissait peu ou pas du tout. Il ne se sentait pas concerné par le bavardage des uns et des autres. Il s'absentait, mais on ne le savait pas. Elle
55 ne supportait pas d'être avec un homme qui ne réagissait pas, un homme maladroit refoulant la violence et l'agression des autres par le silence et une somme non négligeable d'indifférence. Comme il n'entrait pas dans la bagarre, elle lui en voulait et s'installait avec délectation dans le camp des autres. Elle aurait voulu l'admirer, être fière de lui. Il aurait voulu être cet
60 autre, justement cet homme fort qui aurait du répondant, qui ne permettrait pas aux autres de le bousculer ou de le provoquer. Un homme présent actif et qui n'hésite jamais face à une action ou une décision. Mais il n'était pas ce genre d'homme et n'avait aucune disposition pour le devenir un jour. Sa compagne en était persuadée et en souffrait. Ils passaient des nuits entières à par-
65 ler pour essayer de comprendre. C'était presque un jeu. Lui n'était pas à l'aise. Fidèle à son angoisse et à son désir. Mais quelque chose les retenait. Ils étaient liés par une sensualité magnifique, un plaisir immense, attentif et toujours neuf. Leurs corps se transformaient, devenaient libres et intelligents.

Pas drôle et mou ! Il n'était pas gros, mais commençait à avoir un petit
70 embonpoint. Ce devait être à cause du verre de whisky qu'il s'offrait tous les soirs quand il s'enfonçait dans son fauteuil oriental pour se mettre à l'aise.

Non, il n'était jamais à l'aise. En fait, il n'aimait pas beaucoup boire. Jamais
saoul. Les pieds sur terre. Il disait : « Je ne suis pas fou, moi ! » Et elle lui
répondait : « C'est dommage ! » Etait-il capable de quelque folie ? Par amour,
75 par passion ? Non ! Il avait repoussé tout excès et mis le délire ailleurs. Il était
mou. Il suivait un régime alimentaire. Un peu pour maigrir, un peu pour éviter
le diabète, une maladie répandue dans sa famille. Il se surveillait. Se
préserver. Economiser ses élans et mesurer ses émotions. Voilà pourquoi il
courait tout le temps derrière une image filante. Il recherchait une ombre où
80 son corps viendrait se déposer et se reposer, où son visage pourrait enfin se
décrisper. C'était cela la recherche de l'image perdue. Cette femme était
arrivée dans sa vie comme un message envoyé par l'autre, cet éternel autre
qu'il voulait être. Etait-ce un piège, une épreuve, une confrontation avec lui-
même ? Avant, il était tranquille. Il vivait seul et s'enfonçait lentement dans
85 un petit confort où personne ne le dérangeait et encore moins ne le remettait
en question. Cette femme était arrivée pour le sauver ou pour l'achever. Elle
n'en savait rien. Mais sa disponibilité pour le jeu, son charme inquiet, sa passion pour l'ambiguïté venaient perturber un homme plus préoccupé par
l'imaginaire que par la volonté du réel. En fait, tout son être était versé dans
90 l'imaginaire. Il était peintre. Lui parlait peu de son travail, dévoilait peu son
univers. Il ne voulait pas encombrer son travail par son image, par son apparence. Il disait : « Je peins pour ne plus avoir de visage. » C'était vrai. Il ne
désirait pas se mettre en avant de ce qu'il créait. Il restait derrière. Il s'absentait. Par pudeur et humilité. Elle refusait de voir sa peinture. Elle disait : « Je
95 ne comprends rien à la peinture, encore moins à la poésie. » Il était scindé en
deux : d'un côté le créateur, l'artiste reconnu, et, de l'autre, l'homme, l'individu séparé de son monde intérieur, séparé de son espace fantasmatique.
Parfois il essayait de lui expliquer l'importance de la dimension qui lui échappait. Elle reconnaissait son tort mais s'obstinait dans son refus. Etait-il blessé
100 par cette absence, par cette égratignure narcissique ? Un peu. Il était même
content, car il la soupçonnait d'aimer l'autre en lui. Cette idée le rendait
heureux. Il y avait là matière pour devenir drôle et dénoué. Donc elle aimait
l'autre. Par conséquent, elle était en avance sur lui ! Elle était déjà en compagnie de l'autre, elle devait beaucoup s'amuser, alors ! D'où le décalage et
105 l'incompréhension ! L'autre devait être heureux, très heureux même. Aimé
sans orage par l'ambiguïté raffinée. C'était cela le jeu, la provocation
soudaine et cinglante.

   Il descendit, à pied et en courant, les quinze étages de son immeuble. Il
était ainsi pris de vertige. Il tournoyait et sa propre image se dédoublait dans
110 le miroir du hall d'entrée. Fou, il dansait, sautillait comme un adolescent. Il
était devenu si léger, si frêle, presque une image. Il était drôle parce qu'il

changeait toutes les minutes de couleur. C'était comme un petit astre tombé du ciel, brillant, étincelant et musical. Les images se succédaient à grande vitesse dans le miroir. Il tendit la main et en attrapa une. Il ne la lâcha plus.
115 Son corps, haletant et vif, épousa lentement les formes de cette image. La métamorphose physique eut lieu en quelques secondes, mais elle était précédée de plusieurs mois de préparation et de scènes de provocation. Il se dit : C'est facile de changer, il suffit d'être amoureux, très amoureux de quelqu'un qu'on aurait chargé de cette besogne ! Une voix intérieure lui répétait : « Sache
120 qu'on ne change jamais. Tout changement n'est qu'une apparence, une illusion faite pour calmer les gens fous de prétention ! L'être ne change jamais. L'être n'a qu'une seule solution : persévérer dans son être. »

A présent qu'il était devenu cet autre tant rêvé, il ne désespérait pas de piéger son amie : Ce sera l'autre qu'elle aimera, l'artiste angoissé, à l'âme
125 criblée de doute et d'indécision. Quant à lui, il les rejoindra un jour, quand la lumière sera belle et le ciel émouvant.

— *Le Premier Amour est toujours le dernier*
(Paris : Editions du Seuil, 1995)

Exercice 4. Analyse du lecteur implicite

Le roman de Tahar Ben Jelloun, *Le Premier Amour est toujours le dernier*, est un livre beaucoup lu dans le monde francophone. Qui, d'après vous, est intéressé par la lecture d'un livre sur l'amour ? Quelles sont les raisons qui peuvent inciter à acheter ce livre ? En d'autres termes, à qui l'auteur s'adresse-t-il ? Indiquez toutes les possibilités à partir de la liste ci-dessous et ajoutez une ou deux suggestions personnelles. Pour chacune de vos décisions, écrivez une ou deux phrases qui justifient votre choix.

1. le public en général   Oui   Non

   Pourquoi/pourquoi pas ? _____

   _____

2. les psychologues   Oui   Non

   Pourquoi/pourquoi pas ? _____

   _____

3. les philosophes   Oui   Non

   Pourquoi/pourquoi pas ? _____

   _____

4. les sociologues   Oui   Non

Pourquoi/pourquoi pas ? _____

_____

5. les linguistes   Oui   Non

Pourquoi/pourquoi pas ? _____

_____

6. les économistes   Oui   Non

Pourquoi/pourquoi pas ? _____

_____

7. les historiens   Oui   Non

Pourquoi/pourquoi pas ? _____

_____

8. Vos suggestions: _____

Pourquoi ? _____

_____

9. Raisons personnelles qui vous inciteraient à acheter le livre :

_____

_____

Exercice 5. Ecriture de réflexion basée sur la lecture

A. Comment pourriez-vous commenter les phrases suivantes extraites du texte « L'autre » ? A quoi est-ce que Tahar Ben Jelloun semble vouloir faire allusion ? En tout cas, en tant que lecteur ou lectrice, à quoi est-ce que ça vous fait penser ?

1. Il était possédé par cet autre. Le reste du temps, il essayait de faire semblant. Semblant de vivre et d'aimer.

_____

_____

_____

2. Il voudrait être drôle, léger, décontracté, souple, comme ces personnages qui traversent les films américains en dansant. Un funambule. Un chanteur de charme. Un bohémien. De la grâce et de l'art dans les gestes et les mots.

   _____

   _____

3. Il acheta des magazines de mode où posent des hommes sveltes et beaux. Il étudia leur allure. [...] Certains vont pour cela chez le psychanalyste, lui était allé chez le coiffeur.

   _____

   _____

4. Etre drôle ! C'est difficile. Il faut que les autres m'aident, c'est-à-dire m'aiment un peu. En tout cas, il faut qu'elle m'aime.

   _____

   _____

5. Au début de leur relation, il lui disait qu'il était amoureux d'elle. Après, il lui avouait qu'il l'aimait. Cette nuance ne lui échappait point. Ensuite, il ne lui dit plus rien.

   _____

   _____

6. Il recherchait une ombre où son corps viendrait se déposer et se reposer, où son visage pourrait enfin se décrisper. C'était cela la recherche de l'image perdue.

   _____

   _____

7. [Il était] plus préoccupé par l'imaginaire que par la volonté du réel.

   _____

   _____

   _____

B. Relisez les deux derniers paragraphes de la nouvelle et écrivez comment vous comprenez la conclusion.

_____

_____

_____

_____

_____

_____

Exercice 6. A la recherche de votre style

A. En groupes de trois ou quatre écrivez une mini-nouvelle traitant d'un thème sentimental en imitant le style de Tahar Ben Jelloun. Dans chaque groupe, déléguez la personne chargée de l'écriture. Suggérez des phrases avec des effects stylistiques puis discutez toute amélioration possible ensemble. Une fois la composition de votre texte finie, relisez votre document ensemble et vérifiez son organisation (paragraphes, transitions, cohérence, cohésion). Ensuite, écrivez une introduction et une conclusion. Procédez à une dernière vérification générale avant de trouver un titre qui attire l'attention ! Pendant vos discussions, n'hésitez pas à demander conseil à votre professeur qui répondra à vos questions de style, de grammaire et de vocabulaire. Une fois l'activité finie, échangez votre texte avec un autre groupe. Toujours en groupe, procédez à une première évaluation du texte qui vous a été confié en considérant les points suivants:

1. Est-ce que le titre et l'introduction attirent la curiosité du lecteur ?

2. Est-ce que chaque paragraphe traite d'une idée principale ?

3. Est-ce que l'organisation des idées est bien faite ?

4. Est-ce que les effets stylistiques ajoutent à la qualité du texte ?

5. Est-ce que les transitions sont logiques et bien menées ?

6. Est-ce que le choix du vocabulaire est approprié ?

7. Est-ce que l'usage de la grammaire est bien traité ?

8. Est-ce que l'orthographe des mots utilisés est exacte ?

9. Est-ce que la ponctuation est adéquate ?

10. Quelles sont vos recommandations finales pour l'autre groupe ?

B. Une fois les évaluations finies, joignez-vous au groupe dont vous avez lu l'article et, ensemble, discutez vos recommandations. Le groupe évalué peut accepter ou rejeter les suggestions après discussion et justification. Si besoin est, recourez à l'arbitrage du professeur !

Exercice 7. A la recherche du sujet motivant

Avant de prendre une décision finale sur le thème que vous aimeriez développer, il est important de lire différents genres d'écrits qui vous aideront à déterminer le sujet le plus motivant. En plus des livres et des publications que vous pouvez consulter à la bibliothèque universitaire, sachez que vous pouvez également accéder à des dossiers intéressants sur le Web.

En groupe de deux, passez en revue les thèmes proposés au début de la section *Réalisation et écriture* de ce chapitre ainsi que le thème adopté pour votre écriture spontanée. Faites un choix final (au cas où vous décidiez de changer de sujet) puis suivez les instructions données **Chapitre 3,** pp. 96–99.

Exercice 8

- **Première version du manuscrit final :** Chez vous, développez le sujet que vous avez finalement sélectionné en suivant les étapes données **Chapitre 3,** pp. 96–97.

- **Apportez votre manuscrit en classe et préparez-vous à expliquer** comme indiqué **Chapitre 3,** p. 97.

- **A la maison :** Suivez les étapes données **Chapitre 3,** pp. 97–98.

- **En classe :** En groupes de deux, échangez votre manuscrit avec votre partenaire. Suivez les procédures correctives données **Chapitre 3,** pp. 98–99.

- **A la maison :** Tapez la nouvelle version de votre manuscrit en tenant compte des commentaires, recommandations et changements soumis par votre camarade de classe.

- **En classe :** Rendez votre manuscrit à votre professeur qui fera des commentaires supplémentaires avant d'écrire la toute dernière version. Après la deuxième version, votre professeur affichera votre travail sur le Web pour que vos écrits soient lus par le monde entier.

CURIOSITES CULTURELLES

L'amour et l'amitié sont des sentiments universels, et pourtant des différences culturelles entre la France et les Etats-Unis ont été enregistrées par les anthropologues. Ces différences sont très clairement expliquées dans le livre de Raymonde Carroll *Evidences invisibles : Américains et Français au quotidien* (Edition du Seuil, Paris, 1987). Ce livre propose un chapitre entier sur l'amitié, et un autre chapitre sur le couple. La lecture de ce livre est vivement recommandée, spécialement pour les étudiants qui se préparent à partir en France. En règle générale, les différences primordiales entre la France et les Etats-Unis peuvent se résumer comme suit. Discutez ces différences et les problèmes que de telles différences peuvent engendrer entre Américains et Français, et comment des amis ou des amoureux peuvent se blesser sans le savoir.

	FRANCE	**ETATS-UNIS**
A M I T I E	• On devient amis. • Le mot « ami » est sélectif et fait référence à quelqu'un de très proche. • En cas de problème, un ami s'impose et n'attend pas qu'on lui demande service. • Un(e) ami(e) est quelqu'un qui me comprend au point où elle/il me dira mes quatre vérités, même si celles-ci fâchent. • Une fois établi, l'amitié est solide. • Amitiés en groupe.	• On se déclare amis. • Le mot « ami» est utilisé pour indiquer de simples connaissances. • En cas de problème, un ami reste discret et attend qu'on lui demande service. • Un(e) ami(e) est quelqu'un qui me comprend et qui restera d'accord avec moi. • L'amitié contient un élément de fragilité. • Amitiés de nature dyadique.
A M O U R	• Les amitiés en groupe priment sur le couple qui se formera plus tard. • Le couple ne se détache pas du cercle d'amis : Les couples sortent en groupe avec les amis d'enfance. • Si le couple français ne se dispute pas de temps en temps, c'est signe qu'on ne se dit pas tout et que la passion se fane. • Le couple est stable si nos défauts sont appréciés au même titre que nos qualités. • L'ennemi, c'est l'indifférence des accords apparents, la routine de l'harmonie, l'ennui d'une vie tranquille, tout ce qui est contraire à la passion. • Une vie sexuelle sensuelle.	• Formation du couple encouragée très tôt. • Le couple se détache des amis : Les couples sortent seuls. • Le couple idéal américain est toujours d'accord. • L'ennemi, c'est le désaccord, le manque d'harmonie, la différence. • Le couple est stable si ma/mon partenaire m'encourage à être tel(le) que je voudrais être. • Se chicaner en public est de mauvais goût. • Une vie sexuelle puritaine.

Chapitre 8

ECHANGES PROFESSIONNELS

L'écriture de documents formels

INTRODUCTION

Pour toute nouvelle génération, trouver un emploi et s'engager dans une carrière représentent une transition majeure dans la vie. C'est l'étape où la jeunesse devient plus profondément consciente de son indépendance, de sa liberté à prendre certaines décisions personnelles, tout en découvrant le sens de ses responsabilités. Lors de cette transition cruciale vers la vie adulte, on doit avoir le courage de se regarder en face afin de faire l'inventaire de ses qualités ainsi que de ses points faibles, tout en gardant en tête les services que l'on peut offrir à la société.

Une des qualités très recherchées et appréciées par les professionnels, c'est la capacité de travailler en équipe et de bien s'entendre avec ses collègues. En effet, c'est l'entente cordiale entre collègues qui permettra de faire une différence pour les générations futures. D'autre part, la satisfaction de bien faire son travail devient aussi importante que la récompense monétaire. On prend de l'assurance et on développe une meilleure confiance en soi.

A quoi aspirez-vous professionnellement ? Dans quelle carrière avez-vous décidé de vous engager ? Ces questions sont souvent posées aux lycéens et aux étudiants universitaires. Vous les aborderez également dans ce chapitre pour vous préparer à une vie professionnelle où vous devrez faire usage de vos connaissances en langue française.

La présentation de votre profil professionnel au travers d'un curriculum vitæ sera le premier pas à franchir. Du fait que vous serez probablement embauché(e) pour votre connaissance en langue française, une de vos tâches sera sans doute de savoir établir et maintenir une correspondance internationale à la fois orale et écrite où vous devrez rendre compte de vos progrès professionnels dans une langue autre que la langue maternelle.

De ce fait, ce chapitre a été créé afin de vous aider à établir un dossier professionnel prêt à utiliser, au cas où vous voudriez un jour travailler dans un pays francophone ou étudier dans une université francophone.

Avant d'aborder l'écriture, vous lirez et discuterez des lectures au sujet de l'emploi d'été pour les jeunes et de l'importance relative de la sécurité d'un job (un sondage) tandis qu'une bande dessinée vous révélera un peu d'humour français au bureau. Dans ce chapitre, Un curriculum vitæ, une lettre, et des cartes de visite serviront de modèles pour commencer la documentation de votre portfolio professionnel.

EXPLORATION ET CONVERSATION

Activité A. Engageons le dialogue : Des professions pour ceux qui sont bilingues

Vous êtes en train de parfaire votre usage de la langue française. C'est le moment de considérer comment cette langue peut être utilisée dans le monde professionnel. Voici des professions où il est souvent préférable de connaître au moins deux langues. Sélectionnez trois des domaines professionnels cités ci-dessous, et pour chacun d'entre eux, discutez trois raisons pour lesquelles la connaissance du français est un avantage.

les affaires et le commerce	le tourisme
les secrétaires	l'hôtellerie
les bibliothécaires	les transports
les médias	le droit
la publicité	l'enseignement
la publication	la médecine / la santé
le gouvernement	les organisations à but non lucratif
le Corps de la Paix	l'environnement
l'art	les sports
le théâtre	la musique

Profession

1. _____

2. _____

3. _____

Avantages

_____
_____
_____
_____
_____
_____
_____
_____
_____

En groupes de trois :

Choisissez deux domaines professionnels de la liste ci-dessus, puis écrivez tous les emplois possibles associés à chaque domaine sélectionné. Ensuite, mentionnez toutes les connaissances et compétences importantes (spécifiques et générales) qui sont nécessaires à chaque emploi.

MODELE :

- **Domaine :** l'enseignement ;

- **Emplois possibles :**

  -prof d'anglais dans un pays francophone ;
  -prof ou moniteur / monitrice dans un camp français aux Etats-Unis ;
  -diriger un programme à l'étranger pour les étudiants américains ;
  -organiser des échanges d'étudiants étrangers ;
  -prof de français aux Etats-Unis pour les jeunes ou pour les hommes et les
    femmes d'affaires ;

- **Connaissances et compétences :**

  -une bonne connaissance de la langue parlée et écrite ;
  -une bonne connaissance de la culture ;
  -une connaissance en méthodes pédagogiques adaptées à différents âges et à différents styles
    cognitifs ;
  -un goût pour le voyage ;
  -de la patience, de la sensibilité, etc.

domaine	emplois possibles	connaissances/compétences
1. _____	_____	_____
	_____	_____
	_____	_____
2. _____	_____	_____
	_____	_____
	_____	_____

Tous ensemble :

Combien d'emplois différents avez-vous trouvés ? Après vos discussions en groupes sur les qualifications professionnelles, discutez maintenant des qualités personnelles nécessaires pour offrir la meilleure performance possible. Voici quelques expressions pour vous aider :

avoir le sens de l'organisation	avoir une bonne attitude
savoir travailler en équipe	savoir encourager et motiver ses collègues
avoir le sens des responsabilités	être en bonne forme physique et mentale
être dédié(e) à son travail	être généreux(-euse) avec son temps

ne pas hésiter à faire des heures supplémentaires

rechercher l'efficacité

savoir se poser des objectifs

faire preuve de patience

etc.

Activité B. Conversation de réflexion avant la lecture

Vous avez parlé d'emplois où la connaissance d'une deuxième langue est utile. Parmi les emplois que vous avez discutés, y a-t-il deux ou trois carrières auxquelles vous pensez sérieusement maintenant ? Il y a beaucoup d'aspects qui influencent consciemment ou inconsciemment nos décisions professionnelles : les gens, les livres, les films, les expériences du passé, etc. Avant de tourner votre regard vers l'avenir pour lequel vous allez vous préparer en établissant un dossier, jetez un coup d'œil sur votre passé et les jobs dont vous avez déjà eu l'expérience.

Remplissez les blancs du tableau ci-dessous en vous souvenant des emplois de votre jeunesse (en été, le week-end, le soir), de ce que vous gagniez, du nombre d'heures travaillées par semaine, de votre âge, et des conditions de travail (avec ou sans assurance médicale, travail en équipe ou solitaire, voyages, relations publiques, en bureau, jours de congé, à plein temps, à temps partiel, etc.). Finalement, notez deux adjectifs qui décrivent le travail ou votre impression générale vis-à-vis de ce travail.

1. le job : _____ l'argent / heure : _____ les heures / semaine : _____

   votre âge : _____ conditions de travail : _____

   deux adjectifs : _____

2. le job : _____ l'argent / heure : _____ les heures / semaine : _____

   votre âge : _____ conditions de travail : _____

   deux adjectifs : _____

Puis comparez vos emplois avec un(e) camarade de classe :

1. Quel emploi est le moins commun ?

2. Quelles sont les ressemblances / différences entre vos expériences ?

3. A votre avis, lesquels de ces jobs pourriez-vous trouver dans des pays francophones / en France ?

Tous ensemble :

Au tableau, une personne écrit tous les jobs mentionnés pendant que chacun lit sa liste à la classe à tour de rôle. Quand un job, déjà écrit au tableau, est de nouveau mentionné, cochez le mot d'une croix. En fin d'activité, le nombre total de croix par job indiquera quel emploi aura été le plus populaire dans la classe.

Activité C. Conversation basée sur la lecture : Situations quelque peu problématiques

a. Dans l'article qui suit, « Comment lui trouver un job d'été » vous allez rencontrer des possibilités de jobs pour les jeunes Français. Prenez des notes pendant que vous lisez. En analysant les informations données dans l'article, vous allez résoudre les situations quelque peu problématiques, telles qu'elles sont présentées ci-dessous.

b. En groupe de deux, l'un(e) d'entre vous sélectionnera un problème au hasard auquel l'autre membre du groupe devra répondre en toute connaissance des faits que vous venez de découvrir dans cet article (autant que possible, sans utiliser vos notes de lecture). Le but est d'entretenir une discussion le plus naturellement possible.

1. « J'aimerais travailler au Crédit Lyonnais pendant le mois de juillet. Mon père, lui, travaille au Crédit Agricole mais je ne veux pas travailler avec lui. »

   a. notes de lecture (mots-clés) : _____

   _____

   _____

   b. dialogue : ...

2. « J'ai cherché un poste dans la restauration pour que je puisse travailler au mois d'août. Partout, on me dit que le personnel d'été est déjà recruté. Tu comprends ça, toi ? »

   a. notes de lecture (mots-clés) : _____

   _____

   _____

   b. dialogue : ...

3. « Je suis étudiant à l'Université Lyon II, et j'aimerais trouver un boulot de baby-sitter le soir. »

   a. notes de lecture (mots-clés) : _____

   _____

   _____

   b. dialogue : ...

4. « Je fais une licence d'anglais, mais je n'ai pas d'argent pour voyager en Angleterre. »

    a. notes de lecture (mots-clés) : _____

    _____

    _____

    b. dialogue : ...

5. « Ce serait sympa de trouver un boulot d'animateur au Club Méditerranée pendant l'été. Est-ce que tu sais comment on devient animateur, toi ? »

    a. notes de lecture (mots-clés) : _____

    _____

    _____

    b. dialogue : ...

6. « J'ai 16 ans, et je n'ai aucune idée du salaire que je vais recevoir. »

    a. notes de lecture (mots-clés) : _____

    _____

    _____

    b. dialogue : ...

7. « J'aime conduire et je connais la ville de Grenoble par cœur. Tu as une idée d'un boulot que je pourrais faire pendant les vacances d'été ? »

    a. notes de lecture (mots-clés) : _____

    _____

    _____

    b. dialogue : ...

8. « Pendant les vacances d'été, j'aimerais partir à la campagne. J'adore le calme de la campagne. Mais il faut aussi que je trouve un job. Je ne sais pas quoi faire. »

    a. notes de lecture (mots-clés) : _____

    _____

    _____

    b. dialogue : ...

LECTURE A

Comment lui trouver un job d'été

Sylvie Marletta

A partir de quel âge un ado peut-il travailler ?

Il peut être salarié dès l'âge de 16 ans mais devra atteindre sa majorité pour effectuer des heures supplémentaires. Cependant, les adolescents de moins de 16 ans peuvent occuper un emploi sous certaines conditions en de-
5 mandant une autorisation auprès de l'inspection du travail.

Sa rémunération ?

• Elle doit être au moins égale au SMIC (36,98 F l'heure depuis le 31/07/95) s'il a déjà atteint la majorité. • 90 % du SMIC de 17 à 18 ans • 80 % du SMIC pour les moins de 17 ans.

10 ### Quels jobs ?

Mieux vaut modérer ses prétentions. Même pour décrocher un job de caissière ou de manutentionnaire, la concurrence est rude, alors persévérance et motivation.

Les agences d'intérim.

15 Elles recherchent des personnes polyvalentes et opérationnelles rapide-ment. Idéal pour ceux qui ont la bougeotte. On peut être amené à travailler pour une société différente chaque semaine. Au programme : manutention, classement, saisie, standard... Il ne faut pas hésiter à faire leur siège. Pour les 18 ans et plus.

20 ### Moniteur de colo ou de club de vacances.

Les animateurs doivent être titulaires du BAFA (Brevet d'aptitude aux fonctions d'animateurs). Pour bénéficier de la formation, il faut avoir au moins 17 ans et s'inscrire auprès de la Direction départementale de la jeunesse

et des sports. Au programme : sessions théoriques et stages pratiques répartis
dans l'année. Ensuite, on peut postuler en s'adressant aux organismes de
loisirs ou de vacances, mais aussi aux mairies et à la Direction départementale de la jeunesse et des sports. Salaires moyens : 90F à 150 F par jour (logé,
nourri) dans un centre de vacances, 300 F à 500 F dans un centre de loisirs
sans hébergement.

Baby-sitter ou étudiant au pair.

De nombreuses agences recrutent des jeunes gens pour garder des
enfants à l'heure, à la journée ou à la soirée. En Ile-de-France, on trouve
leurs coordonnées dans « Le Paris des tout-petits » (Ed d'Anabelle), ou
« Paris Combines, le guide enfant » (Ed Solar). En province, s'adresser à la
mairie, à l'office du tourisme (qui peut établir des listes de baby-sitters
destinées aux vacanciers) ou au Centre régional d'information jeunesse. A
l'étranger, contacter les offices du tourisme qui possèdent, en général, la
liste des organismes proposant des séjours au pair.

Quelques adresses pour l'étranger. • Au pair assistance, 18, Multon
Road, SW18 3LH Londres, Grande-Bretagne. Tél.: (19 44) 181 870 8783. •
Entraide allemande, 84, rue de Rennes, Paris VIe. Tél.: (16 1) 40 49 01 33. •
Euro Pair Services (placement en Europe et aux Etats-Unis), 13, rue Vavin,
Paris VIe Tél.: (16 1) 43 29 80 01.

Livrer des pizzas.

Les pizzas à domicile, ça marche toujours, même l'été. Idéal pour ceux
qui ont le sens de l'orientation et qui aiment les pourboires. Salaire moyen :
15 F la course. Il faut avoir 18 ans.

Hôtels, cafés, restaurants.

Ce secteur recrute beaucoup de jeunes entre mars et juin. Pour des
horaires souples, préférez les fast-food. Même s'il est plutôt conseillé de se
présenter en personne, on peut toujours consulter des offres d'emploi dans
toute la France sur le 3615 HORECA, le 3615 FLASHTELL (groupe
ACCOR), ou appeler le 36 68 08 09 (Journal de l'Hôtellerie).

Aux champs.

La terre donne toujours du travail. Moisson, vendanges, cueillette des
fruits : un bon moyen de se dépayser quand on habite en ville.

A qui s'adresser ? • Aux chambres d'agriculture départementales,
aux centres régionaux d'information jeunesse, aux CROUS (centres ré-

gionaux des œuvres universitaires et scolaires). • Jeunesse et Reconstruction,
60   qui organise des vendanges en Champagne, 10, rue de Trévise, Paris IXe.
Tél. : (16 1) 47 70 15 88.

Banques et assistance.

Pour les remplacements d'été, les banques accordent une préférence
aux enfants du personnel. En revanche, l'assistance recrute beaucoup pour les
65   trois mois d'été. La faveur va aux BAC + 2 bilingues ou trilingues pour
l'accueil téléphonique en horaires flexibles. Envoyer les candidatures à Europe
Assistance — DRHC — 1, promenade de la Bonnette, 92633 Gennevilliers
Cedex, ou à Mondial Assistance, 2, rue Fragonard, Paris XVIIe.

Jobs en tout genre.

70   Le CIDJ (Centre d'information et de documentation de la jeunesse) et
le CRIJ (Centre régional d'information jeunesse) affichent souvent des propositions d'emplois saisonniers : plagiste, receveur de péage d'autoroute, etc.
De son côté, le CROUS peut faire des propositions à ceux qui sont déjà en
fac. N'hésitez pas à les consulter (voir adresses utiles).

75   ### Les bonnes pistes

• **CIDJ**, 101, quai Branly, 75740 Paris Cedex 15. Tél. : (16 1) 44 49 12 00 ou
3615 CIDJ, pour connaître votre CRIJ. • **CROUS**, tél. : (16 1) 44 18 53 00.
Les coordonnées de tous les centres locaux. • **Sur Minitel** : 3615 LETU-
DIANT, 3615 JOBSTAGE, 3615 CVPRO, 3615 MIDETUD (pour la ré-
80   gion Midi-Pyrénées), 3615 SMEREP, 3615 OSE. • **A Lire** « Recherche d'un
job », 19 F. Pour être au courant de toutes les coordonnées des organismes ou
entreprises dans les secteurs référencés ci-dessus, ou pour avoir d'autres
tuyaux. Adressez-vous au CIDJ ou au CRIJ pour vous le procurer.

— *Sylvie Marletta, Marie Claire*, juin 1996

Activité D. Conversation en réaction à la lecture : Préparation à une interview

En quoi est-ce que les emplois des jeunes Français ressemblent à ceux des jeunes
Américains (d'après vos expériences et celles de vos camarades de classe) ? Avez-vous personnellement trouvé un des jobs mentionnés dans l'article ? Comment ? Y a-t-il un emploi

décrit dans cet article dont vous n'avez jamais entendu parler ? Est-ce que l'article mentionne un emploi que vous auriez voulu essayer ?

Avec un(e) partenaire, choisissez un emploi de cet article (« Comment lui trouver un job d'été »). Une personne joue le rôle de l'adolescent, l'autre le rôle de l'employeur éventuel. L'employeur fait passer un entretien au jeune candidat en pensant à tous les renseignements nécessaires avant de choisir ou de rejeter le candidat. Le candidat répond à chaque question en essayant de convaincre l'employeur qu'il pourra exécuter les fonctions de cet emploi.

Après l'entretien, parlez ensemble des éléments universels d'une interview. Pour la plupart des interviews, comment le candidat et l'employeur doivent-ils se préparer ? Préparez une liste pour le candidat et une autre liste pour le patron : ce qu'on doit faire avant l'interview, ce qu'on doit apporter, comment on doit se comporter, ce qu'on doit faire après, etc. Puis comparez vos réponses avec celles d'un autre groupe.

Activité E. Conversation basée sur la lecture : « Les jeunes et l'emploi »

Lisez les paragraphes ci-dessous tirés du livre *Francoscopie 1995* de Gérard Mermet au sujet des métiers de la dernière décennie du vingtième siècle. L'auteur offre les résultats d'un sondage intitulé « Les jeunes et l'emploi ». Trouvez les réponses aux questions suivantes :

1. Le problème du chômage en France pourrait éclaircir la première statistique (73 %). Expliquez.

2. Quand les jeunes trouvent un emploi, quel est le pourcentage de jeunes qui croient que l'argent est de la toute première importance ?

3. Quelles différences d'attitude le sondage a-t-il trouvées entre les garçons et les filles ?

LECTURE B

Les jeunes et l'emploi

73 % des jeunes de 18 à 24 ans pensent que pour accéder au marché du travail, il faut prendre le premier emploi qui se présente, 26 % qu'il faut pren-

dre l'emploi que l'on souhaite, 40 % considèrent qu'il vaut mieux faire des stages en entreprise, 36 % estiment qu'il faut obtenir un diplôme profession-

5   nel spécialisé, 23 % qu'il faut poursuivre des études supérieures le plus longtemps possible.

Les attentes prioritaires lorsqu'on a un emploi sont pour eux : un travail intéressant (70 %) ; la sécurité de l'emploi (66 %) ; un bon salaire (49 %) ; des perspectives de carrière intéressantes (33 %) ; l'entente avec

10   ses collègues (27 %) ; des responsabilités (19 %) ; l'entente avec ses supérieurs (14 %).

Les filles ont davantage peur du chômage que les garçons ; elles sont moins nombreuses à revendiquer un travail intéressant et sont plus attachées à la sécurité de l'emploi.

— *SOFRES, La Tribune*, mars 1994

Activité E. Après la lecture : Faites une enquête dans la classe

Les statistiques données dans la section « Les jeunes et l'emploi » sont forcément le résultat d'une enquête qui a été faite avec un questionnaire. En groupes de trois ou quatre, reconstituez ce questionnaire sur une feuille de papier. Puis, une fois le questionnaire approuvé par votre professeur, conduisez votre enquête dans la classe. Voyez si les statistiques que vous obtenez correspondent à celles rapportées pour les jeunes Français. Qu'il y ait différences ou similarités, faites une étude comparative en présentant des hypothèses explicatives.

Utilisez toutes les expressions que vous voulez de la liste ci-dessous pour la discussion analytique des sondages et des chiffres rapportés par *Francoscopie*. N'oubliez pas que ces expressions vous seront utiles si, dans vos rapports écrits (de fin de chapitre), vous choisissez un thème où vous devez analyser des statistiques.

- D'après les statistiques publiées dans...
- D'après les chiffres les plus récents...
- Du point de vue de la population générale...
- Selon...
- Les... se déclarent en faveur de...
- Les chiffres soulignent...
- L'opinion publique est d'accord sur le fait que...
- Les chiffres désapprouvent...
- L'opinion semble être partagée...

- En règle générale...

- La majorité pense que...

- L'idée d'un(e)... ne semble pas très populaire. En effet,...

- Les... se déclarent contre...

- Les... sont de l'avis que...

- Un fort / faible pourcentage est en faveur de...

- La grande majorité se déclare contre...

- Une forte / faible proportion des réponses se prononce en faveur / contre...

- Le résultat de ces statistiques démontre que...

- Ceci nous mène à la conclusion que...

Préparez-vous à présenter le résultat de votre enquête lors d'une présentation devant la classe.

Activité F. Avant et pendant la lecture : Rire !

Le rire et les bandes dessinées gardent une place importante dans la vie des Français, même quand il s'agit du travail. Regardez les bandes dessinées de Gaston dans son bureau (ci-dessous). Avec un(e) partenaire écrivez ce que disent les personnages d'après votre imagination. Une fois terminé, comparez votre texte avec celui d'autres camarades de classe. Enfin, lisez le texte de l'auteur et remarquez où il y a des ressemblances.

1. Avant de commencer cette activité, notez le rôle de chacun des trois personnages, le rapport entre eux, et la personnalité de chacun :

	rôle	**rapport**	**personnalité**
l'homme	_____	_____	_____
Gaston	_____	_____	_____
la femme	_____	_____	_____

2. Qu'est-ce qu'il y a dans les dessins qui suggère votre interprétation ?

_____

_____

Tous ensemble :

Décrivez ce que vous voyez sur ce dessin humoristique en expliquant vos réactions face aux personnages et à la façon dont le monde du travail est représenté. Trouvez-vous ce dessin personnellement humoristique ? Elaborez votre réponse.

LECTURE C

Gaston

© 1991 Franquin

REALISATION ET ECRITURE

Objectif

- Ecriture professionnelle

Objectifs de l'écriture professionnelle

- Ecriture pour la recherche d'un emploi :
  — formuler votre curriculum vitæ d'après un format français ;
  — écrire une lettre de demande d'emploi, une lettre de motivation ;
  — écrire une lettre descriptive de votre profil académique et professionnel ;
  — écrire une lettre de demande d'inscription dans une université francophone ;
  — écrire une lettre de demande de séjour linguistique.
- Ecriture en tant que professionnel :
  — écrire un rapport d'entreprise pour le responsable de section ;
  — écrire une analyse socio-économique (style journalistique).

Thèmes possibles pour votre écriture

- Ecrire une lettre de demande d'emploi accompagnée de votre curriculum vitæ en répondant à une annonce reproduite dans ce chapitre, ou en répondant à une annonce que vous aurez trouvée dans un journal francophone ou sur le Web.

- Ecrire un rapport sur une question socio-économique typiquement associée à l'emploi telle que le chômage, la globalisation, l'émigration et l'immigration, l'endettement des familles, la création de nouveaux emplois, les investissements en bourse, la politique financière, etc.

- Ecrire deux descriptions du même emploi : la première pour une campagne de publicité visant à recruter de nouveaux postulants ; et la deuxième du point de vue d'un ancien employé qui offre des conseils réalistes à ceux qui pensent entrer dans cette carrière.

- Ecrire une lettre de motivation pour renseigner votre futur employeur de vos buts professionnels et de leur compatibilité avec ceux de l'entreprise où vous espérez travailler.

- Décrire l'emploi idéal. Si vous étiez libre de toutes obligations familiales, économiques, sociales et autres, quel est l'emploi qui vous attirerait le plus ? Dans quelle mesure est-ce que cet emploi vous apporterait une satisfaction personnelle ? Dans quelle mesure est-ce que cet emploi contribuerait à améliorer le futur ? Décrivez en détail (1) la préparation scolaire requise pour un tel emploi ; (2) les fonctions et caractéristiques précises de cet emploi ; (3) l'impact de cet emploi sur la société et sur l'avenir ; (4) les conditions de travail (horaire, travail individuel / en équipe / en relation avec le public, avantages sociaux) ; etc. Dans quelle mesure est-ce que cet emploi rêvé peut être adapté à la réalité d'aujourd'hui ? Le but est de convaincre les lecteurs des avantages intrinsèques de cet emploi, tout en restant conscient des conditions socio-économiques actuelles.

- Trouver des statistiques économiques récentes et analysez-les pour les lecteurs qui préfèrent la prose aux chiffres.

- Autre thème de votre choix à discuter avec votre professeur.

Exercice 1. Premiers pas : Recherche active et énergique d'un emploi

Pour trouver un emploi ou avancer professionnellement, il y a des situations où on doit entonner ses propres louanges et présenter ses accomplissements personnels d'une façon directe. Etudiez la liste de verbes que vous pouvez utiliser pour décrire vos accomplissements, puis écrivez cinq à huit phrases sur vos expériences et réussites professionnelles. Pour chaque déclaration utilisez un verbe différent en vous inspirant de la liste ci-dessous ou en utilisant d'autres verbes actifs et précis.

accomplir	acquérir	adapter	aider
améliorer	animer	apprendre	arbitrer
assurer	augmenter	communiquer	composer
concevoir	conclure	construire	contrôler
convaincre	coordonner	cultiver	déléguer
développer	diriger	documenter	effectuer
éliminer	encadrer	entreprendre	établir
évaluer	exécuter	expliquer	fabriquer
gagner	improviser	instaurer	intensifier
inventer	administrer	mener	mettre en marche
motiver	négocier	organiser	présenter
programmer	réaliser	recruter	rénover
revivifier	se charger de	servir de	stimuler
suivre	superviser	vendre	gérer

MODELE :   J'ai programmé des activités pour enfants dans une colonie de vacances pendant trois années de suite.

_____

_____

_____

_____

_____

_____

_____

_____

Exercice 2. Ecriture spontanée

Quelquefois une expérience de jeunesse nous mène vers une certaine carrière ou nous détourne d'une autre. Vous venez de réfléchir sur vos accomplissements passés : Une de ces activités a-t-elle influencé la direction que vous pensez suivre ? Avant de poursuivre l'idée d'une carrière préférée, notez trois professions qui ne vous tentent en aucune manière. Ecrivez chaque profession avec une raison concrète qui explique votre aversion pour cet emploi.

Profession	**Raison de votre aversion pour cet emploi**
1. _____	_____
2. _____	_____
3. _____	_____

Maintenant, écrivez pendant cinq minutes sur la question suivante : Si vous pouviez choisir une profession aujourd'hui, laquelle choisiriez-vous ? Pour quelles raisons ? Sans vous soucier de l'orthographe, ni de la grammaire, ni de la structure du paragraphe, continuez à écrire jusqu'à ce que votre professeur vous arrête.

Lisez ce que vous venez d'écrire et pensez à vos expériences qui se rapportent à cette profession. Sur la même feuille, notez toutes ces expériences.

Echangez votre écriture spontanée avec celle d'un(e) partenaire. Lisez ce que votre partenaire a écrit, puis écrivez deux points que vous aimez et deux points que vous aimez moins au bas de sa feuille. Après avoir récupéré votre propre travail spontané et rendu celui de votre partenaire, lisez les commentaires au bas de votre feuille, prenez des notes supplémentaires, puis classez soigneusement votre travail dans un dossier facilement accessible ; vous en aurez besoin après vous être fixé(e) sur un thème de rédaction finale.

Exercice 3. Les cartes de visite

Nous aimons tous nous présenter le mieux possible, et il y a des gens qui rêvent de la première carte de visite quand ils entreront dans le monde des affaires. Cette carte peut symboliser que « nous y sommes arrivés ». Après avoir lu les modèles de carte de visite ci-dessous, pensez à votre future carrière et, en français, créez votre carte idéale ou la carte dont vous avez rêvé.

LECTURE D

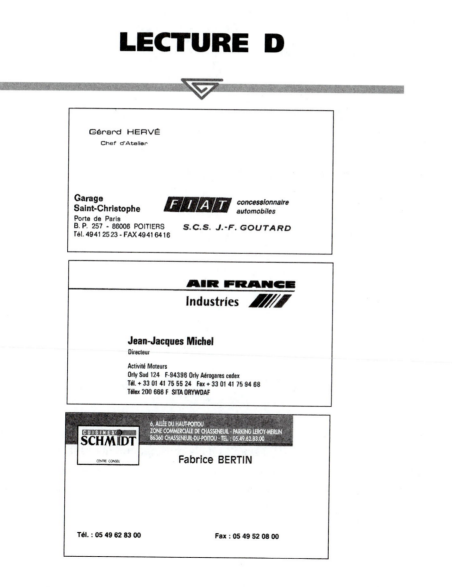

BNP

AGENCE DE POITIERS-NOTRE-DAME

Françoise Le Breton
Conseiller Clientèle

33, Place Charles de Gaulle - BP 317 - 86008 POITIERS CEDEX
Tél. 05 49 50 33 52 - Fax 05 49 50 33 56

IRCOM

Institut de Recherche
en Communications Optiques
et Microondes - UMR 6615

CNRS

Professeur Michel LEARD

UNIVERSITÉ DE POITIERS
SIC - BP 179 - F - 86960 FUTUROSCOPE CEDEX
Tél. (33) 05 49 49 65 71 - Fax (33) 05 49 49 65 70
e-mail : leard@sic.univ-poitiers.fr

Créez votre propre carte de visite :

En groupe de trois, décidez dans quelles circonstances vous utiliserez une carte de visite : Dans quel but ? En avez-vous déjà une ? Quels renseignements faut-il y mettre ? Regardez encore une fois la vôtre pour vérifier que vous ayez bien mentionné toutes les données importantes. Quelle est l'importance de la clarté ? Est-il important que votre carte de visite soit différente des autres ? Similaire ? Expliquez.

Exercice 4. Le curriculum vitæ : Une discussion et un modèle

A. Pourquoi préparer un C.V. ?

1. La raison la plus importante c'est la prise de conscience de nos atouts, de la manière dont nous résolvons les problèmes, de notre savoir-faire, de nos succès.

2. Souvent, les gens que nous connaissons de notre communauté ont une idée imprécise de notre profil professionnel. A ceux qui peuvent nous aider à trouver un emploi, la distribution d'un curriculum vitæ peut les amener à faire des recommandations personnelles.

3. Bien que le C.V. ne soit qu'un outil pou la recherche d'un emploi et qu'une personne ne soit pas embauchée uniquement sur la présentation du C.V., celui-ci reste le meilleur moyen pour la sélection préliminaire des candidats. Par conséquent, l'effort mis dans la rédaction du C.V. facilitera la route vers le succès.

En France on a coutume de donner quelques renseignements différents de ce qu'on révèle dans un C.V. aux Etats-Unis (par exemple, la date de naissance ou la situation de famille). Il est aussi normal d'inclure une photographie, ce qui est défendu aux Etats-Unis.

Vous allez lire le C.V. d'une Française qui vient de terminer ses études universitaires. Avant de le lire, mettez-vous avec un(e) partenaire et inscrivez trois qualités importantes pour la rédaction d'un C.V.

_____

_____

_____

B. En lisant le C.V. de Charlotte, répondez aux questions suivantes :

1. Combien de pages y a-t-il ?

2. Est-il dactylographié ou écrit à la main ?

3. Combien de sections voyez-vous ?

4. Quels renseignements personnels cette femme donne-t-elle ?

5. Où a-t-elle étudié ?

6. Quelles sont ses expériences de travail ?

7. Où a-t-elle voyagé ?

8. Quelles langues parle-t-elle ?

9. Quel commentaire peut-on faire sur l'ordre chronologique adopté pour l'énumération des expériences professionnelles ?

LECTURE E

Nom : DUPONT
Prénom : Charlotte
Née le : 26. 03. 1974
à : Montbéliard (25)
Nationalité : française
Adresse : 5, rue de la Paix-74000 ANNECY
N° de tél. : 50. 67. 49. 93

ETUDES

1989 : B.E.P.C.
1989–92 : lycée Berthollet (Annecy) en section A2 (3 langues : Anglais, Espagnol, Russe)
1992 : baccalauréat A2, mention Assez Bien.
1992–93 : 1ère année de DEUG en Langues Etrangères Appliquées (Anglais, Espagnol, Russe) à l'Université Jean Monnet à Saint Etienne. Modules de préprofessionnalisation en Droit Privé et Economie.
1993–94 : 2ème année de DEUG en L.E.A. Modules de préprofessionnalisation en Droit des Affaires, Informatique, Traitement de Texte.

SEJOURS A L'ETRANGER

Etats-Unis : juillet-août 1989
Angleterre : juillet 1990
              septembre 1992
Espagne : avril 1991
          août 1993
U.R.S.S. : septembre 1991

EXPERIENCES PROFESSIONNELLES

— Garde d'enfants dans le cadre de l'Association Accueil Petite Enfance (55, chemin de la Prairie-74000-Annecy)
— Travail de secrétariat lors des inscriptions à l'I.U.T. (Annecy-le-Vieux)
   juillet 1991
   juillet 1992
— Téléphoniste à Savoie Etudes (Parc des Glaisins-14, rue Pré Paillard-74940 Annecy le Vieux) du 13. 04. 1992 au 16. 05. 1992.
— Fille au pair en Espagne en août 1993

C. Après avoir lu le C.V. et avoir répondu aux questions ci-dessus, discutez les questions suivantes avec un(e) partenaire :

1. Pourquoi vaut-il mieux ne pas dépasser une page ?

2. Quelle est la conséquence des fautes d'orthographes ? de la qualité du papier ? Expliquez pourquoi le choix des mots est critique. Expliquez le problème des termes techniques. Quelles sortes de verbes devrait-on utiliser ?

3. Quelle est l'utilité pour l'employeur d'un plan classique (d'un plan qui ressemble à celui de tous les autres C.V.) ?

4. Où peut-on montrer sa « différence », sa personnalité ?

5. Expliquez la nécessité de l'honnêteté.

6. Pourquoi ne doit-on pas sauter plusieurs années dans la chronologie ?

7. Quel serait l'intérêt de rédiger plusieurs versions de votre C.V. (chacun légèrement différent) ?

8. Expliquez l'avantage de montrer votre C.V. à quelqu'un d'autre avant de l'envoyer à un employeur potentiel ; et aussi de lire le C.V. de quelqu'un d'autre.

9. Parlez de l'ordre des expériences : Quelle raison justifierait l'ordre chronologique inverse ?

10. Commentez les différences et les ressemblances que vous percevez entre les C.V. américains et les C.V. français.

Tous ensemble :

Comparez vos expériences personnelles concernant l'écriture d'un C.V. Par exemple, vous pouvez expliquer ce que vous avez déjà fait, quel style de présentation vous avez adopté et dans quel but. Si vous n'avez pas encore commencé l'écriture de votre C.V., expliquez quand vous comptez le faire et pour quelle occasion.

Exercice 5. Votre curriculum vitæ

Complétez le C.V. suivant avec vos renseignements personnels, votre formation, vos expériences et vos intérêts :

Nom, prénom : _____

Adresse : _____

Téléphone : _____

Né(e) le : _____

Etat civil : _____

Nationalité : _____

Poste cherché : _____

OBJECTIF : _____

_____

_____

FORMATION :

(années)   (école, etc.)

_____   _____

_____   _____

_____   _____

INFORMATIQUE (les langages appris, les systèmes d'exploitation, les logiciels) :

_____

LANGUE(S) ETRANGERE(S) : _____

EXPERIENCES PROFESSIONNELLES :

(années)   (expériences)

_____   _____

_____   _____

_____   _____

INTERETS :

(catégorie générale)   (endroit et / ou activité spécifique)

_____   _____

_____   _____

Avant de préparer une copie finale de votre C.V. tapé sur ordinateur, échangez le C.V. que vous venez de remplir avec un(e) partenaire. En lisant le C.V. de votre partenaire, écrivez une question pour chaque renseignement que vous ne trouvez pas clair. Si vous croyez que votre partenaire a oublié un renseignement important, mentionnez-le.

Avant de rendre le C.V. à votre partenaire, écrivez cinq professions qui conviendraient à l'expérience notée. En jouant le rôle du conseiller (de la conseillère), montrez à votre partenaire comment il/elle pourrait renforcer son expérience avec d'autres études ou d'autres expériences professionnelles.

Après avoir lu les commentaires et les questions de votre partenaire sur votre C.V., décidez si vous voulez suivre ses conseils, s'il faut changer ou ajouter des renseignements. Puis rédigez la version finale de votre C.V. Si vous décidiez de l'envoyer à un employeur potentiel, y joindriez-vous une photo ? Expliquez pourquoi ou pourquoi pas. Si oui, quelle sorte de photo donneriez-vous ?

Exercice 6. Et avec le C.V. ?

A. Une personne cherchant un emploi n'envoie pas seulement un C.V. Il faut aussi une lettre de demande d'emploi (une lettre de motivation). Les deux vont de pair. Il en va de même dans d'autres circonstances, par exemple pour un séjour linguistique ou une demande d'inscription dans une université. Quelquefois il est nécessaire d'adapter le C.V. original à un formulaire.

Beaucoup d'entre vous aimeriez travailler en France pendant un an pour enseigner l'anglais aux jeunes Français. Votre professeur vient de recevoir la lettre ci-dessous qui vous offre cette possibilité. Heureusement vous avez déjà rédigé un C.V. en français que vous pourrez adapter au formulaire qu'on vous demande de remplir.

Lisez d'abord la lettre de l'Ambassade de France et répondez aux questions suivantes :

1. Quel est le but de cette lettre ?

2. Nommez les conditions requises des candidats.

3. Combien d'Américains enseigneront en France grâce à ce programme ?

4. Pourquoi utiliser le courrier rapide ?

5. Quand est-ce que les assistants termineront leur travail ?

6. Calculez le salaire horaire.

7. Si on a des questions avant de poser sa candidature, à qui peut-on les poser ?

LECTURE F

▽

Lettre de l'Ambassade de France aux Etats-Unis

Pierre Buhler

AMBASSADE DE FRANCE
AUX ETATS UNIS

SERVICE CULTUREL
———

Dossier suivi par : Marcienne Escot
Tél. : (212) 439-1433
E-mail : marcienne.escot@diplomatie.fr

N° **329** /SCULE

972 FIFTH AVENUE
NEW YORK, N.Y. 10021
Téléphone : (212) 439 14 00
Télécopie : (212) 439 14 55

New York, le 20 mars 1998

Monsieur, Madame le Professeur,

Le Ministère de l'Education Nationale, de la Recherche et de la Technologie vient d'annoncer à l'ambassade la création, pour l'année scolaire 1998/99, de 800 postes d'assistants d'anglais dans des établissements d'enseignement primaire et secondaire. ***300 à 400 de ces postes seront offerts à des étudiants américains*** âgés de moins de trente ans, régulièrement inscrits dans une université américaine au moment du dépôt de leur candidature. Ces étudiants devront avoir suivi un cursus comprenant des études de français et leur candidature devra être présentée par leur université sous la responsabilité d'un professeur.

Je vous serais reconnaissant de bien vouloir m'indiquer d'urgence le nombre de dossiers de candidature que vous souhaitez recevoir. Ils vous seront aussitôt envoyés par courrier rapide. Une fois remplis par les intéressés, qui voudront bien y préciser leur préférence (enseignement primaire ou secondaire), ces dossiers devront être adressés à mes services, à l'attention de M. Charles Barrière, Attaché culturel, Chef du Service de coopération universitaire, linguistique et éducative, avec, sur l'enveloppe, la mention - *Dossier assistant -*, ***avant la date limite du 30 avril 1998***. Le Ministère de l'Education Nationale procèdera alors, en collaboration avec le Service culturel de l'ambassade, à une sélection des candidatures présentées.

Il s'agit là d'une occasion unique pour certains de vos étudiants de passer sept mois en France, à compter du 1er octobre 1998. Ce séjour sera rémunéré sur la base de 5.565 francs (environ 912 $) par mois pour un service de 12 heures d'enseignement hebdomadaire.

Je vous prie d'agréer, Monsieur, Madame le Professeur, l'assurance de ma considération distinguée.

Pierre Buhler
Conseiller culturel
Représentant permanent des universités
francaises aux Etats-Unis

△

B. Vous avez décidé de poser votre candidature et il se peut que des possibilités similaires se présentent à nous cette année. Avec un(e) partenaire, remplissez ensemble le formulaire (ci-dessous) pour le poste d'assistant étranger. Assurez-vous d'avoir votre C.V. devant vous pour une extraction rapide des éléments utiles dont vous aurez besoin pour remplir la section « court curriculum vitæ ». Remarquez que les titres des catégories sont en majuscules. Pour la plupart, les Français pensent que les lettres majuscules sont nécessaires pour la clarté des formulaires (du visa, etc.), surtout pour votre nom, votre adresse, etc.

MINISTÈRE DE L'ÉDUCATION NATIONALE
DE LA RECHERCHE ET DE LA TECHNOLOGIE

DÉLÉGATION AUX RELATIONS INTERNATIONALES
ET À LA COOPÉRATION

Sous-direction des relations internationales
et de la coopération de l'enseignement scolaire

ASSISTANTS ÉTRANGERS

Fixez soigneusement ici une photographie récente

NOM (1)

PRÉNOM (1)   SEXE (2)   M   F

DATE DE NAISSANCE   NATIONALITÉ

NON MARIÉ (3)   MARIÉ (3)   CHARGES DE FAMILLE

ADRESSE OÙ DOIT ÊTRE ENVOYÉE LA NOMINATION (1)

Tél. :   PAYS

ADRESSE DES PARENTS

Téléphone

VŒUX DU CANDIDAT (3)

❏ Collège (élèves de 10 à 14 ans)

❏ Lycée (élèves de 14 à 18 ans)

❏ Enseignement primaire

Régions (éventuellement) :

1 _____

2 _____

3 _____

Avez-vous déjà été assistant ? oui non

Lieu : _____ : date : du _____ au _____

Avez-vous fait des séjours de plus d'un mois à l'étranger ? oui non

Lieu : _____ date : du _____ au _____

Avez-vous bénéficié d'une bourse à l'étranger ? oui non

Quelles autres langues étrangères connaissez-vous ? _____ Très bien   A.B.   Pass.

_____ Très bien   A.B.   Pass.

Expérience d'encadrement et d'animation : _____

Expérience pédagogique (services éventuellement effectués dans l'enseignement) : _____

_____
_____
_____
_____
_____

Pratique audiovisuelle : _____

Intérêts artistiques (notez tous vos intérêts et aptitudes, votre expérience dans ce domaine) :

_____
_____

Êtes-vous musicien(ne) ? _____ Jouez-vous d'un instrument ?_____

Pratique des sports suivants : _____

À quelle carrière vous destinez-vous ? _____

_____

Court curriculum vitae _____

Université d'origine

Diplôme de fin d'études secondaires (date et lieu) :	
Études supérieures : universités, facultés, matières étudiées, nombre de semestres ou d'années :	
Serez-vous auditeur à l'École normale supérieure ?	
Votre université a-t-elle un accord avec une université française ? Laquelle ?	
Dernier examen réussi et titre obtenu (avec lieu, date et mention) :	
Études en cours, examens en vue :	

Résumez en quelques mots les objectifs de votre séjour en France.

CONSTITUTION DU DOSSIER

Le dossier doit comprendre :

1. La feuille de candidature avec une photographie récente (**agrafée** et portant au dos le nom du candidat).

2. Une copie conforme du dernier diplôme obtenu.

3. Les appréciations de deux professeurs d'université, autorités scolaires ou personnalités connaissant le candidat (imprimés ci-joints).

4. Le certificat médical (imprimé ci-joint).

5. Deux enveloppes non timbrées de format 16 × 24 libellées à l'adresse où doit être envoyée la **nomination**.

6. Une fiche de couleur cartonnée. L'étudiant portera son attention sur la partie vœux. Les vœux doivent être motivés. Il ne sera tenu compte des souhaits géographiques que dans la mesure des possibilités.

Note. – Les candidats sont priés de faire établir les pièces du dossier autant que possible à la machine à écrire, sinon d'écrire très lisiblement (leur nom en lettres majuscules) et de n'envoyer que des copies conformes des diplômes. (Les originaux ne seront pas renvoyés.)

Les candidats et candidates nommés assistants ou assistantes s'engagent expressément par leur signature ci-dessous :

1. A accepter le poste sur lequel ils seront nommés ;

2. À servir pendant toute la durée de l'année scolaire et à ne cesser leurs fonctions qu'avec l'autorisation des autorités françaises même pour motif d'examen ;

3. A ne rien publier sur l'établissement où ils ont exercé sans l'autorisation expresse de ces mêmes autorités ;

4. A remettre à la fin de leur séjour un rapport annuel succinct adressé au chef d'établissement.

Date : _____

Signature : _____

En groupes de trois ou quatre :

Répondez aux questions suivantes.

1. Le nom que les parents choisissent pour leur enfant, est-ce le *nom* ou le *prénom* ?

2. Quand on écrit la date en français, est-ce qu'on commence par le jour ou par le mois ?

3. Quelle région de France avez-vous choisie ? Quels mots indiquent que tout le monde ne recevra pas son premier choix ? Quel groupe d'élèves préférez-vous ?

4. Quelles sortes d'expérience pédagogique seraient utiles ?

5. Quels seraient vos objectifs justifiant votre séjour en France ?

6. Si vous étiez responsable du choix des candidats, quelles expériences, quelle formation, quelles qualités trouveriez-vous les plus importantes ? Pensez-vous qu'il soit facile ou difficile de choisir des assistants en se basant uniquement sur ce formulaire ? Expliquez.

Exercice 7. La première version

L'étude d'écritures professionnelles dans ce chapitre vous offre deux choix possibles : (1) l'écriture pour offrir vos services (une demande d'emploi, un C.V., un profil académique et professionnel, un séjour linguistique, une demande d'inscription), ou (2) un rapport sur le monde social et professionnel (sur une question socio-économique, un rapport d'entreprise à fournir à votre supérieur hiérarchique, le commentaire de statistiques). Si vous choisissez le premier style d'écriture, révisez votre essai spontané et suivez les étapes des **Exercices 8** et **9** pour écrire une lettre. Si vous préférez écrire un rapport, suivez les suggestions données à l'**Exercice 10** pour écrire un rapport d'entreprise. Consultez quels sont les sujets courants en lisant les derniers numéros des journaux et magazines que vous avez à la bibliothèque ou en ligne sur le Web (voici quelques titres de magazines et journaux sur les économies nationales et internationales : *Les Echos, Le Nouvel Economiste, Capital, Le Nouvel Observateur, L'Express,* les journaux avec des pages financières tels que *Le Monde, Le Figaro, Libération* etc.). Beaucoup de journaux et de magazines maintiennent un site sur le Web, auquel vous pouvez rapidement accéder par un simple clique. Voici quelques adresses :

http://www.liaisons-sociales.presse.fr

http://www.lerevenu.com

http://lactualite.com

http://www.africaonline.co.ci

http://www.ucad.sn

http://www.lexpress.presse.fr/

http://www.liberation.fr

http://www.nouvelobservateur.com/

http://www.investir.fr/

http://www.lemonde.fr/

http://www.humanite.presse.fr/

http://www.ledevoir.com/

http://www.marocnet.net.ma/vieeco/

http://www.gideppe.fr/

et le site de l'Agence France Presse, une source générale pour la presse francophone :

http://www.afp.com

Exercice 8. Préparation pour écrire une lettre

A. Au lycée vous avez peut-être appris les règles pour rédiger une lettre d'affaires américaine. Quels sont plusieurs aspects importants d'une lettre d'affaires dans n'importe quelle langue ?

_____

_____

_____

B. Regardez encore une fois la lettre de l'Ambassade de France **(Exercice 6).** Avec un(e) partenaire, notez les aspects similaires et ceux qui sont différents aux deux cultures. Remarquez d'abord la ponctuation, la formule de politesse, et où sont placées les références importantes de la lettre.

Similarités	Différences
_____	_____
_____	_____
_____	_____

C. Lisez les annonces ci-dessous et choisissez un poste pour lequel vous ferez une demande d'emploi. Si rien ici ne vous intéresse, écrivez l'annonce de vos rêves et répondez-y.

LECTURE G

Les petites annonces du Figaro

20 managers • sur toute la France

Je suis bien formé...
Je prends des responsabilités.

BaQ+2

Prendre des responsabilités, avec Quick, c'est rapide ! Après une solide formation, je gère la production, les approvisionnements et le personnel d'un restaurant. Cette mission rigoureuse demande, de ma part, initiative et réactivité. J'apporte à la clientèle un service de qualité dans le respect des normes Quick, et je développe mon potentiel commercial. Je motive, j'encadre et fais évoluer une équipe d'environ 30 personnes. Mon sens relationnel s'exerce avec l'ensemble des collaborateurs. Voilà une première différence... très professionnelle !

Rencontrer la première enseigne de restauration rapide d'origine européenne, avec 260 restaurants en France et un rythme de 30 ouvertures par an, c'est rencontrer un marché en pleine croissance. Voilà une autre différence... Elle est de taille !
Vous le voyez, quand on a entre 22 et 26 ans, et une formation bac + 2 en commerce ou hôtellerie/restauration, avec ou sans expérience, choisir Quick, c'est choisir une enseigne qui accompagne ceux qui veulent progresser. Quand on est prêt pour les responsabilités, avec Quick on fait vraiment la différence.
Adressez votre candidature sous réf. FIG01 à Quick, Recrutement, Les Mercuriales, 40 rue Jean-Jaurès, 93176 Bagnolet Cedex.

Ma différence ?

Q Quick

MEDIA SYSTEM

Ces différences qui nous rassemblent

Nous recrutons des vendeurs de talent pour notre force de vente

Groupe Pelloux

- *Vous êtes jeune et dynamique*
- *Vous avez une expérience réussie de vente auprès des particuliers*
  (Produits financiers - Immobilier)
- *Nous vous offrons un passeport pour l'avenir avec :*
  - *Une formation à notre méthode de vente "Éthique et Performance[2]"*
  - *L'appui logistique d'un groupe immobilier indépendant qui gère déjà*
    5 milliards de francs pour 30 000 clients
  - *La possibilité d'animer une équipe commerciale à terme*
  - *Une rémunération motivante liée à vos résultats*

Merci d'adresser votre dossier de candidature (lettre de motivation manuscrite, C.V. et photographie) sous la référence FDV au Groupe Pelloux, 50 av. des Champs-Elysées 75008 PARIS.

Groupe Pelloux, 50 avenue des Champs-Elysées 75008 PARIS

La satisfaction de nos clients dépend de vous

Le groupe 3M rassemble 70 000 collaborateurs dans le monde, réalise 14 milliards de dollars de CA et propose 50 000 produits performants et innovateurs au service du grand public, de l'industrie et des sciences de la vie.

Logisticien des ventes - Réf. DS/SC2

Vous assurez le traitement informatique, la gestion des commandes et le règlement des litiges de produits industriels et/ou la gestion de stocks et d'approvisionnements de différents marchés en France ou en Europe. De formation bac + 2 ou 3 en commerce international ou autre, vous justifiez d'une expérience significative dans ce type de fonction. Différents postes sont à pourvoir à Cergy (95) et Villebon-sur-Yvette (91).

Ingénieur logistique - Réf. DS/SC3

Votre mission, constituée par la logistique des ventes pour sa partie opérationnelle, comprend en outre un aspect négociation et mise en place des stratégies logistiques, un rôle de conseil et de formateur, et la responsabilité de projets logistiques auprès de constructeurs automobiles européens. Vous êtes de formation bac + 3 et vous justifiez d'une expérience significative dans ce domaine, ou vous êtes bac + 4 débutant ou première expérience spécialisée en logistique. Vous avez une bonne connaissance des systèmes informatiques et des procédures logistiques. Une connaissance du secteur automobile (just in time, EDI...) serait un plus. Ce poste est basé à Villebon (91); d'autres opportunités de ce type sont offertes à Cergy (95).

Pour ces postes qui nécessitent une bonne maîtrise de l'anglais, merci d'adresser votre dossier de candidature (lettre, CV, photo) sous référence choisie à Danyèle Savinien.

3M France, Département ressources humaines,
boulevard de l'Oise, 95006 Cergy-Pontoise Cedex.
Fax : 01.30.31.71.10

MEDIA SYSTEM

Vous êtes **sportif** :
nos métiers ont du **souffle !**

Vous **aimez** et **pratiquez** régulièrement un sport. Rejoindre DECATHLON c'est rejoindre une entreprise qui vous ressemble : 9000 hommes et femmes conçoivent, font fabriquer et distribuent des articles de sport. Ensemble ils contribuent chaque jour à créer l'entreprise. Aux 140 magasins en France, Italie, Espagne, Allemagne, viendront bientôt s'en ajouter d'autres en Europe ... Vous êtes diplômé de l'enseignement supérieur (commerce, gestion, ingénieur...) ou vous possédez une expérience de l'animation et du commerce. Vous êtes originaire d'**Europe** ou d'**Asie**, ou d'autres continents. Rejoignez-nous comme

RESPONSABLE DE RAYON
FUTUR DIRECTEUR DE MAGASIN

Un rayon est une véritable PME et vous êtes chef d'entreprise. Commerçant, vous optimisez vos linéaires et menez des actions commerciales. Gestionnaire, vous anticipez les coûts et maîtrisez votre compte d'exploitation. Animateur, vous recrutez, formez et faites grandir votre équipe.

Grâce à une formation au sein de notre école des métiers, et des objectifs personnels clairement définis, vous évoluerez en fonction de vos performances. Celles-ci vous permettront à terme de prendre la responsabilité d'un magasin ou de découvrir d'autres métiers : production, achats... en France ou à l'étranger.

Adressez une lettre manuscrite, votre CV et une photo à DECATHLON sous réf.RR/FIG, dans la région de votre choix : **Paris Ouest :** Catherine Julien Laferrière, 33 av. de l'Europe, 78140 Vélizy - **Rhône-Alpes :** Fabrice Henaut, 332 av. Charles de Gaulle, Case 31, 69676 Bron cedex.

36.15
DECATHLON
DES EMPLOIS
ET DES STAGES

DECATHLON
A FOND LA FORME

STUDIO DE CRÉATION GRAPHIQUE ET MULTIMÉDIA
recherche en CDD, dans le cadre de son développement

GRAPHIPRESS
multimédia

COMMERCIAL/E

Région parisienne

■ Vous aimez vendre et savez convaincre. Vous êtes passionné par les nouvelles technologies multimédia... de formation BAC +2 minimum, vous avez acquis une expérience significative de plus de 2 ans dans les métiers de la communication.

■ Nous vous offrons un salaire motivant basé sur vos résultats (fixe + commission) Merci d'adresser votre CV + photo + lettre de motivation manuscrite à ➝ ➝ ➝

Graphipress 68 Chaussée d'Antin - 75009 Paris - E-Mail 100700.1441@compuserve.com - http://www.graphipress.fr

Chef de marché Afrique centrale

DANONE INTERNATIONAL BRANDS regroupe les activités export du groupe **DANONE,** avec un CA de 3 MdF et 700 personnes. Les principales marques du groupe (LU, Evian, Maille, Kronenbourg...) sont présentes dans plus de 100 pays.

Basé au Gabon à Libreville et rattaché au responsable de zone, vous mettiez en œuvre la stratégie internationale du groupe pour vendre et développer nos marques sur une zone géographique définie (Gabon, Cameroun, Congo, Tchad, RCA, Togo et Bénin). Avec les importateurs les plus performants, vous définissez les plans de développement et les budgets annuels.
Responsable de vos résultats, vous proposez si nécessaire des actions correctives.
Vous entretenez des liens privilégiés avec notre clientèle d'importateurs dont vous animez et motivez les forces de vente.
En observation permanente de votre marché, vous détectez toute évolution de l'environnement (concurrence, circuits de distribution, modes de consommation...).

A 28/32 ans, de formation école de commerce, vous avez une expérience de 3 à 5 ans en Afrique. Commercial, bon négociateur, diplomate, vous avez des facilités relationnelles. Vous appréciez de travailler en forte autonomie et vous maîtrisez parfaitement l'anglais.
Votre fonction vous amènera à vous déplacer environ 15 jours par mois.
Ce poste offre à un candidat de valeur de réelles opportunités d'évolution en Afrique.

Merci d'adresser votre dossier (lettre manuscrite, CV, photo et prétentions) sous réf. CMA/16F à ML CONSEIL, BP 905, 92009 Nanterre Cedex.

UNE SOCIÉTÉ DU GROUPE **DANONE**

— *Le Figaro,* 13 janvier 1997

Exercice 9. Ecrire une lettre

Pour la lettre de motivation remarquez surtout

1. la forme — où se trouve la date, etc. ;

2. le contenu — concis, clair, éveille l'intérêt ;

3. l'orthographe et la grammaire — exactitude et précision linguistique.

Rappelez-vous qu'une lettre de candidature française est manuscrite, écrite à la main. Utilisez du papier blanc propre. Lisez beaucoup d'exemplaires de lettres dans un format français afin de reconnaître les éléments qui varient et ceux qui ne changent pas. Vous pouvez en trouver dans de bons dictionnaires, dans les livres d'affaires françaises, ou demandez à votre professeur de français.

A. La forme — une possibilité :

1. en haut, à gauche ou au milieu : votre nom et votre adresse ;

2. au-dessous de l'adresse : P.J. : un curriculum vitæ (P.J. = pièce(s) jointe(s) ; on peut aussi le mettre en bas de la lettre, au-dessous de la signature, mais à gauche) ;

3. en haut, à droite : la ville et la date (Rappelez-vous l'ordre de la date : le jour, le mois, l'année) ;

4. à droite, au-dessous de la date : le titre de la personne à qui vous écrivez (pas d'abréviation) et son adresse [Quelquefois n° 4 vient avant n° 3)] ;

5. on peut ajouter à gauche ou au centre, suivant votre choix, sous n° 1 : Objet : demande d'emploi, et le titre de l'emploi ;

6. à gauche (ou entre la marge de gauche et le centre) : l'en-tête (le titre du / de la destinataire) ;

7. au dessous de l'en-tête, le corps de la lettre (étudiez les suggestions ci-dessous) ;

8. en bas de la lettre : votre signature. S'il est difficile de la lire, écrivez-la aussi en caractères d'imprimerie.

B. Le corps de la lettre :

1. *Introduction*

   • Référence à l'annonce (date et lieu de parution et description du poste)

2. *Développement*

   • Bref résumé des études (spécialité) ;

   • Si vous avez une expérience professionnelle dans le domaine du poste
   pour lequel vous posez votre candidature, mentionnez-le (durée, fonctions) ;

   • Votre aptitude à remplir les fonctions du poste pour lequel vous postulez ;

   • Vos motivations (ambitions) professionnelles ;

   • Comment vous comptez contribuer à la bonne marche de l'entreprise ;

   • Votre disponibilité.

3. *Conclusion*

   • La demande d'un entretien

   • La formule de politesse

C. Phrases et expressions utiles pour la lettre :

1. *Introduction*

   • Suite à l'annonce parue dans... le...

   • En réponse à votre annonce parue...

   • Votre annonce citée en [*référence*] a retenu mon attention.

   • En référence à votre annonce parue dans...

2. *Développement*

   • obtenir un diplôme en...

   • suivi des cours de... à ...

   • avoir une connaissance approfondie de...

   • parler, écrire couramment [*une langue*]

   • faire des stages de formation pratique en...

   • occuper la fonction de...

   • être responsable de...

- remplir des fonctions administratives...
- avoir le sens de l'organisation
- être capable de s'adapter rapidement
- apprendre vite
- être assidu(e) au travail
- être dynamique et enthousiaste
- bien travailler en équipe
- La nature du poste à pourvoir correspond à celui que je recherche.
- la perspective de travailler dans une entreprise de pointe
- offrir ses talents en...
- vouloir contribuer aux progrès de l'entreprise
- être immédiatement disponible pour le poste
- Mon contrat actuel arrive à son terme le...
- Je serai disponible à partir du...

3. *Conclusion*

- Je serais heureux(-se) de vous donner plus de détails dans une prochaine interview, et dans cette attente, je vous prie de croire, Monsieur (Madame), à l'assurance de mes salutations distinguées.
- Dans l'attente de vous rencontrer pour vous donner de vive voix toutes les indications souhaitées, je vous prie de croire, Madame (Monsieur), à l'assurance de ma considération distinguée.
- Dans l'espoir de vous voir retenir ma candidature, veuillez agréer, Monsieur (Madame), l'expression de mes sentiments distingués.
- Dans l'espoir que vous voudrez bien considérer favorablement ma demande et dans l'attente de votre réponse, je vous prie d'agréer, Monsieur le Directeur (Madame le Directeur), l'assurance de mes sentiments respectueux.
- Je vous prie d'agréer, Madame (Monsieur), l'expression de mes salutations distinguées.
- Je vous prie de croire, Madame (Monsieur), à l'assurance de mes sentiments distingués.
- Veuillez agréer, Monsieur (Madame), l'expression de mes sentiments respectueux.

Ecrivez votre lettre de motivation en tenant compte de la forme et des conseils suggérés ci-dessus.

D. Echangez votre lettre avec un(e) camarade de classe. D'abord, lisez la lettre pour le contenu et devinez à quelle annonce il/elle a répondu. Puis, vérifiez la forme et ajoutez des commentaires sur le contenu (concis, clair, captivant). Offrez des suggestions ou posez des questions si vous trouvez que le message n'est pas très clair ou si vous pensez que des renseignements importants ont été oubliés. Enfin, écrivez des commentaires sur la forme et l'orthographe.

Rendez la première version à son auteur qui écrira la version finale sur une feuille de papier blanche et propre.

Exercice 10. Le rapport d'entreprise

Respectez scrupuleusement les règles de la dissertation : une introduction, un développement, une conclusion.

1. *Introduction*

   - Présentez le sujet du rapport :

     — rapport de bilan d'entreprise,

     — rapport de rendement,

     — rapport du bureau du personnel,

     — rapport sur les stratégies publicitaires et leur impact sur les ventes,

     — rapport sur les activités syndicales,

     — rapport sur l'amélioration des conditions de travail,

     — rapport sur l'égalité des salaires,

     — rapport sur l'absentéisme,

     — rapport sur les accidents du travail, etc. ;

   - Cadrez le sujet dans le temps et l'espace ;

   - Posez deux ou trois questions essentielles énoncées par les administrateurs de votre entreprise, qui vous ont donné la charge de l'enquête ;

   - Annoncez le plan du développement.

2. *Développement*

   - Document analytique et synthétique ;

   - Schémas, graphiques et tableaux statistiques vous aident à bâtir votre analyse ;

   - Présentation aérée et agréable en sous-parties et paragraphes ; chaque paragraphe est présenté par un titre synthétique : ceci permet une lecture rapide des points principaux avant de passer à la lecture des détails ;

   - Comme pour la dissertation, la logique dans la progression reste nécessaire ;

   - La *précision des informations* et la rigueur des arguments sont nécessaires ; le rapport professionnel exige des connaissances et une recherche approfondie : l'à-peu-près est inacceptable et pourrait vous causer des problèmes avec vos supérieurs.

3. *Conclusion*

- Quelle est la synthèse générale (de votre point de vue d'expert) ?
- Faites des recommandations pratiques pour une nouvelle orientation dans l'entreprise.

Exercice 11. Avant de préparer la version finale du rapport d'entreprise

Si vous avez écrit une lettre, soyez certain(e) que vous avez suivi les étapes des **Exercices 8** et **9.** Pour ceux qui ont choisi de préparer un rapport d'entreprise, échangez ce que vous avez écrit avec un(e) partenaire et remplissez le formulaire ci-dessous (Vérification des intentions). Chacun lira l'écriture de son/sa partenaire en pensant aux catégories de ce formulaire. Ensuite, lisez les appréciations de votre partenaire. Votre essai a-t-il obtenu l'impression espérée ?

Vérification des intentions

A. Introduction

1. La problématique de l'enquête, est-elle clairement présentée ?   Oui   Non

   Commentaires : _____

   _____

2. L'objet d'étude est-il dûment localisé dans le temps et l'espace (ex. :   Oui   Non
   Enquête conduite dans toute l'Europe ? Enquête conduite au sein
   d'un seul établissement ? Années, mois considérés ?)

   Commentaires : _____

   _____

3. Quelles sont les questions qui ont été posées ?_____

   _____

   _____

4. Le plan du développement est-il clairement annoncé ?   Oui   Non

   Commentaires : _____

   _____

B. Développement

1. Est-ce que chaque paragraphe est précédé d'un titre synthétique ?   Oui   Non

   Commentaires : _____

   _____

2. Est-ce que la présentation générale du rapport permet une lecture   Oui   Non
   rapide des points principaux ?

   Commentaires : _____

   _____

3. Est-ce que la présentation générale du rapport est agréable au regard ?   Oui   Non

   Commentaires : _____

   _____

4. Est-ce qu'il y a assez d'illustrations (schémas, tableaux, graphiques,   Oui   Non
   etc.) qui démontrent les connaissances scientifiques de l'auteur ?

   Commentaires : _____

   _____

5. Les informations sont-elles présentées avec précision et rigueur sans   Oui   Non
   à-peu-près ?

   Commentaires : _____

   _____

6. Est-ce que la logique de la progression factuelle, analytique et   Oui   Non
   argumentative est apparente ?

   Commentaires : _____

   _____

C. Conclusion

1. La synthèse générale est-elle claire et logique ? Découle-t-elle directe-   Oui   Non
   ment du développement ?

   Commentaires : _____

   _____

2. Les recommandations données adressent-elles directement des   Oui   Non
   problèmes soulevés dans le rapport ?

   Commentaires : _____

   _____

CURIOSITES CULTURELLES

En France on envoie une lettre manuscrite — à l'inverse de la lettre dactylographiée aux USA — pour les lettres de demande d'emploi. Comment est-ce qu'une lettre manuscrite peut être plus utile, plus révélatrice pour le service du personnel ? D'abord, l'employeur peut voir si le candidat écrit proprement et lisiblement. Ensuite, les Français pensent que l'écriture est indicative d'une certaine personnalité. Par conséquent, il ne s'agit pas seulement de vérifier la présentation d'un document manuscrit, mais aussi d'analyser la personnalité du candidat. En effet, il y a des employeurs qui croient sincèrement en l'analyse graphologique en confiant les lettres de motivation à un spécialiste qui examine l'écriture des lettres et qui détermine les constantes normales et pathologiques dans la personnalité de ceux qui ont écrit ces lettres. Les graphologues portent une attention toute particulière à l'écriture telle qu'elle figure sur l'enveloppe, car c'est là, en général, que les candidats s'appliquent le moins et que l'écriture est la plus révélatrice. Si vous voulez en savoir d'avantage sur cette question, lisez le livre *Manuel de graphologie appliquée : Connaître son écriture pour bien rédiger son courrier professionnel,* écrit par Gérard Douatte (Editions De Vecchi S.A., Paris, 1995).

   Alors, si vous décidez d'envoyer une lettre de demande d'emploi à une entreprise française, il faudra écrire soigneusement la lettre vous-même, et peut-être demander à un spécialiste en analyse graphologique de vous dire ce que l'employeur déchiffrera de votre écriture.

Liste d'ouvrages recommandés :

Si vous avez l'occasion de travailler dans une autre culture, vous gagnerez à vous renseigner sur les coutumes qui contrastent avec celles de votre pays natal. Bien avant de partir, il est fortement conseillé de lire les publications qui traitent de ces différences. Des livres comme *Evidences invisibles* de Raymonde Carroll, et *Les Français* de Laurence Wylie et de Jean-François Brière présentent une analyse anthropologique pour comparer les Français et les Américains, ceci en soulevant maintes catégories (la famille, l'histoire, les loisirs, etc.). Dans le livre de Polly Platt *(Ils sont fous, ces Français* ou la version en anglais *French or Foe),* il y a des éclaircissements fascinants sur le monde des affaires vus par les Français et par les Américains qui travaillent en France. Le langage de ce livre est souvent humoristique, ce qui rend la lecture très agréable. En un mot, le livre de Polly Platt est à lire.

Si vos affaires vous offrent l'occasion de voyager au Québec, dans les pays francophones en Afrique et aux Antilles, le livre intitulé *The French Speaking World,* édité par Louise Fiber Luce (National Textbook Company, 1994) vous apportera beaucoup. D'autre part, la série vidéo *The Africans: A Clash of Cultures* vous apportera de multiples informations sur les réalités socio-économiques africaines et de leurs rôles dans l'économie globale. D'autres titres de vidéos conseillés sont *Afrique je te plumerai, La Guerre cachée d'Algérie, Les Intellectuels, Africa, « Different but Equal ».* Pour le Canada, les magazines *L'Actualité, Châtelaine* et *Spirale* sont fortement conseillés.

Chapitre 9

LE CYCLE
DE LA VIE:

La synthèse

INTRODUCTION

Comme vous l'avez sans doute remarqué, les thèmes *famille* et *génération* traversent tous les chapitres de ce texte, qu'il s'agisse de l'enfance, de l'éducation, de la santé ou de la composition de la population en différents groupes — la « communauté fusionnée » (cf. **Chapitre 5** sur l'immigration). Pour notre étude actuelle, « Le cycle de la vie », il va de soi que l'on ne peut pas mener une discussion sur la naissance (ou la re-génération) sans en mener une sur la limite de notre existence : la mort. La mort donne lieu à deux formes de réflexion : la réflexion sur notre propre mort et la réflexion sur celle d'autrui, surtout celle de nos proches. Dans la première partie de ce chapitre **(Exploration et Conversation)** nous étudierons nos réactions face à la mort dans ces deux optiques.

Un dicton français nous dit que « les extrêmes se touchent ». Pour en donner une illustration : on peut considérer la mort comme une porte qui se ferme ou comme un seuil par lequel on accède à un nouveau commencement (surtout si l'on se place dans une perspective religieuse ou si l'on se réfère au sens figuré de la mort, définie alors comme une rupture qui nous conduit vers une nouvelle façon de penser, de vivre). L'autre extrême — la naissance ou la génération — , est marquée elle aussi, par une certaine ambiguïté. Ainsi, la tâche des nouveaux parents qui doivent se concentrer sur le bien-être et le développement de leurs enfants nécessite souvent une abdication de leurs propres besoins, désirs, intérêts... une sorte de mort, enfin (ne serait-ce que la mort de leur égoïsme). Dans la deuxième partie de ce chapitre **(Réalisation et Ecriture),** on vous demandera de dépasser ces généralités pour approfondir par des discussions, des lectures, des réflexions personnelles et des rédactions votre compréhension de « l'autre extrême » — le défi que représente la décision d'avoir et d'élever des enfants.

Maintenant que vous avez étudié en détail la description, la narration, l'analyse, l'argumentation et la correspondance, vous allez revoir et aiguiser vos connaissances dans ce chapitre voué à la synthèse. Dans ce texte et dans le *Cahier* vous aurez également l'occasion de vous exercer à une analyse littéraire: **l'explication de texte.** Cette méthode, se trouvant au cœur de l'enseignement littéraire français, vise à améliorer les stratégies de lecture et d'expression écrite chez les étudiants. Quant au style, vous étudierez de plus près dans le *Cahier* le sens de certains préfixes et de radicaux de base tout en reprenant aussi l'emploi correct des pronoms relatifs et du discours indirect.

EXPLORATION ET CONVERSATION

Activité A. Engageons le dialogue!
Quelles connotations associez-vous à la mort ?

Travail individuel :

A quoi associez-vous le concept de **la mort** et celui de **mourir** ? Notez brièvement tout ce qui vous vient à l'esprit pendant trois ou quatre minutes.

Travail par groupes de deux :

Communiquez brièvement le résultat de vos réflexions à votre voisin(e) de gauche. Comme tout être humain, nous sommes tous un jour ou l'autre confrontés à la mort d'un être cher — membre de famille, ami(e). Réfléchissons donc ensemble à aux questions suivantes.

Dans votre culture (nationale ou familiale), quels rites accompagnent la mort d'un(e) proche ? Y a-t-il un lien entre ces traditions et le soutien moral offert à ceux qui sont en deuil ? Pouvez-vous expliquer ce lien ? (Ecrivez quelques mots-clés pour résumer l'essentiel de votre débat oral.)

Travail par groupes de deux :

1. Adressez-vous maintenant à votre voisin(e) de droite afin de lui rapporter brièvement votre analyse des rites liés au deuil.

2. Connaissez-vous des films ou des textes littéraires qui dépeignent des personnes se sachant proches de la mort ? Existe-t-il des rites ou des coutumes qui aident les malades en phase terminale ainsi que ceux qui les aiment à prendre leurs dispositions pour la mort qui s'approche ?

3. Pouvez-vous proposer d'autres préparatifs ou dispositions ?

Discussion de classe :

1. Comparez les résultats de vos échanges et faites le bilan des réponses. Comment y réagissez-vous ? Expliquez vos réactions.

2. Pouvez-vous proposer d'autres textes qui fourniraient différentes perspectives sur cette question ? Ceci représente un thème que vous pourriez poursuivre pour la rédaction principale du chapitre.

Activité B. Réflexions culturelles sur la sagesse populaire: Les mots et les dictons

Travail individuel :

A. En étudiant le contexte fourni par chaque phrase, indiquez quel terme remplace le mieux le mot **en caractères gras.** Cherchez les mots que vous ne reconnaissez pas et déterminez-en le registre de langue. Voici quelques exemples de registre de langue : **familier, neutre, élevé, scientifique, littéraire, guindé.**

1. **La mort** aveugle et cruelle frappe sans discernement.

   la nécrologie   la faucheuse   le trépas

2. Il était difficile d'être témoin de **la mort** de son chien.

   le décès   l'agonie   la charogne

3. J'avais trop échappé à la mort. Et ne pas savoir pourquoi on risque de **mourir,** c'est dur, con.

   s'effacer   s'éteindre   avaler son acte de naissance

4. On se recueille à la Toussaint afin de se souvenir **des morts.**

   des cadavres   des trépassés   des charognes

5. Depuis la mort de sa mère, mon copain n'arrive pas à surmonter **sa tristesse.**

   son deuil   ses affligés   ses endeuillés

B. Quel mot se distingue des autres dans la liste ci-dessous, soit au niveau du sens, soit à cause du registre de langue ?

1. le décès, la disparition, le trépas, le deuil

2. casser la pipe, avaler son acte de naissance, s'anéantir, partir les pieds devant, crever

3. le cadavre, la charogne, le cimetière, la dépouille

4. les endeuillés, les affligés, la famille du disparu, l'enterrement

5. les obsèques, les funérailles, l'enterrement, l'au-delà, le deuil

Soulignez les expressions ci-dessus que vous ne reconnaissez pas afin de les vérifier dans un dictionnaire.

C. Les dictons associés à la mort. Lisez les expressions suivantes afin d'en choisir au moins quatre pour lesquelles vous décrirez un contexte où on pourrait s'en servir. On vous demandera d'en intégrer quelques-unes dans votre rédaction principale à la fin de ce chapitre.

Expressions françaises	Sens
Ce n'est pas la mort du petit cheval.	Ce n'est pas grave, difficile.
à l'article de la mort	à l'agonie, près de mourir
à mort (Il en veut à mort à son rival.)	extrêmement
la mort dans l'âme	contre son gré (aussi : la mort en soi)
mourir de sa belle mort	mourir d'une mort naturelle, la vieillesse
penser à la mort de Louis XIV	ne penser à rien de précis
souffrir mille morts	endurer des souffrances intenses
Il y a remède à tout, hors la mort.	On ne peut pas échapper à la mort.
Les morts ont tort.	On excuse les fautes des vivants aux dépens des morts.

Expressions québécoises	Sens
ennuyant comme la mort	Se dit d'un ennui insupportable.
être mort de rire	être au comble de la joie, de la satisfaction
faire le mort	se taire, ne pas se faire remarquer
Tiens ça mort !	N'en parle pas. Garde ça pour toi !

Choisissez maintenant quatre dictons de la liste et décrivez brièvement une situation où il serait logique de les utiliser.

Discussion de classe :

Quelques-unes des expressions ci-dessus font référence à la mort pour exprimer autre chose ; « Tiens ça mort » n'est pas à comprendre littéralement, par exemple.

1. Commencez par rassembler (en cours ou chez vous) des expressions anglophones qui évoquent la mort.

2. S'agit-il dans chaque cas d'une référence littérale à la mort ? Après avoir dégagé les ressemblances et les différences entre les dictons anglophones et francophones, séparez les expressions dans deux groupes : celles qui traitent vraiment de la mort et celles qui évoquent plutôt un sens figuré.

3. A vous maintenant d'expliquer pourquoi on associe la mort à ces dictons « métaphoriques ».

Activité C. Conversation de réflexion avant la lecture : Votre nécrologie

Vous connaissez peut-être le récit de Tom Sawyer et Huckleberry Finn qui, après leur fugue, vont à l'église pour assister à leurs propres funérailles. Imaginez maintenant que vous venez de mourir et que votre famille vient de publier votre nécrologie. Proposez deux versions de celle-ci : (1) ce qu'on écrirait vraisemblablement si vous mourriez maintenant ; et (2) votre nécrologie idéale qui relaterait tout ce que vous aurez réalisé au cours de votre (longue) vie.

Travail par groupes de deux :

A. Sans lire votre texte, racontez une de vos nécrologies à un(e) autre étudiant(e) du cours. Celui / Celle qui vous écoute notera les points forts et les éléments peu clairs de votre résumé. Changez ensuite de rôle pour écouter la nécrologie de votre partenaire.

1. points forts : _____

2. éléments peu clairs : _____

3. suggestions : _____

B. Reprenez le même exercice avec un(e) autre étudiant(e) en résumant l'essentiel de la deuxième nécrologie — toujours sans lire le texte. C'est à votre partenaire de suggérer des améliorations avant que vous changiez de rôle.

1. points forts : _____

2. éléments peu clairs : _____

3. suggestions : _____

Activité D. Conversation de réflexion basée sur la lecture : François Mitterrand et son legs au peuple français

Chez vous :

Vous lirez maintenant quelques extraits de deux textes écrits un an après la mort de l'ancien président français, François Mitterrand. Pendant que vous lisez, réfléchissez à deux questions: (1) comment — sur le plan public — ressent-on le deuil, ce qui inclut la tentative de prendre la mesure d'une vie (d'expliquer quel sera probablement son effet sur l'histoire) ; et (2) ce qui vous paraît propre à la culture française dans cette manière de faire. (N'oubliez pas qu'il s'agit de deux extraits différents, ce qui devrait vous éviter de tomber dans les stéréotypes.)

A. Réactions générales

1. la représentation du deuil sur le plan public : _____

_____

2. les éléments propres à la culture « française » dans les deux articles : _____

_____

LECTURE A

I. Un an après : Mitterrand et la fidélité

Jean Daniel

Observons que les détracteurs les plus acharnés de François Mitterrand
souhaitent qu'on remette à plus tard le soin de découvrir les « mystérieuses
raisons » qui sont à l'origine de la vénération des Français pour l'ancien
président de la République... Nous n'opposerons pas pour autant l'hagiogra-
5   phie au dénigrement. Nous ne l'avons jamais fait, étant de ceux qui, avant
1981, avaient déjà fait le tour des ambiguïtés et des contradictions d'un singulier et romanesque personnage, transformé par son opposition opiniâtre à
de Gaulle, de florentin incertain et avide en opposant pugnace et conséquent...
     Dès 1983, la date est importante, j'avançais l'hypothèse que peu
10 d'hommes politiques avaient aussi complètement que Mitterrand incarné « les
deux France », celles de l'Ancien Régime et de la Révolution, de l'ordre et la
justice. Et que, dans les temps de doute, cette rare synthèse pouvait apparaître
comme un rocher auquel on pouvait s'arrimer. Cet homme, contraint de
laisser à de Gaulle **l'imaginaire,** a exprimé **l'inconscient** collectif des
15 Français. Il voulait entraîner dans le rêve égalitaire et n'a fait que susciter des
connivences solidaires. Ma thèse est que, à partir du moment où, fin 1982, il
renonçait à rompre avec le capitalisme, il renonçait aussi à ses grandes illusions pour la France. Ainsi s'effondrait la charpente dogmatique qu'il avait

20 sincèrement adoptée depuis plus de vingt ans dans l'opposition. D'où l'impossibilité de donner ensuite un sens quelconque à ses contradictions.

Il a été résistant tout en comprenant le pétainisme initial ; finalement partisan de l'Algérie indépendante mais plein d'indulgence pour les généraux putschistes ; gaullien tout en détestant de Gaulle ; ... subissant, comme tous les chefs d'Etat européens, l'unification de l'Allemagne tout en la freinant...

25 Eh bien, toutes ces contradictions, parfois piteuses, ont été celles de la majorité des Français. Ils se sont identifiés à cet homme qui incarnait les échecs de l'utopie, le culte du passé et la force tranquille de l'incohérence planétaire. Car, ce faisant, il exprimait deux France, permettait deux cohabitations réussies, réconciliait les Français avec l'entreprise, cicatrisait mille

30 plaies, et il maintenait, qu'on le veuille ou non, un certain rang de la France dans le monde...

— *Le Nouvel Observateur*, 2 – 8 janvier 1997

II. Le dernier réveillon de Mitterrand

Georges-Marc Benamou

Un sourire las, une absence, puis il s'intéresse à nouveau. Il me fait signe d'approcher, plus près, encore plus près. Et là, il me chuchote à l'oreille : « **Ça y est... Je suis dévoré de l'intérieur...** » Ce mot « **dévoré** » me hante, ce « v » qui vibre, ce « r », lent, qui roule, multiplie, terrible. Je repense à ces

5 moments de vie, un ou deux ans plus tôt, à ces déjeuners du samedi de Bergé, drôles et rustiques, où le dompteur semblait s'être arrangé avec la maladie. Souvent, il donnait des nouvelles de sa tumeur, en posant sa fourchette, il désignait la partie gauche de son ventre, à la hauteur de la ceinture, et il parlait de cette tumeur comme d'une compagne qui donne bien des soucis

10 mais à laquelle on s'habitue. Quand ça allait bien, elle était un citron. Quand c'était plus grave, un pamplemousse. Il était soulagé quand le pamplemousse redevenait citron. Il disait alors : « **Aujourd'hui, c'est sous contrôle. Mais un jour...** » Son regard se levait au ciel, brouillé, un peu fou. « **Oui, un jour,**

tout flambera. » Il devinait l'apocalypse, il la voyait. Et moi, qui ne l'ai
15   connu que malade, je croyais à son éternité de malade, j'ai fini par imaginer qu'il ne mourrait pas. Je ne voulais pas voir. Mais aujourd'hui, il a
dit « **ça y est** ». D'autres s'avancent, c'est leur tour, leur quart... Chacun
avec son bout de dialogue, son fragment d'histoire, un peu de lui.

Faire comme d'habitude... Faire l'enjoué... Etre insouciant... C'est le
20   moment des histoires drôles, celles que l'on raconte dans les réunions de
famille, dans celle-ci particulièrement. Elles arrivent toujours en fin de repas,
ces cinq ou six histoires que le président a plébiscitées, qu'hier il réclamait,
qu'il connaissait par cœur, qu'il accompagnait de ses lèvres et qui provoquaient de terribles fous rires silencieux, qu'il passait caché derrière sa
25   serviette...

Debout, plus courbé que tout à l'heure, il observe en silence tous ceux
qui sont là, dans un très long panoramique. Il retient ses « porteurs » qui déjà
veulent l'emmener. Il reste un moment ainsi, à balayer du regard chaque visage. Puis, soutenu par ses gendarmes et suivi par Tarot, il reprend à rebours
30   la traversée de la bergerie, il longe la table qui n'en finit pas, serre les mains
qui se tendent, adresse quelques saluts de loin, un sourire aux petits-enfants.
La procession glisse dans le silence le long de la pièce. Puis la porte se
referme.

Le président n'a pas attendu minuit.

— *Le Nouvel Observateur*, 2 – 8 janvier 1997
— *Le dernier Mitterrand*, Editions PLON

B. Répondez aux quatre questions suivantes pour chacun des articles en ennotant les mots-clés mais
sans écrire de phrases complètes. Elles pourraient empêcher une discussion vivante.

1. **La thèse principale :** Quelle impression du président Mitterrand se dégage du portrait ?

Article 1   Article 2

_____   _____

_____   _____

_____   _____

2. Quels détails le journaliste choisit-il afin de soutenir sa thèse principale ? S'agit-il d'arguments logiques ? d'images émouvantes (lesquelles) ? d'anecdotes ? de citations ?

	Article 1	Article 2
a. arguments logiques :	_____ _____	_____ _____
b. images émouvantes :	_____ _____	_____ _____
c. anecdotes :	_____ _____	_____ _____
d. citations :	_____ _____	_____ _____

3. Comment évaluez-vous la façon dont les journalistes traitent leur sujet ? Quelle approche vous paraît la meilleure ? Justifiez votre réponse.

Article 1   **Article 2**

_____   _____

_____   _____

_____   _____

4. Notez les éléments tirés des textes (s'il y en a) qui vous paraissent difficiles à comprendre.

Article 1   **Article 2**

_____   _____

_____   _____

_____   _____

Discussion de classe :

Comparez vos réactions personnelles à celles des autres étudiants. Une fois les deux articles comparés, réfléchissez aux deux questions suivantes :

1. Avez-vous l'impression que les deux journalistes ont décrit le même homme ?

Points communs : _____

_____

Points divergents : _____

_____

2. Ces deux « bilans » de la vie de Mitterrand peuvent-ils aider les Français à mieux accepter la mort de leur ancien président ? Elaborez votre réponse.

Activité E. Conversation en réaction à la lecture : Nos valeurs personnelles

Travail en groupes :

1. Imaginez que vous êtes maintenant très âgé(e) et que vous avez pu mener une vie incroyable. Prenez quelques minutes afin de noter ce qui constituerait pour vous une vie idéale. (N'oubliez pas de vous référer au travail préparatoire de l'**Activité C**.)

2. Avec votre partenaire, créez un récit oral qui explique l'impact que votre vie idéale a eu sur le monde. Vous avez le choix entre deux perspectives : (1) Le récit (de 5 à 10 minutes) sera diffusé à la télé au moment de votre disparition. Suivez le modèle des textes dans l'**Activité D** (tout en vous rappelant que votre genre appartient plutôt à celui du **télé-journal**) ; *ou* (2) si vous préférez, votre récit peut être destiné à vos petits-enfants (âgés de 19 ou 20 ans) qui voudraient connaître mieux leur grand-père (ou grand-mère) maintenant disparu(e). Ce sera « votre enfant » qui racontera à vos petits-enfants ce qu'il/elle sait de vous en rapportant peut-être vos citations préférées au discours indirect.

Réactions aux présentations :

Lorsque vous écoutez les récits des autres étudiants, évaluez leur travail selon les critères suivants.

1. Quelle est votre impression dominante du / de la décédé(e) ?

2. Quels sont les détails mentionnés dans le récit oral qui ont créé cette impression dominante ?

3. Peut-on reconnaître qu'il s'agit d'un télé-journal ou d'un récit familial ? (Comment ? Par le style ? le ton ? le lexique ? les détails ?)

4. Le récit a-t-il été facile à comprendre ? Sinon, pourquoi ?

5. Qu'est-ce qui vous a impressionné(e) dans cette présentation ? Pouvez-vous proposer des suggestions au présentateur / à la présentatrice pour qu'il/elle puisse améliorer son travail ?

Echanges électroniques :

1. En vous servant de le Web, cherchez des renseignements sur une autre personne francophone maintenant décédée. Etudiez comment la culture de votre choix présente la perte de cette personne. Voyez-vous des différences ou des ressemblances dans ce traitement par rapport aux textes écrits sur François Mitterrand ? par rapport à vos propres nécrologies ?

2. Conduisez des discussions électroniques avec vos camarades de classe sur le réseau que votre professeur a créé afin de comparer les résultats de votre recherche sur le Web avec ceux des autres étudiants dans le cours.

REALISATION ET ECRITURE

Objectifs

• L'analyse et la narration

Objectifs de la synthèse

Dans ce chapitre final voué à la synthèse, vous aurez l'occasion de développer une des diverses formes d'expression écrite en intégrant quelques-unes des stratégies associées aux différentes formes étudiées dans *Générations*. Voici un bref rappel des traits associés à **l'analyse** et à **la narration.**

L'analyse : — formuler et présenter un problème ;

— présenter une étude détaillée de faits, d'événements, d'enquêtes d'opinion ;

— organiser des faits et leurs analyses par catégories ;

— inclure des déductions et commentaires logiques ;

— faire allusion à l'avis d'autrui (l'emploi des citations).

La narration : — identifier l'action principale et les grandes étapes de l'intrigue ;

— présenter une suite d'actions claire et logique tout en considérant comment on peut augmenter l'intérêt du récit et sa tension dramatique ;

— décrire des personnages afin d'éveiller l'intérêt des lecteurs (Qu'est-ce qui distingue leur présence physique, leur caractère, leurs traits généraux en particuliers ?) ;

— créer un cadre pour l'intrigue (mention de quelques détails descriptifs).

Thèmes possibles pour la dissertation principale

L'analyse :

• écrire un article qui paraîtra dans le journal de votre choix
  — soit pour proposer des stratégies pour mieux accepter la mort ;

— soit pour expliquer aux nouveaux parents à quels problèmes fondamentaux ils doivent faire face lorsqu'ils deviennent parents. Proposez des stratégies pour résoudre ces problèmes ;

• écrire une lettre à vos parents « pour régler les comptes ». N'oubliez pas de vous référer aux lectures dans ce chapitre. Comment ces extraits ont-ils changé votre point de vue sur la fonction et le rôle d'un parent ?

La narration :

• narrer la vie d'un(e) descendant(e) idéal(e) ;

• écrire une lettre à vos descendants pour faire le récit de votre vie et pour justifier les décisions que vous avez prises ;

• prendre la mesure d'une personne francophone historique (en suivant le modèle des journalistes du *Nouvel Observateur* dans l'**Activité D**).

L'explication de texte (voir le modèle dans le Chapitre 9 du *Cahier,* **Exercices 2** et **3**) :

• faire une explication de texte d'une des œuvres traitées dans ce chapitre (ou, avec le consentement de votre professeur, d'un autre texte).

Exercice 1. Premiers pas : puissance des noms

A. Imaginez que vous venez d'adopter un enfant ou que vous en attendez un. Une des décisions à prendre : Quel nom faut-il choisir pour ce nouvel être encore indéfini ?

Prenez un moment pour imaginer quelques noms que vous choisiriez pour une fille ou un garçon si vous deveniez père ou mère maintenant. Indiquez ensuite trois adjectifs que vous associez avec ce nom.

MODELE :   Xavier → mystique, pieux, doux

	Nom	Adjectifs associés avec ce nom
1. pour une fille :	_____	_____
	_____	_____
	_____	_____
2. pour un garçon :	_____	_____
	_____	_____
	_____	_____

LECTURE B

▽

Prénoms

Sabine Argenti

Isaure Une petite note aristocratique pour ce prénom qui nous vient du Moyen Age. L'origine d'Isaure est mystérieuse. On subodore une contraction entre Isabelle et Aure. Selon une autre source, plus poétique, Isaure viendrait du grec « is » (égal) et « aura » (vent). Ce nom pourrait aussi tout simplement
5   désigner une personne originaire d'Isaurie, ancienne région d'Asie Mineure. Même confusion pour les fêtes : au choix, la sainte-Isabelle le 2 février, ou la sainte-Aure le 4 octobre.
   Lucien Sensible, créatif et un brin charmeur, c'est un homme de cœur qui apprécie la vie en société. Lucien a traversé les siècles en conservant le charme
10   d'un éternel adolescent. Sous la plume de Balzac dans « Les Illusions perdues », il prend les traits d'un jeune poète promis à un grand avenir. Il est aussi le héros du roman de Stendhal, « Lucien Leuwen ». Le saint patron, premier évêque de Beauvais, vécut au IIIe siècle. L'empereur romain Dioclétien n'apprécia pas le zèle de ce chrétien convaincu et le fit décapiter. Célébré le 8 janvier.

— *Parents,* juin 1997

△

B. Voici quelques noms francophones. Quelles qualités leur attribuez-vous ? (Notez toujours des adjectifs.)

3. pour une fille :

Maïwenn _____

Elodie _____

Alexia _____

Marie-Claire _____

4. pour un garçon :

Arnaud _____

Pierre-Claude _____

André _____

Julien _____ _____

Exercice 2. Ecriture spontanée

Avant de lire les conseils adressés aux parents francophones, réfléchissez à vos propres parents. Que vous ont-ils enseigné sur le rôle d'être parent à l'avenir ? Citez quatre ou cinq leçons positives. Ecrivez tout ce qui vous vient à l'esprit pendant cinq minutes.

Indiquez ensuite trois "erreurs" que vos parents ont faites en vous élevant (et en élevant vos frères et soeurs, si vous en avez).

Travail par groupes de deux :

Comparez vos notes afin de pouvoir réfléchir à des « solutions » qui pourraient aider certains parents à éviter les mêmes « pièges ». (La méthode « Amour et logique »[1] affirme que le trait essentiel des êtres humains est la capacité de prendre des décisions responsables. Il s'ensuit donc qu'il faut enseigner aux enfants comment atteindre cette autonomie responsable... et ceci dès le début. Bref, il faut remplacer les interdictions, menaces et punitions par des « choix et des conséquences ».) Etes-vous d'accord avec cette philosophie ? Justifiez votre réponse ou proposez un autre modèle si vous n'êtes pas d'accord avec la méthode « Amour et logique ».

Discussion de classe :

Pendant la discussion de vos commentaires, ajoutez deux autres aspects à l'analyse du rôle des parents, comme indiqué ci-dessous :

1. Pouvez-vous articuler quelles sont vos suppositions (implicites) en ce qui concerne la structure de la famille et le rôle des parents ?

2. Comment est-ce que le fait de vivre au début du XXIe siècle influence (et transforme) l'expérience de créer une famille ou de devenir parent ? Notez toutes les transformations auxquelles vous pensez avant de les évaluer.

Exercice 3. Ecriture de réflexion avant la lecture : *J'élève un enfant* de Françoise Dolto

Prélecture : Questions thématiques

Dans l'extrait suivant il est question de la maturation sexuelle d'une fille de quinze ans. Françoise Dolto, thérapeute française renommée, aborde cette question en parlant d'une jeune

---

[1] « Amour et logique » se réfère aux méthodes des docteurs Jim Fay et Foster Cline, M.D.

fille à qui elle donne le sobriquet « Juliette ». Dolto répond à une lettre écrite par la mère de « Juliette » mais elle s'adresse plutôt au public général lorsqu'elle propose ses conseils.

1. A votre avis, que faudrait-il expliquer au sujet de la sexualité à un enfant âgé de 5 ans ? Ceci change-t-il lorsque l'enfant atteint 10 ans ? 15 ans ?

2. Comment réagiriez-vous si votre fille de quinze ans sortait avec un garçon de dix-huit ans ?

3. Lisez la lettre suivante, adressée à Mme Dolto, et résumez-la brièvement.

   « J'ai été prise de panique. J'ai dû réfléchir plusieurs jours quant à la conduite à tenir avant d'en parler à mon mari — après, donc, avoir découvert que [m]a fille recevait des lettres de ce garçon de dix-huit ans qui est en ce moment au service militaire. Elle est trop jeune... Cette situation ne peut que lui apporter des désagréments. Ses notes ne sont déjà pas très brillantes en classe. C'est ce que j'ai répondu à ma fille qui me disait que, dans certaines familles, on pouvait parler beaucoup plus facilement et sans crainte de ces problèmes-là. Elle me trouve vieux jeu... [Est-ce] vraiment normal, le flirt, à quinze ans [?] »

4. Expliquez comment vous répondriez à cette demande de conseil. Quel devrait être le rôle de la mère devant cette situation ? Avez-vous d'autres attentes en ce qui concerne le comportement d'un père ?

Exercice 4. Ecriture de réflexion basée sur la lecture : *J'élève un enfant*

Chez vous :

Lisez maintenant l'extrait de *J'élève un enfant* avec soin et répondez aux questions ci-dessous pour pouvoir en discuter librement avec les autres étudiants du cours. Soyez prêt(e) à défendre votre point de vue.

1. Comment Mme Dolto répond-elle à la panique de la mère ? Etes-vous d'accord avec ses conseils (paragraphes 2, 4, 6 et 10) ?

2. Quels exemples cite-t-elle ? Est-ce que ceux-ci parviennent à vous convaincre ?

3. Comment traite-t-elle de la question des relations sexuelles ?

4. La mère « éprouvée » évoque aussi un problème avec son mari qui l'accuse d'être « complice » de sa fille. Qu'est-ce que Mme Dolto recommande de faire, face à ce problème ? Commentez sa prise de position.

5. En relisant l'extrait, notez maintenant trois éléments qui indiquent qu'il s'agit d'un texte qui vise le grand public (choix de mots, syntaxe, etc.).

6. Mme Dolto est-elle consciente de ses lecteurs ? Qu'est-ce qui le montre dans son texte ?

7. Le rythme des phrases chez Mme Dolto est très particulier. Essayez de l'imiter en choisissant une de ses phrases comme modèle. (Vous pourriez vous servir de la suivante, par exemple : « Peut-être pourrait-elle changer d'orientation — si elle est partie pour de longues études et qu'elle projette, déjà, de lier sa vie à celle d'un jeune homme — et commencer à préparer un métier, pour s'y engager dans deux, trois ans. ») Référez-vous aux Exercices 6 (« A la recherche de votre style ») des **Chapitres 4** et **5** pour vous aider à dégager le « squelette » de la phrase.

LECTURE C

J'élève un enfant

Françoise Dolto

Voici une mère éprouvée à cause de sa fille de quinze ans. Elle a d'autres enfants : un garçon de seize ans, et deux filles de dix et deux ans. Cette femme vient, donc, de découvrir que sa fille de quinze ans a un flirt avec un garçon de dix-huit ans, et ils s'en soucient beaucoup, elle et son mari. Elle
5 *précise qu'elle a fait l'éducation sexuelle de sa fille sans problèmes — sans donner d'ailleurs d'autres détails à ce propos. Son émoi souligne, je crois, la réaction très vive qui peut exister, à l'intérieur de certaines familles, devant une évolution qui nous est, à nous, en somme familière. Cette femme est paniquée, s'inquiète énormément.*

10 Elle est paniquée devant la chose la plus normale qui soit. Et même la plus saine, à voir la façon dont la jeune fille réagit jusqu'à présent.

La mère écrit : « J'ai été prise de panique. J'ai dû réfléchir plusieurs jours quant à la conduite à tenir avant d'en parler à mon mari » — après, donc, avoir découvert que sa fille recevait des lettres de ce garçon de dix-huit
15 *ans qui est en ce moment au service militaire. « Elle est trop jeune, poursuit-elle. Cette situation ne peut que lui apporter des désagréments. Ses notes ne sont déjà pas très brillantes en classe. C'est ce que j'ai répondu à ma fille qui me disait que, dans certaines familles, on pouvait parler beaucoup plus facilement et sans crainte de ces problèmes-là. Elle me trouve vieux jeu. Je ne*

20 *sais plus où j'en suis. »* Elle parle de notre époque de dépravation et vous demande si c'est vraiment normal, le flirt, à quinze ans.

Mais oui. Enfin, dans *Roméo et Juliette,* Juliette avait bien quinze ans !
C'est vrai que pour ces deux-là, ça n'a pas bien tourné... mais pour d'autres
raisons. Cette femme a aussi un fils de seize ans : je suis étonnée qu'elle n'en
25 parle pas, car j'espère qu'il a, lui, sa Juliette. C'est tout à fait normal. A
quinze ans, que cette jeune fille ait un flirt de dix-huit ans, c'est dans l'ordre
des choses. Je vois que la mère écrit : « Je ne peux tout de même pas l'at-
tacher à la maison pour qu'elle ne sorte pas le dimanche. » Et, en lisant cette
lettre, on se demande, en effet : « Pourquoi ne l'attacherait-elle pas ? », telle-
30 ment elle semble affolée.

« *Si seulement j'étais sûre, continue-t-elle, que ce flirt reste sans
gravité.* »

Mais que veut-elle dire par « gravité » ? Il est très possible que cette
jeune fille soit en amour avec ce garçon et que ce soit quelque chose de sérieux,
35 qui puisse avoir de l'avenir. Après tout, pourquoi pas ? Personne ne sait à quel
âge se décide le destin d'un couple. Il y a des jeunes qui se connaissent depuis
l'âge de quinze ans, qui sont amoureux l'un de l'autre et qui se marient le jour
où le garçon a une situation, alors que la fille est encore jeune. Ce n'est pas si
rare. Moi, j'ai eu une grand-mère qui s'était mariée à quinze ans, une arrière-
40 grand-mère à quinze ans et demi. Je trouve ça très normal, d'aimer à quinze
ans, et peut-être pour la vie. On n'en sait rien. Mais il est évident que la mère
est mal partie si elle croit que c'est mal. Quel mal y a-t-il à aimer ?

Je crois que, quand elle écrit : « Si j'étais sûre que ce soit sans gravité »,
45 *on peut traduire par : « Si j'étais sûre que ma fille ne fasse pas l'amour avec
ce garçon »* — je veux dire physiquement — *parce qu'elle ajoute : « Vous
comprenez, j'ai appris par ma fille, qui n'a pas beaucoup de secrets pour
moi, que plusieurs filles de seize ans dans sa classe prennent la pilule. »* Et
elle a peur, si vous voulez...

50 Oui, elle est un peu perdue devant une génération qui est, peut-être,
beaucoup plus sage que ne l'étaient nos générations. Les jeunes apprennent
à se connaître tôt et, en effet, puisque la science le permet, sans risquer, à
l'occasion de premiers contacts sexuels, d'avoir un enfant qui n'aurait pas été
désiré et qu'ils sauraient mal élever parce qu'ils ne seraient pas encore mûrs,
55 la fille en tant que mère, le garçon en tant que père.

Mais enfin, même ça, avoir un enfant, ce n'est peut-être pas « grave » :
une descendance chez une fille jeune, pourquoi pas, si le garçon est très bien
et si la famille de ce garçon est d'accord ? On n'en sait rien. De toute façon,

on n'en est pas là : ce sont deux jeunes gens qui s'écrivent et qui s'aiment.
60   Puisque la fille invitait toujours ses copains et ses copines avant, je ne vois
pas pourquoi, maintenant, on changerait, sous prétexte que, cette fois-ci, il y
a de l'amour. Je crois même que c'est un peu plus sérieux. Sérieux ne veut
pas dire grave. Sérieux veut dire valable.

Elle a l'air d'avoir peur, si vous voulez, à la fois que sa fille ait un en-
65   *fant et qu'elle prenne la pilule.*

On dirait surtout qu'elle ne peut pas la préparer à ses responsabilités de
femme. Pourtant, femme, elle le devient. Il le faut. D'abord, cette jeune fille
a dit : « Mais non, je suis sérieuse », ce qui veut dire : « Je ne veux pas prendre des risques trop tôt. » Puis, il est possible aussi qu'elle aime un garçon
70   valable qui, de son côté, est (ou se croit) épris sérieusement d'elle. Alors, pourquoi ne pas l'inviter ? au lieu de chercher à les empêcher de se rencontrer.
Très souvent, c'est justement quand on invite à la maison un garçon dont une
fille est éprise, que les deux jeunes se rendent compte du genre d'éducation
que chacun d'entre eux a. Et ceci peut avoir un très bon effet sur leurs rela-
75   tions et leur intimité — si, vraiment, le garçon se plaît dans la famille de la
jeune fille, et si celle-ci est invitée aussi par la famille du jeune homme. C'est
là, entre autres, qu'on mesure s'il peut y avoir un amour d'avenir. Nous n'en
savons rien. Mais enfin, dix-huit ans, c'est la majorité. Pourquoi pas.
Encore une chose : la jeune fille a quinze ans, pourquoi a-t-elle de
80   mauvaises notes ? Peut-être est-elle pressée de vivre — vivre sérieusement,
c'est-à-dire prendre ses responsabilités dans l'existence. Peut-être pourrait-
elle changer d'orientation — si elle est partie pour de longues études et
qu'elle projette, déjà, de lier sa vie à celle d'un jeune homme — et commencer à préparer un métier, pour s'y engager dans deux, trois ans. Je ne sais
85   pas : il faudrait parler à cette jeune fille pour savoir ; mais je ne vois rien de
terrible dans tout cela.
Si cette mère est très inquiète, pourquoi ne va-t-elle pas consulter le
centre médico-pédagogique de sa ville, où elle pourrait parler, seule d'abord,
avec quelqu'un, pour se faire aider ? Quelque chose m'étonne dans sa lettre,
90   c'est que la jeune fille laisse son journal sur sa table et les lettres du jeune
homme dans son tiroir. Ce qui veut dire qu'elle ne veut pas se cacher de sa
mère. Si ça doit mettre la mère dans cet état, peut-être vaudrait-il mieux
qu'elle se cache. Je n'en sais rien.

Le père, en plus, dit à sa femme qu'elle se fait complice de la jeune fille.

95   Je ne sais pas ce qu'il veut dire par « complice ». Complice en quoi ? En
le sachant ? C'est à lui de parler à sa fille. C'est sérieux, d'aimer. Cet homme a

certainement aimé des jeunes filles, lui aussi, quand il avait dix-huit ans... En
fait, ces parents croyaient avoir une enfant ; tout d'un coup, ils s'aperçoivent
qu'ils ont une jeune fille au foyer et semblent affolés ; moi, je ne trouve rien de
100 mal, vraiment, dans tout ça. Je trouve même ça assez sain — et joli.

— « Roméo et Juliette avaient quinze ans (Adolescents) »
dans *J'élève un enfant, Tome 2* (Paris : Seuil, 1978)

Exercice 5. Ecriture en réaction à la lecture : Conseils professionnels

1. Prenez d'abord quelques minutes pour imaginer une demande de secours traitant des difficultés entre parents et enfants. Faites ensuite l'échange de vos « lettres » avec les autres
étudiants du cours.

2. Assumez le rôle de Mme Dolto à votre tour ; maintenant c'est à vous de proposer des
conseils en suivant son modèle dans votre tentative de résoudre le problème de l'étu-
diant(e) qui est devenu(e) votre client(e), voire votre patient(e). Tâchez de vous servir
des stratégies rhétoriques que vous aurez notées dans l'exercice précédent.

Exercice 6. Ecriture de réflexion avant la lecture : Le portrait littéraire d'une mère

A. 1. Un article publié dans un journal vise, bien sûr, des lecteurs particuliers, et il faut se rappeler
que la fonction d'un article est d'attirer l'attention des lecteurs pour vendre autant de journaux que possible. C'est en reflétant le goût et les désirs de ses lecteurs qu'on parvient souvent le mieux à les attirer.

Lorsqu'on braque son objectif sur les romans et les récits, par contre, il faut se demander si le but
et la fonction du texte littéraire ressemblent à ceux d'un journal. L'auteur essaie-t-il/elle de renforcer les
croyances traditionnelles ou de les mettre plutôt en cause ? Pour aborder cette question, commencez par
noter autant de fonctions que vous associez avec la narration littéraire. Selon vous, quels sont les traits les
plus saillants qui distinguent un texte littéraire d'un texte journalistique ?

_____

_____

_____

_____

_____

2. L'extrait que vous lirez représente la vie d'une Vietnamienne qui a choisi d'épouser un Séné-galais, soldat dans l'armée française occupant le Vietnam. La narratrice vietnamienne raconte le moment où elle doit quitter aussi bien sa patrie que ses parents.

Avant de lire l'extrait, imaginez que vous allez entreprendre le portrait littéraire de votre propre mère. Quels éléments faudrait-il inclure ?

_____

_____

_____

B. Les termes ci-dessous sont tirés de l'extrait que vous lirez. Devinez-en le sens en vous laissant guider par le contexte.

1. Je tombai malade et restai longtemps **alitée.**

   déprimée   au lit   fatiguée

2. Aucune médication ne put venir à bout de cette langueur qui **envahissait** tout mon être.

   conquérait   transformait   adoucissait

3. **Dépositaire** d'une culture avec laquelle nous ne devions plus avoir de contacts, elle ponctuait nos joies...

   Gardien   Appartenant (à)   Fascinée (par)

4. ... elle ponctuait nos joies et nos peines de son sourire gris et de ses paroles **inlassable-ment** optimistes en toutes circonstances.

   toujours   sans se fatiguer   malheureusement

5. Il était surprenant de voir comment ses traits d'esprit **déclenchaient** des rires.

   arrêtaient   changeaient   provoquaient

6. Quelquefois, **heurtée** dans ses sentiments, elle savait aussi prendre une mine renfrognée des jours entiers...

   renfermée   contrariée   surprise

Note : Diên Biên Phu est le site au Vietnam du Nord où du 13 mars au 7 mai 1954 il y eut la bataille décisive entre les troupes françaises et celles du Front de Libération du Vietnam. Après 57 jours de combat, les troupes françaises ont dû abdiquer, ce qui mena à la fin des hostilités et de l'hégémonie française en Indochine.

LECTURE D

L'étrangère

Anne-Marie Niane

Ma première fille venait d'avoir dix-huit ans quand la débâcle française à Diên Biên Phu consacra la libération du peuple vietnamien. J'avoue humblement que cette date importante dans l'histoire de mon pays est restée dans mon esprit synonyme d'exil. Prisonnière des limites de mon ignorance, je ne
5 me rendais pas compte que les événements pouvaient, du jour au lendemain, bouleverser l'existence de milliers d'individus comme moi. Il fallait partir de Saïgon. La perspective de quitter le Vietnam et surtout celle d'y laisser ma vieille mère m'enlevèrent toutes mes forces. Mon corps brisé par la peur et le désespoir ne réagissait plus. Je tombai malade et restai longtemps alitée. Au-
10 cune médication ne put venir à bout de cette langueur qui envahissait tout mon être.

　　Durant ma maladie, je vis Thi-Ba — c'est ainsi que Karim [mon mari] appelait ma mère — prendre soin de mes enfants comme elle ne l'avait jamais encore fait. Consciente du fait qu'elle ne les reverrait peut-être plus, elle
15 apportait un soin particulier à coiffer l'opulente chevelure de mes filles. Quant aux trois garçons, ils pouvaient rentrer tard le soir sans être réprimandés. Et pourtant chacun savait à quel point l'aïeule aimait réunir toute la famille autour du dîner. Puis, un jour, je vis de grosses larmes rouler sur ses joues ridées alors qu'elle donnait le bain à ma cadette âgée de deux mois. A
20 cet instant précis, elle me parut plus voûtée que d'habitude.

　　Ce même soir, Karim m'annonça que nous quitterions Saïgon dans six semaines.

　　Les jours passèrent rapidement dans les préparatifs fébriles du départ. Les lourdes cantines se remplissaient de mille choses inutiles que je ne pen-
25 sais pas trouver à Dakar. Dans cette agitation, je remarquais cependant que Thi-Ba avait cessé de faire à ses petits-enfants les mille recommandations qu'ils écoutaient d'une oreille distraite. Je n'eus pas l'occasion de réfléchir longtemps à ce changement d'attitude. Ma mère m'annonça un soir qu'elle souhaitait partir avec nous... Sa venue à Dakar constituait le moyen de reculer
30 l'échéance d'une réalité trop dure à supporter pour ses vieux jours...

Deux semaines plus tard, nous embarquions sur le « Claude-Bernard ». La coque immmense du bateau avait impressionné les enfants qui posaient des questions à mon beau-père venu nous accompagner. Il eut beaucoup de mal à s'éclipser au premier hurlement de la sirène. Le départ était proche, et
35 il devait redescendre. Il s'arrêta au milieu de la passerelle, réajusta ses lunettes et fit un signe de la main à sa femme. Elle portait l'un de mes enfants et répondit par un lent hochement de tête. Nous ne le savions pas encore, mais ce fut leur dernier regard l'un pour l'autre. Thi-Ba n'eut jamais le courage de nous quitter et mourut à Dakar vingt et un ans plus tard. Dépositaire d'une
40 culture avec laquelle nous ne devions plus avoir de contacts, elle ponctuait nos joies et nos peines de son sourire gris et de ses paroles inlassablement optimistes en toutes circonstances. Il était surprenant de voir comment ses traits d'esprit déclenchaient les rires. Un sens de l'humour, inhabituel chez une personne de cet âge, lui valait l'admiration et la compagnie des plus jeunes.
45 Quelquefois, heurtée dans ses sentiments, elle savait aussi prendre une mine renfrognée des jours entiers et personne n'osait alors lui adresser la parole. J'ai toujours pensé que son autorité devait beaucoup à sa longue chevelure immaculée, ramassée en chignon sur la nuque. Après sa mort, les après-midi où j'étais seule à la maison, il m'arrivait souvent de me retourner en entendant
50 dant des pas. Elle aurait pu être là avec sa tunique rouge sombre à col haut et son pantalon noir. Elle aurait pu continuer à me fixer de ses petits yeux tendrement inquisiteurs qui savaient si bien lire en moi.

— « L'Etrangère » dans *L'Etrangère et douze*
autres nouvelles Collection Monde Noir Poche, © Hatier, 1985

Exercice 7. Ecriture de réflexion basée sur la lecture *L'Etrangère d'Anne-Marie Niane*

Chez vous :

Examinons de près le texte d'Anne-Marie Niane. Vous commencerez par écrire vos réponses aux questions suivantes tout en vous servant des termes fournis dans l'**Exercice 3** du Chapitre 9 du *Cahier*. Soyez cependant prêt(e) à résumer l'essentiel de chacune de vos réponses lorsque vous vous mettrez par groupes.

1. Quelle est la réaction de la mère de la narratrice quand elle apprend que sa fille quittera Saïgon avec sa famille ? Réagit-elle de plusieurs façons ? Expliquez.

2. Caractérisez la relation entre la grand-mère et ses petits-enfants. Quels détails réussissent le mieux à évoquer cette relation ?

3. Racontez ce que nous apprenons au sujet du beau-père de la narratrice.

4. Référez-vous à l'**Exercice 3** dans le *Cahier,* ce qui vous aidera à identifier au moins deux figures rhétoriques dans cet extrait.

5. Relisez attentivement les quatre dernières phrases de l'extrait.

   a. Quel mode de verbe la narratrice emploie-t-elle ? Quel en est l'effet ?

   b. Interprétez les images qu'évoque la narratrice. Quel est l'effet de ces images sur vous ?

   c. Selon vous, qui est le lecteur implicite de ce texte ? Motivez votre réponse.

   d. Reprenons la question de l'introduction : l'auteur essaie-t-elle de renforcer les croyances traditionnelles ou de les mettre en cause ?

En cours :

Mettez-vous maintenant par groupes afin de comparer vos réponses aux questions ci-dessus.

Exercice 8. A la recherche de votre style : Pastiche de *L'Étrangère*

Travail par petits groupes :

Relisez les phrases où la narratrice décrit comment elle se souvient de sa mère :

> Dépositaire d'une culture avec laquelle nous ne devions plus avoir de contacts, elle ponctuait nos joies et nos peines de son sourire gris et ses paroles inlassablement optimistes en toutes circonstances. Il était surprenant de voir comment ses traits d'esprit déclenchaient les rires. Un sens de l'humour, inhabituel chez une personne de cet âge, lui valait l'admiration et la compagnie des plus jeunes. Quelquefois, heurtée dans ses sentiments, elle savait aussi prendre une mine renfrognée des jours entiers et personne n'osait alors lui adresser la parole. J'ai toujours pensé que son autorité devait beaucoup à sa longue chevelure immaculée, ramassée en chignon sur la nuque. Après sa mort, les après-midi où j'étais seule à la maison, il m'arrivait souvent de me retourner en entendant des pas. Elle aurait pu être là avec sa tunique rouge sombre à col haut et son pantalon noir. Elle aurait pu continuer à me fixer de ses petits yeux tendrement inquisiteurs qui savaient si bien lire en moi.

Décrivez votre propre mère (ou père ou autre tuteur) en suivant le modèle de Mme Niane. Vous pourriez commencer par distinguer d'abord les éléments stylistiques particuliers à l'écrivain.

Chez vous :

C'est à vous maintenant de choisir un moment ou des gestes typiques de la personne que vous allez décrire. N'oubliez pas d'imiter la syntaxe de l'écrivaine. Imitez également le choix du vocabulaire (le lexique), le ton, l'organisation du paragraphe.

Travail par petits groupes :

Echangez votre pastiche en prêtant l'attention aux éléments qui signalent le pastiche de *L'Etrangère*. Une fois que vous aurez lu le texte de votre partenaire, suggérez-lui d'autres façons d'imiter le style de Mme Niane.

Exercice 9. A la recherche du sujet motivant

A. Relisez les sujets proposés aux pages 307–308 de ce chapitre. Si vous avez l'intention de développer un sujet traitant de la mort, consultez votre travail préparatoire dans les **Activités A, B** et **E** de ce chapitre (et les **Exercices 2 et 3** dans le *Cahier* qui décrivent les étapes d'une *explication de texte*). Si vous avez, par contre, l'intention d'écrire une rédaction ayant rapport aux parents et à leurs responsabilités, référez-vous aux **Exercices** préparatoires **2, 3, 4, 7** et **8** de ce chapitre.

B. Nous connaissons tous sûrement le cauchemar de la page blanche avant d'écrire, où toutes nos idées semblent s'enfuir vers un autre monde ! La « carte mentale » ci-dessous représente une stratégie qui vous aidera à jouer avec vos idées sans que vous vous souciez trop ni de la grammaire ni de la logique. Votre « censeur intérieur » ne devrait pas être engagé pendant cette étape d'écriture.

La cartographie mentale : Quelques points de repère[2]

Rappel :

1. Inscrivez votre idée principale au centre de la carte. Vous pouvez choisir d'employer des images ou des couleurs pour mettre en relief votre idée clé.
2. L'importance relative de chaque idée s'exprime par sa position sur la carte (loin du centre = moins important).
3. Les liens entre les concepts clés se laissent entrevoir rapidement. C'est à vous de les dessiner.
4. D'autres concepts et idées peuvent s'ajouter facilement à la carte (contrairement aux listes plus linéaires).

---

[2]Ces suggestions sont tout-à-fait inspirées par le travail de Tony Buzan, *Use Both Sides of Your Brain* (New York: Plume, 1991).

Liste de contrôle

1. Commencez par dessiner une image au centre de votre carte (en couleurs, si vous voulez) pour éveiller votre créativité.

2. Pouvez-vous intégrer d'autres images dans votre carte ?

3. Chaque mot devrait être écrit sur une ligne attachée au réseau mental (cf. le modèle).

4. Ne mettez pas trop de mots sur une ligne ; trop de termes pourraient empêcher vos associations.

5. Vous pouvez employer des flèches, des codes (tels que *, ?, !, ...), des formes géométriques, des couleurs, etc.

6. Ne vous souciez pas trop de l'organisation des idées. L'essentiel pour l'instant, c'est de découvrir les différentes associations au sein de votre thème.

MODELE D'UNE CARTE MENTALE :

Exercice 10. Première version du manuscrit

Chez vous :

1. Vous avez déjà noté l'essentiel de vos idées sur votre carte mentale. Le moment est venu de se demander maintenant si vous avez réussi à trouver une approche originale (qui éveille *votre* intérêt.). Comment pouvez-vous motiver votre lecteur / lectrice à se laisser emporter par votre récit ?

   NB : Si vous n'êtes pas satisfait(e) de votre sujet, explorez d'autres possibilités de thèses reliées à votre premier choix avant de choisir enfin celle qui vous paraît la plus intéressante et la plus motivante.

2. Vous faut-il encore quelques recherches, ou des interviews sur le sujet que vous proposez de traiter ?

3. Cherchez les termes en français dont vous aurez sûrement besoin. *Le Petit Robert* est très utile pour cette étape de votre rédaction.

4. Ecrivez maintenant votre première version. Concentrez-vous surtout sur les idées, la structure, le fil de l'argument. Vous aurez l'occasion plus tard de travailler le style.

Travail par groupes de trois :

Apportez votre première version en classe. En groupes de trois personnes faites la critique du travail de vos partenaires. Dans votre critique, n'oubliez pas que pour l'instant, l'étudiant(e) **n'a pas** travaillé le style (les détails de grammaire). Votre tâche sera donc de commenter surtout les *idées* et la *structure* de la rédaction.

Réactions à votre rédaction:

1. Commentaire positif : _____

   _____

2. Commentaire constructif (suggestions) : _____

   _____

3. Questions à poursuivre dans ma rédaction : _____

   _____

Chez vous : Faisons des pastiches de notre style !

1. Relisez votre premier paragraphe de la rédaction. Corrigez maintenant les fautes de grammaire et tâchez d'insérer des pronoms relatifs ou des mots que vous avez découverts dans *Le Petit Robert*.

2. Pour qui écrivez-vous ? Comment le style de ce premier paragraphe interpelle-t-il ce type de lecteur ?

3. Vous allez réécrire ce même paragraphe maintenant, en choisissant trois prototypes de lecteurs (exemples : mères, étudiants, ouvriers, intellectuels, adolescents, etc.).

   a. Version A destinée à _____

   b. Version B destinée à _____

   c. Version C destinée à _____

4. Relisez vos trois versions en soulignant les éléments qui s'adressent à un public particulier. Est-ce qu'il y en a assez ? Si vous n'êtes pas sûr(e), faites l'échange de vos trois versions avec un(e) autre étudiant(e) dans votre cours.

5. Reprenez maintenant votre paragraphe initial. Pouvez-vous améliorer ce début en travaillant le registre de langue ? Une fois que vous aurez révisé votre introduction, remaniez le reste de la rédaction en continuant à réfléchir aux besoins et intérêts de vos lecteurs.

Exercice 11. Apprenons à éditer !

C'est la dernière étape de votre dissertation, donc c'est le moment de vérifier si vous avez incorporé assez de **pronoms relatifs,** de **participes** et de **stratégies stylistiques** empruntées à Anne-Marie Niane ou aux autres écrivains cités dans ce chapitre.

Si vous préférez, vous pouvez employer la **Liste de contrôle** fournie vers la fin d'un des autres chapitres de ce texte (exemples : Chapitre 1, **Exercices 9** et **10** ; Chapitre 5, **Exercices 10** et **11** ; Chapitre 6, **Exercices 6** et **7**). Le schéma ci-dessous divise le processus de l'auto-correction en deux étapes : **la révision** et **la mise au point.**[3]

Pour réviser :

1. Est-ce qu'on sait en lisant le premier paragraphe **pourquoi** vous avez écrit ce texte ?

2. Peut-on reconnaître **pour qui** vous avez écrit ? Comment ?

3. Quel est **le plan** de votre texte ? Y a-t-il un motif logique, chronologique, thématique, antithétique ? Quel est le lien entre l'introduction et la conclusion ?

4. Avez-vous incorporé assez **de preuves ? de faits ? d'anecdotes ? d'arguments ?**

5. Pouvez-vous **caractériser le ton** ou **votre voix narrative** dans cette dissertation ?

6. Pouvez-vous **résumer** la thèse centrale de ce texte en **une phrase** ou **deux ?**

Rédigeons !

1. Avez-vous vérifié **l'orthographe, le genre des mots, la conjugaison des verbes, l'accord des adjectifs et des verbes, la ponctuation ?**

2. Est-ce que les verbes sont à **la voix active ?**

3. Avez-vous **éliminé** chaque mot **superflu ?**

4. Pouvez-vous employer un mot **plus court, plus dynamique ?** Avez-vous choisi le terme **le plus précis ?**

5. Pouvez-vous **relier** deux phrases afin d'éviter la répétition ? (Pensez, par exemple, aux **conjonctions** et aux **pronoms relatifs.**)

---

[3]Cette liste de contrôle a été surtout inspirée par deux chapitres puisés dans le manuel de Toby Fulwiler, « Revising » et « Editing » dans *Teaching with Writing* (Portsmouth: Heinemann, 1987).

6. S'y trouve-t-il des paragraphes **d'une page** ou **d'une phrase** ? (Il faudrait soit les répartir, soit les développer, soit les éliminer tout-à-fait.)

CURIOSITES CULTURELLES

Terminons notre réflexion sur la génération par le poème, « Message », de Léopold Sédar Senghor, homme d'Etat et poète sénégalais. Léopold Senghor propose lui-même des conseils à des « enfants », mais chez lui la relation parent / enfant dépasse le cadre familial pour évoquer un parti pris politique.

LECTURE E

Message

Léopold Sédar Senghor

Enfants à tête courte, que vous ont chanté les kôras ?
Vous déclinez la rose, m'a-t-on dit, et vos ancêtres les Gaulois ?

Vous êtes docteurs en Sorbonne, bedonnants de diplômes
Vous amassez des feuilles de papier — si seulement des louis d'or
5   à compter sous la lampe, comme feu ton père aux doigts tenaces !
Vos filles, m'a-t-on dit, se peignent le visage comme des courtisanes
Elles se casquent pour l'union libre et éclaircir la race !
Etes-vous plus heureux. Quelque trompette à wa-wa-wa
Et vous pleurez au soir là-bas de grands feux et de sang
10   Faut-il vous dérouler l'ancien drame et l'épopée ?
Allez à Mbissel à Fa'Oy ; récitez le chapelet des sanctuaires qui
      ont jalonnè la grande voie
Refaites la Route Royale et méditez ce chemin de croix et de gloire.
Vos grands prêtres vous répondront : Voix du Sang !
15   Plus beaux que des rôniers sont les Morts d'Elissa : minces

étaient les désirs de leur ventre.

Leur bouclier d'honneur ne les quittait jamais ni leur lance loyale.

Ils n'amassaient pas de chiffons, pas même de guinées à parer leurs
    poupées.

20 Les troupeaux recouvraient leurs terres, telles leurs demeures
    l'ombre divine des ficus.

Et craquaient leurs greniers de grains serrés d'enfants.

Voix du Sang ! Pensées à remâcher !

Les conquérants salueront votre démarche, vos enfants seront
25   la couronne blanche de votre tête.

— extrait de "Chants d'Ombre" dans *Oeuvre poétique* © Seuil, 1978

Appendix 1

Evaluation & Grading Criteria for Speaking

You may choose to proceed with a formal evaluation of your students' speaking proficiency on a regular basis (once every two to three weeks, for instance). The evaluation of students' spoken French can be conducted like Oral Proficiency Interviews as designed by ACTFL (Schedules for OPI training and ACTFL Proficiency Guidelines for French can be located online at http://www.actfl.org). Typically, ACTFL OPIs are based on descriptive evaluations of language proficiency. In a formal instructional environment however, descriptive evaluations are not easily computed by the records office to which grades must be forwarded. In order to fill in the gap between qualitative evaluations and quantitative criteria, we suggest assigning quantitative values to the following four criteria: (1) comprehensibility, (2) amount of communication, (3) quality of communication or language accuracy, and (4) fluency. Below you will find: (1) the definition of criteria used for evaluation; (2) a grid for evaluation which can be duplicated for each student; and (3) a descriptive evaluation for each quantitative value in the grid.

CRITERIA FOR EVALUATING STUDENTS' SPOKEN FRENCH

Comprehensibility refers to the ability to get a message understood, the ability to convey meaning. At the advanced level, production should be understood by French native speakers not accustomed to language production by speakers whose French is a foreign language.

Amount of Communication refers to the quantity of information relevant to the communicative situation in which students find themselves. At the advanced level, students speak in paragraphs (at the intermediate level, students speak in disconnected and isolated sentences).

Quality of Communication refers to the linguistic (grammatical) accuracy of the student's language production. A student may indeed be highly comprehensible yet poor at language inflections.

Fluency does not refer to absolute speed of delivery: Native speakers of any language show wide variations in this area. Fluency refers to the overall continuity and naturalness of speech, as opposed to pauses for rephrasing sentences or groping for words.

GRADING SCALE FOR SPEAKING

Name of student: _____ Date: _____

Comprehensibility	25	22	19	15	10	0
Amount of Communication	25	22	19	15	10	0
Quality of Communication	25	22	19	15	10	0
Fluency	25	22	19	15	10	0

Final Grade = _____ / 100

EVALUATION GRID

25 *Comprehensibility:* Can be understood without difficulty by native interlocutors.

Amount of Communication: Detailed narration and description; ability to support opinions and to develop arguments in hypothetical situations.

Quality of Communication: Ability to compensate for an imperfect grasp of forms with confident use of communicative strategies such as paraphrasing and circumlocution.

Fluency: Remarkable fluency and ease of speech, although inadequacies may occasionally appear.

22	*Comprehensibility:* Can be understood without difficulty by native interlocutors although intelligibility may at times fail.
	Amount of Communication: Speaking takes place at paragraph length with adequate connections, yet the development of a theme may be lacking in details and limited to generalities; limited production in hypothetical situations.
	Quality of Communication: Able to perform in concrete situations; hypothetical statements may be performed with caution yet with accuracy; few errors of agreement, tense, word order, articles, pronouns, prepositions.
	Fluency: Confidence in speech production with sentences linked together smoothly; yet does not necessarily show facility in analytical, abstract, hypothetical, argumentative conversations.
18	*Comprehensibility:* Can be understood by French speakers not accustomed to non-native speakers, yet needs some repetition to get a message across.
	Amount of Communication: Emergence of a connected discourse delivered at paragraph length; can usually perform adequately when narrating and describing; amount of communication is less substantial in analytical and abstract situations.
	Quality of Communication: Evidence of errors is salient; difficulty controlling past, present, and future tenses as well as their respective formations; tendency to replace morphology by markers (**hier** or **demain** + present tense); several errors of agreement, tense, word order, articles, pronouns, prepositions; however, linguistic inaccuracy does not interfere with communicative performance (the student's ability to get a message across).
	Fluency: Can initiate, sustain, and close a conversation; limited vocabulary may generate hesitations, yet student attempts to make use of circumlocution in order to maintain a certain level of fluency.

15	*Comprehensibility:* Misunderstandings frequently arise, but can be overcome by clarifications when communicating with sympathetic interlocutors.
	Amount of Communication: Speech production takes place one sentence at a time. Can participate in short conversations; use of basic vocabulary related exclusively to concrete situations.
	Quality of Communication: Strong interference from the native language yet some language accuracy takes place in basic French structures; can create with learned elements of language and make up sentences within a limited range of situations and contexts.
	Fluency: Language production primarily takes place in a reactive mode and conversations are rarely initiated by the student; speech is characterized by frequent pauses while the speaker struggles to create appropriate language forms; fluency is strained by a pronunciation strongly influenced by the native language.
10	*Comprehensibility:* Intelligible when using memorized expressions, otherwise is very difficult to understand even for French speakers accustomed to French production by native speakers of other languages.
	Amount of Communication: Communicates with isolated words or expressions and answers consist primarily of one or two words.
	Quality of Communication: Very little evidence of grammatical competence; little ability to create with the language.
	Fluency: Very broken French.
0	No or very little comprehensibility; no or very little communication; no or very little communicative quality; no or very little fluency.

Appendix 2

Evaluation & Grading Criteria for Writing

Both first and second drafts of assigned papers should be graded so that students perform to the best of their abilities on both drafts. The overall grade for each paper will be an average of the grade obtained for each draft. For instance, if a student earns 85/100 for the first draft and 95/100 for the second draft of a given paper, this paper will receive an average grade of 90/100.

Name of student: _____ Draft # _____

Topic: _____ Date: _____

QUANTITATIVE AND QUALITATIVE CRITERIA	COMMENTS TO STUDENTS

Textual Organization 20%

20–16	*The introduction* catches the reader's attention, explains the outline, and logic of the development that follows. *The development* follows the outline presented in the introduction; the formation of paragraphs reflects a good sense of organization. *The conclusion* offers a synthesis, a possible answer to issues and questions analyzed in the paper, and opens the discussion to another direction, most likely with a rhetorical question.	

15–11	*The introduction* presents the topic but fails to announce the outline of the development, and/or fails to engage the reader's interest and attention. *The development* generates a demonstration that may occasionally be clumsy; formation of paragraphs may be arbitrary and meaningless; and/or may not reflect the outline originally announced in the introduction. *The conclusion* only summarizes the main points of the paper, repeating the outline of the introduction.
10–6	*The introduction, the development, and the conclusion* are not clearly determined and only take the form of paragraphs with a vague sense of organization.
5–1	The introduction, the development, and the conclusion are not clearly identifiable.

Logic of Content and Supportive Details 25%

25–21	Discursive logic includes use of complex and compound sentences, coherent paragraphing, and logical transitions between paragraphs. Supportive details are relevant and add to the quality of the paper.
20–16	The style remains foreign, yet sentences are joined in relatively cohesive paragraphs; tends to favor general statements that lack in depth.

15–11	Juxtaposition of simple sentences with very limited use of cohesive elements of discourse. Main ideas are not clearly organized in paragraphs; details are not necessarily mentioned to support a main idea and seem to be presented randomly.
10–6	Simple sentences with little coordination or cohesiveness.

Vocabulary Use 20%

20–18	Use of sophisticated and researched vocabulary relevant to the topic; use of appropriate language register; control of dictionary use with no mistranslations.
17–14	Occasional errors in choice of words and register but meaning is not obscured; some mistranslations may be indicative of difficulties in using a dictionary.
13–10	Frequent errors in choice of words and register, and frequent mistranslations due to inadequate use of dictionary; comprehensibility is confused and obscured.
9–7	Frequent mistranslations, code-switching, and very little control of French vocabulary.

Morphological and Syntactic Use 20%

20–16	Remarkable morphological and syntactic accuracy (conjugation, verb tense, negation, agreement, word order, article use, pronouns, prepositions); evidence of complexity in language usage.	
15–11	Some errors of conjugation, verb tense, negation, agreement, word order, article use, pronouns (especially in complex sentences; simple sentences show a better control of language); overall, the syntax is simple but effective; comprehensibility is not obscured by language inaccuracies.	
10–6	Major problems in morphological and syntactic formation, which lead to a lack of comprehensibility.	
5–1	No or very little mastery of French morphological and syntactic rules.	

Awareness of Audience 10%

10–9	Paper is engaging and the author connects with the reader.	
8–6	Student attempts to connect with the reader but fails at being engaging due to lack of revisions on successive drafts.	

| 5–3 | Paper is mechanical and shows very little connection with an audience. | |
| 2–0 | Fails to motivate the reader; paper is obviously considered as a simple school assignment and fails to be functional and communicative. | |

Mechanics 5%

5	Good control of spelling, punctuation, capitalization, and paragraphing.	
4	Occasional errors.	
3	Numerous errors.	
2	Very little mastery of conventions.	

_____ %	**Overall Grade**

Index

Credits Literary

p. 6—Tahar Ben Jelloun, *Le racisme expliqué à ma fille*, (c)Editions du Seuil, 1998

p. 12—"Etre parent, ça s'apprend sur le tas," *Enfant Magazine*, mars 1997, p. 25

p. 24—Les femmes : écrivaines et héroïnes littéraires; texte de France Rouillé publié à l'occasion des Boréales de Normandie 1998, Caen

p. 37—Agenda, *Enfant Magazine* mars 1997, No 247–15h

p. 46—Armelle Cressard (1992). « Les métamorphoses adolescentes ». Le Monde de L'Education, N° 193 pp. 45–48.

p. 50—Evelyne Brisou-Pellen, Les Belles Histoires n° 90 *La Porte de nulle part*, Illustrations : Pierre Denieuil, (c)Bayard Presse

p. 77—Paul de Brem et Pauline Léna, "Rester jeune : Une lubie de notre temps?," Eurêka, n°16, BAYARD PRESSE, février 1997

p. 91—Sylvaine de Paulin, *Pourquoi la drogue?* , Okapi 559 pp. 18–19, BAYARD PRESSE, mars 1995

p. 100—Gerard Mermet, Francoscopie 1997, (c)Larousse

p. 103—"Les intellectuels," dessin de Claire Brétécher dans "Les Frustrés," (c) Le Nouvel Observateur

p. 106—Michel Vastel, "Les écoles anglaises, la loi 101 et les enfants légitimes," L'Actualité, 1.11.96, p. 11.

p. 108—Marie-Claire Nnana, "La nouvelle école de base," La revue mensuelle Afrique Education (www.afriqueeducation.com) a autorisé la reproduction de l'article de Mme Nnana (n°25–Sept. 1996)

p. 110—Nathalie Guibert et Stéphanie Le Bars, "Le mythe de l'égalité : Egalité des chances et équité sociale," Le Monde de l'éducation, juin 1996, p. 26

p. 114—"Les Facs et les grandes écoles," Les Guides des Etudes Supérieures, Hors-Série du Mensuel l'Etudiant, 1977

p. 125—Bassek Ba Kobhio, *Sango Malo, ou le maître du canton*, (c) Harmattan, 1991

p. 133—Paul Cauchon, "En route vers l'an 2000 : ordinateurs...et religion" dans "Encore des rapports, bientôt des réformes," dans *Québec*, 1997, Sous la direction de Roch Coté, Québec 1997, Editions Fides 1997.

p. 142—Yann Mens, "Non, l'homme blanc n'est pas un être supérieur," Phosphore (Bayard Presse), 1997

p. 146—Maryse Condé et Madeleine Cottenet-Hage, "Penser la créolité," (c) Karthala, 1995

p. 159—Pierre-André Taguieff, "La République entre universalité et diversité," extrait de *La République menacé*, (c) Textuel, 1996

p. 166—Dominique Sigaud, "L'Algérie : la femme traquée," L'Express, mai 1997.

p. 172—Régine Robin, *La Québécoite*, Montréal, XYZ éditeur, 1993

p. 180—Emmanuel Petiot, "La liste noire des ennemis de l'air," Le dossier OKAPI, 25 février 1995, N° 557, BAYARD PRESSE

p. 190—"Déclaration sur les responsabilités des générations présentés envers les générations futures," reproduit avec la permission de l'UNESCO (c) UNESCO

p. 201—Lydie E. Meunier, *L'environnement virtuel* : *"vache sacrée"* ou *"vache folle"*?

p. 221—Caroline Leblanc, "Vous et Jules : Quel couple formez-vous?," JJ Jeune & Jolie, N° 117, pp. 66–67

p. 232—Fabien Gruhier, "Le Retour de l'amitié," *Le Nouvel Observateur* N° 1519, du 16 au 22 décembre 1993, pp. 4–10

p. 244—Tahar Ben Jelloun, "L'autre", (pp. 121–127), dans *Le premier amour est toujours le dernier*, (c)Editions du Seuil, Paris, France

p. 252—Raymonde Carroll, *Evidences invisibles* : *Américains et Français au quotidien*, (c) Editions du Seuil, Paris, 1987

p. 260—Sylvie Marletta, "Comment lui trouver un job d'été," *Marie France*, juin 1996, p. 60

p. 263—"Les jeunes et l'emploi," SOFRES, La Tribune, mars 1994

p. 266–7—Cartoon, "Gaston" (c)1991 Franquin

p. 278—Lettre n° 328/SCULE de M. Pierre Buhler, Conseiller culturel de l'ambassade de France aux Etats-Unis

p. 279—formulaire à remplir, Ministère de l'Education Nationale, de la Recherche et de la Technologie

p. 284—Petites annonces, Le Figaro

p. 302—Jean Daniel, "Un an après : Mitterand et la fidélité," *Le Nouvel Observateur*, 2–8 janvier 1997, p. 21

p. 303—Georges-Marc Benamou, "Le dernier réveillon de Mitterrand," *Le Nouvel Observateur*, 208 Janvier 1997, p. 8, from "Le dernier Mitterrand," Editions PLON

p. 309—"Prénoms," *RevueParents*, juin 1997, p. 22

p. 312—Françoise Dolto, "J'élève un enfant," from *Lorsque l'enfant paraît, tome 2*, (c) Editions du Seuil, 1978

p. 317—Anne-Marie Niane, *L'Etrangère*, Collection Monde Noir Poche, (c) HATIER, 1985 pp. 9–11

p. 324—Léopold Sédar Senghor, "Message" extrait de "Chants d'Ombre" dans *Oeuvre poetique*, (c) Editions du Seuil 1978

Photo Credits

Page 1   Elizabeth Crews/Stock Boston
Page 34   Michael A. Dwyer/Stock Boston
Page 60   Ulrike Welsch
Page 101   Robert Fried/Stock Boston
Page 135   Michael A. Dwyer/Stock Boston
Page 174   Mark Antman/The Image Works
Page 210   David Simson/Stock Boston
Page 295   Sean Sprague/Stock Boston